"十三五"普通高等教育本科规划教材

电子商务与快递物流综合信息技术实训系列教材

智能快递柜管理系统实训

杨萌柯　周晓光　刘艳辉　编著

北京大学出版社

PEKING UNIVERSITY PRESS

内 容 简 介

本书包括概述篇、操作实训篇和开发实训篇三大部分，共 5 章。概述篇主要介绍了智能快递柜终端、智能快递柜云端服务系统的相关技术应用；操作实训篇介绍了智能快递柜相关产品操作实训；开发实训篇介绍了 Android 基础（包括 Android 框架、Android 开发环境的搭建、Android 组件、Android 布局、Android 常用控件、Android 访问 HTTP 资源和 JSON 解析等）和快递柜 Android 客户端 APP 开发实训，并给出了所示例程序的所有代码，读者可以参考书中所示的文件路径找到它们。

本书以重视实践、兼顾理论为原则，根据课程教学的实际需要进行编写，突出实践技能，重点着眼于提高读者的实践与开发水平，具有较强的实用价值。

本书既可作为物流工程专业、计算机专业、软件工程专业等相关专业的教学用书，也可供对Android 移动应用开发有兴趣的读者阅读参考。

图书在版编目 (CIP) 数据

智能快递柜管理系统实训 / 杨萌柯，周晓光，刘艳辉编著. —北京：北京大学出版社，2017.10
（电子商务与快递物流综合信息技术实训系列教材）
ISBN 978-7-301-28815-3

Ⅰ.①智… Ⅱ.①杨…②周…③刘… Ⅲ.①移动终端—应用程序—应用—物流管理—高等学校—教材　Ⅳ.① F252-39

中国版本图书馆 CIP 数据核字 (2017) 第 236275 号

书　　名	智能快递柜管理系统实训 ZHINENG KUAIDIGUI GUANLI XITONG SHIXUN
著作责任者	杨萌柯　周晓光　刘艳辉　编著
策划编辑	刘　丽
责任编辑	李瑞芳
数字编辑	陈颖颖
标准书号	ISBN 978-7-301-28815-3
出版发行	北京大学出版社
地　　址	北京市海淀区成府路 205 号　100871
网　　址	http://www.pup.cn　　新浪微博：@北京大学出版社
电子信箱	pup_6@163.com
电　　话	邮购部 62752015　　发行部 62750672　　编辑部 62750667
印刷者	北京富生印刷厂
经销者	新华书店
	787 毫米 ×1092 毫米　　16 开本　　16.75 印张　　393 千字 2017 年 10 月第 1 版　　2017 年 10 月第 1 次印刷
定　　价	39.00 元

未经许可，不得以任何方式复制或抄袭本书之部分或全部内容。
版权所有，侵权必究
举报电话：010-62752024　电子信箱：fd@pup.pku.edu.cn
图书如有印装质量问题，请与出版部联系，电话：010-62756370

前言
PREFACE

互联网和通信技术的高速发展，使电子商务迅速普及，网购成为人们购物的重要手段之一。2015年，中国快件业务量超200亿，人均14.3件，其中大学生占有很大的比重，网购量较大的高校日均收件量超过5 000件[①]。为保持校园整洁文明的学习环境，维护学校治安，很多学校出台了新的治安管理条例，开始禁止快递人员进入校园，这给师生收发快件造成了极大的不便。因无法进入校园，快递人员只能在学校周边摆摊设点，这也影响了校园周边环境。同样，写字楼、社区也面临着同样的问题。智能快递柜方便用户自主取件，提高快递的配送效率，是"最后一公里"配送难问题的有效解决方案。

国家邮政局局长马军胜在2014年两会提出：要尽快解决快递服务"最后一公里"问题，将智能快递柜纳入社区、办公区和商业区，工程统一规划、统筹设计、重点建设，以便于消费者灵活安全地收取快件。目前国家标准及相关的鼓励政策都已出台，智能快递柜会在各个区域得到普及。

2015年全国人民代表大会第三次会议上，国务院总理李克强在政府工作报告中首次提出"互联网+"行动计划，推动移动互联网、云计算、大数据、物联网等与现代制造业结合，促进电子商务、工业互联网和互联网金融健康发展。"互联网+"是指传统产业经过互联网改造后的在线化、数据化、信息化。"互联网+物流"正在从技术、设备、商业模式等诸多方面改变着传统物流业的运作方式和效率水平，既促进了快递物流业的发展，同时也对快递物流业的信息技术水平提出了新要求。

智能快递柜是为服务于校园、社区而研发的高科技快递收发自助平台。通过互联网技术实时更新，智能快件柜运行的所有数据均实时备份到后台，快递员、收件人均可通过PC、手机等查询到相关信息，方便用户使用，确保快件安全和信息安全。

在此基础上，智能快递柜管理系统实训以培养新型电子商务快递物流应用型人才为目标，使读者了解智能快递柜的工作原理，掌握智能快递柜的功能和开发方法，熟悉智能快递柜配套云端后台管理系统，提高读者的综合知识水平和专业实践能力，并对智能快递柜系统中出现的用户、订单物品、智能快递柜设备之间的关系有全面的了解。智能快递柜管理系统操作实训包含四大部分：智能快递柜平台系统概述与实训、云端服务系统概述与实训、移动客户端APP概述与实训和Android应用开发基础与实训。

---

① 数据来源：国家统计局。

智能快递柜平台系统概述与实训部分通过对智能快递柜平台系统的软件、硬件基本知识的概述，使读者了解其内部控制系统、外部设备和监控系统的应用，熟悉利用智能快递柜进行投递、取件的基本操作流程。

云端服务系统基于云计算技术，对智能快递柜系统的所有操作进行统一监控和管理（包括快递柜管理、快递投递管理、用户管理等），并对各种信息进行整合分析处理。

移动客户端 APP 是通过移动互联网技术（Android、iOS 等）开发的移动应用程序，结合智能快递柜云端服务系统提供的 API（应用程序编程接口）接口，能够实现移动客户端与智能快递柜终端、云端服务系统的互联。从而在移动客户端 APP 中实现用户注册、登录、投递、取件、查看投递列表、取件列表和快递柜详情等基本操作功能。

Android 应用开发基础和实训教程的介绍，使读者掌握 Android UI 开发的基本方法，包括各种常用控件、自定义控件和布局方式的使用方法；掌握 Android 平台下开发基于 HTTP 协议客户端程序所需要的基础知识。读者通过该阶段的学习，基本能够独立开发出结构清晰、功能简单实用的 Android APP，并且对 Android 应用程序的框架有一定的理解，最后通过系统提供的 API 接口进行深入的创新应用开发。

本书是电子商务与快递物流综合信息技术实训系列教材，根据北京邮电大学和中科富创(北京)科技有限公司联合成立的电子商务与物流协同发展研究院的研发成果编写而成，亦得益于张琦、邓庆元、郑磊、刘刚、王海霞、周红艳、潘彦、孙琼、杨宁、于清等团队成员的努力和贡献，在此对他们的付出表示感谢。

由于作者水平有限，加之时间仓促，书中可能出现不妥和疏漏之处，敬请广大读者批评指正。

编　者

2017 年 4 月

【资源索引】

目 录
CONTENTS

概 述 篇

第 1 章 智能快递柜终端概述 ·· 1
  1.1 智能快递柜产生的背景 ·· 2
    1.1.1 市场背景 ··· 2
    1.1.2 政策背景 ··· 2
    1.1.3 技术背景 ··· 3
  1.2 智能快递柜的发展 ··· 4
    1.2.1 国外智能快递柜的发展 ·· 4
    1.2.2 国内智能快递柜的发展 ·· 6
  1.3 智能快递柜终端 ·· 8
  1.4 智能快递柜硬件系统组成 ·· 10
    1.4.1 系统工作原理 ·· 11
    1.4.2 硬件参数信息 ·· 12
    1.4.3 终端相关硬件原理 ·· 13
  1.5 智能快递柜软件系统组成 ·· 17
  1.6 智能快递柜应用领域 ··· 18
  本章小结 ··· 20
  习题 ·· 20

第 2 章 智能快递柜云端服务系统概述 ··· 22
  2.1 云端服务系统 ·· 23
  2.2 云端服务系统的架构和组成 ··· 25
    2.2.1 子系统简介 ··· 26
    2.2.2 功能模块简介 ·· 30
  2.3 云端服务系统相关技术简介 ··· 31
    2.3.1 云计算 ··· 31
    2.3.2 大数据 ··· 34
  本章小结 ··· 37
  习题 ·· 38

操作实训篇

第3章 智能快递柜相关产品操作实训 ……………………………………………… 39
- 3.1 智能快递柜平台操作实训 …………………………………………………… 40
  - 3.1.1 投递操作 ………………………………………………………………… 40
  - 3.1.2 取件操作 ………………………………………………………………… 42
- 3.2 云端服务系统操作实训 ……………………………………………………… 42
  - 3.2.1 用户管理 ………………………………………………………………… 42
  - 3.2.2 快递订单管理 …………………………………………………………… 44
  - 3.2.3 快递柜管理 ……………………………………………………………… 46
  - 3.2.4 远程监控 ………………………………………………………………… 48
- 3.3 移动客户端APP操作实训 …………………………………………………… 50
  - 3.3.1 投递操作 ………………………………………………………………… 50
  - 3.3.2 取件操作 ………………………………………………………………… 53
  - 3.3.3 查看投递记录 …………………………………………………………… 54
  - 3.3.4 查看格口信息 …………………………………………………………… 55
- 本章小结 ……………………………………………………………………………… 56
- 习题 …………………………………………………………………………………… 57

开发实训篇

第4章 Android基础 …………………………………………………………………… 58
- 4.1 Android的基本概念 ………………………………………………………… 59
  - 4.1.1 Android简介 …………………………………………………………… 59
  - 4.1.2 Android系统的构架 …………………………………………………… 60
- 4.2 Android开发环境的搭建 …………………………………………………… 62
  - 4.2.1 Android开发需要的环境 ……………………………………………… 62
  - 4.2.2 JDK的安装和Java环境变量的设置 ………………………………… 62
  - 4.2.3 安装Eclipse、Android SDK和安装配置ADT ……………………… 64
- 4.3 新建一个简单的Android工程并运行 ……………………………………… 70
- 4.4 导入一个已经存在的Android工程 ………………………………………… 78
- 4.5 Android工程目录结构及作用 ……………………………………………… 81
- 4.6 Android视图 ………………………………………………………………… 85
  - 4.6.1 Android视图(View)简介 ……………………………………………… 86
  - 4.6.2 使用XML布局文件控制UI界面 ……………………………………… 88
- 4.7 Android布局 ………………………………………………………………… 88
  - 4.7.1 Android布局简介 ……………………………………………………… 88
  - 4.7.2 线性布局 ………………………………………………………………… 88
  - 4.7.3 相对布局 ………………………………………………………………… 91

4.8	Android 控件简介	94
4.8.1	显示文本的控件：TextView	94
4.8.2	输入文本的控件：EditView	96
4.8.3	按钮控件	99
4.8.4	复选框控件：CheckBox	105
4.8.5	列表控件：ListView	107
4.9	Context 介绍	117
4.10	Activity 介绍	118
4.10.1	建立、配置 Activity	118
4.10.2	Activity 的生命周期	123
4.10.3	Activity 的启动模式	124
4.11	Intent 介绍	125
4.11.1	用 Intent 启动 Activity，并在 Activity 之间传递数据	125
4.11.2	用 Intent 启动其他应用程序的 Activity	129
4.12	Service 介绍	132
4.12.1	Service 的生命周期	132
4.12.2	Service 应用实例	133
4.13	BroadcastReceiver 介绍	140
4.13.1	BroadcastReceiver 的生命周期	140
4.13.2	注册广播地址	140
4.13.3	广播的分类	141
4.13.4	BroadcastReceiver 应用实例	142
4.14	ContentProvider 介绍	151
4.14.1	ContentProvider 基础	151
4.14.2	数据模型	152
4.14.3	构建查询	152
4.14.4	编辑数据	154
4.14.5	创建自己的 ContentProvider	155
4.15	访问 HTTP 资源	156
4.16	JSON 解析	158
4.16.1	JSON 简介	158
4.16.2	JSON 解析详解	158
4.16.3	Gson 开源库	160
4.17	Handler 机制	162
4.17.1	Handler 机制简介	162
4.17.2	Handler 应用实例	163
4.18	异步处理工具类 AsyncTask	165
4.18.1	AsyncTask 简介	165
4.18.2	AsyncTask 应用实例	166
本章小结		172
习题		172

第 5 章 快递柜 Android 客户端 APP 开发实训 ... 174

- 5.1 实训目标 ... 175
- 5.2 实训内容 ... 175
- 5.3 需求分析 ... 175
- 5.4 系统架构 ... 176
- 5.5 整体流程 ... 176
- 5.6 数据表结构 ... 178
- 5.7 服务端 API 接口说明 ... 180
- 5.8 功能模块 ... 187
  - 5.8.1 用户登录模块设计 ... 187
  - 5.8.2 用户注册模块设计 ... 194
  - 5.8.3 功能选择模块设计 ... 204
  - 5.8.4 快递员投递模块设计 ... 207
  - 5.8.5 投递记录模块设计 ... 227
  - 5.8.6 用户取件模块设计 ... 237
  - 5.8.7 格口信息查看模块设计 ... 246
- 5.9 通过调用系统服务判断当前网络环境 ... 250
- 5.10 通过访问接口与服务器进行交互 ... 251
- 5.11 返回数据的解析处理 ... 253
- 本章小结 ... 256
- 习题 ... 257

附录 本书主要专业术语 ... 258

参考文献 ... 260

概述篇

第 1 章 智能快递柜终端概述

【学习目标】
(1) 了解智能快递柜终端的组成和功能。
(2) 了解智能快递柜终端的硬件系统组成及参数、原理。
(3) 了解智能快递柜终端的软件系统。
(4) 了解智能快递柜终端的特点。
(5) 了解智能快递柜的功能。

【学习重点】
(1) 智能快递柜终端的组成和功能。
(2) 智能快递柜终端的硬件系统组成及参数、原理。
(3) 智能快递柜终端的软件系统组成及原理。

【学习难点】
智能快递柜终端的硬件系统组成原理。

1.1 智能快递柜产生的背景

1.1.1 市场背景

智能快递柜是解决快件投递"最后一公里"问题的有效途径。近年来,随着信息技术的发展和电子商务的繁荣,我国快递业发展保持着高速的增长态势。快递业务规模的激增给快递的末端投递带来了挑战,智能快递柜自助收件服务终端(以下简称智能快递柜终端)是专注快递业"最后一公里"服务的智能平台。该平台为个人提供快递代收发及临时寄存服务,让个人从"等快递"变为到就近快件箱"取快递",成为物业、电商/快递和个人之间的桥梁。近几年,随着网购用户及网购频次的增加,物流逐渐成为社会发展不可或缺的一部分,且随着包裹数量,尤其是中小件包裹数量的增多,配送效率越来越受到重视。现如今,购物家庭大部分是双职工,不能一直在家等待包裹,尤其是生鲜食品或大件物品面临"怎么拿"的问题,如需退换货,问题会再度升级。可见,如何有效地解决配送的最后一公里,已经成为快递业亟待解决的痛点。

在这种情况下,基于解决社区、商圈、办公楼末端配送的方案——智能快递柜成为创业热点。国内智能快递柜的发展缘起于 2010 年,此后智能快递柜就一直备受业界及资本市场的关注。面世不过六年的智能快递柜业务,已经吸引了近百亿资金。虽然盈利模式并不明朗,但在抢占社区入口的前瞻概念下,电商巨头、快递公司以及众多创业公司纷纷布局。智能快递柜依靠进入社区占据的线下入口和获得的大量客户数据,以及将线下向线上导流而产生的流量变现价值,吸引了大量资金涌入。截至 2016 年 5 月,智能快递柜领域已经聚集了电商巨头、物流巨头、上市公司以及各创业公司等,涉及的投资总计近百亿。

1.1.2 政策背景

国家政策大力支持快递物流业发展。2014 年 10 月 24 日,由商务部、国家邮政局联合下发的《关于开展电子商务与物流快递协同发展试点有关问题的通知》,把解决末端配送难题、末端投递服务站点建设作为重点工作任务之一。2015 年 10 月 26 日,国务院发布《关于促进快递业发展的若干意见》提出,到 2020 年,基本建成普惠城乡、技术先进、服务优质、安全高效、绿色节能的快递服务体系,形成覆盖全国、联通国际的服务网络。其重点任务是培育壮大快递企业、推进"互联网＋[①]"快递、构建完善服务网络、衔接综合交通体系、加强行业安全监管。

[①] 2012 年 11 月易观国际董事长兼首席执行官于扬首次提出"互联网＋"理念。

2015年11月，国务院办公厅印发了《关于加快发展生活性服务业促进消费结构升级的指导意见》，对居民、旅游、零售等方面提出了促进服务业发展的主要任务和相应措施。其中，在批发零售服务部分，强调要积极发展冷链物流、仓储配送一体化等物流服务新模式，推广使用智能包裹柜、智能快件箱。

随着扶持政策加码以及快递业务量的快速增长，智能快递柜需求有望持续增长。《2016—2020年中国智能快递柜市场前景及投融资战略研究报告》显示，我国智能快递柜的需求主要以一线城市为主，未来将逐渐向二线、三线城市渗透，预计到2020年，我国智能快递柜产量将超过5万组，未来具有广阔的发展空间。

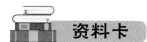

互联网+

"互联网+"是创新2.0下的互联网发展的新业态，是知识社会创新2.0推动下的互联网形态演进及其催生的经济社会发展新形态。"互联网+"是互联网思维的进一步实践成果，推动经济形态不断地发生演变，从而带动社会经济实体的生命力，为改革、创新、发展提供广阔的网络平台。

通俗地说，"互联网+"就是"互联网+各个传统行业"，但这并不是简单的两者相加，而是利用信息通信技术及互联网平台，让互联网与传统行业进行深度融合，创造新的发展形态。它代表一种新的社会形态，即充分发挥互联网在社会资源配置中的优化和集成作用，将互联网的创新成果深度融合于经济、社会各域之中，提升全社会的创新力和生产力，形成更广泛的以互联网为基础设施和实现工具的经济发展新形态。

1.1.3 技术背景

技术领域的发展也是智能快递柜发展繁荣的重要因素。物联网、大数据和云计算是当今科技世界最火热的发展领域，而智能快递柜就是这三大科技领域完美结合的产物。物联网对应了互联网的感觉和运动神经系统。智能快递柜终端便是物联网技术的典型应用，在智能快递柜终端上运营了大量的传感器和扫描识别设备，能够完成对现场环境和用户身份、快件信息的采集，并且通过网络将这些信息进行上传。最早提出大数据时代到来的是全球知名咨询公司麦肯锡，麦肯锡称："数据，已经渗透到当今每一个行业和业务职能领域，成为重要的生产因素。人们对于海量数据的挖掘和运用，预示着新一波生产率增长和消费者盈余浪潮的到来。"云计算是互联网的核心硬件层和核心软件层的集合，也是互联网中枢神经系统萌芽。大数据代表了互联网的信息层（数据海洋），是互联网智慧和意识产生的基础，包括物联网、传统互联网、移动互联网，在源源不断地向互联网大数据层汇聚数据和接收数据。而智能快递柜系统中的云端服务系统正是大数据和云计算的结合产物，包括业务中快件存取处理系统和后台中心数据处理两部分。整个智能快递系统的运行依赖于智能快递柜终端和云端服务系统。

1.2　智能快递柜的发展

1.2.1　国外智能快递柜的发展

1. 国外智能快递柜的基本情况

1）德国 DHL 智能包裹箱发展情况

敦豪快递服务公司(DHL)相当于德国邮政系统的国企，它旗下的莆田国际快递自动化包裹邮寄站(Packstation)已覆盖德国 90%的总人口，并成为一些新建小区的基本配套。系统不单独收费，因铺设量足够大，其运营收入足以收回投入和维护成本。截至 2011 年年末，德国已有 200 万注册用户，约 2 560 个智能包裹箱站，目前已向境外拓展。

2）法国邮政智能包裹柜发展情况

2014 年法国邮政集团旗下的 GeoPost 快递包裹子公司与法国邮件技术与服务巨头 Neopost 公司合作，在法国和欧洲地区建设 3 000 个智能包裹柜的终端网络。双方将成立合资公司推动本项目，由 Neopost 公司提供包裹设备、运行软件、安装和维护。而 Packcity 公司(2013 年 11 月，Neopost 与 RelaisCoHs 包裹公司在巴黎开展试运行价值 5 000 万欧元的智能包裹箱网络，打造了"都市包裹"Packcity 的品牌)将负责网络的运营，其中 1 000 个智能包裹柜归法国邮政 GeoPost 专门使用，其余的三分之二向其他快递公司开放使用，向大型电商企业末端用户提供"单击取件/线上到线下"服务。

3）丹麦邮政智能包裹柜发展情况

2014 年春，丹麦邮政和 coop 连锁公司开始协商，在连锁商店通过智能包裹柜终端向用户提供自动寄、取件服务。丹麦邮政的顾客可以去超市购物时寄、取包裹，而 coop 公司的顾客则可以在邻近生活圈的商店中提取网购的物品，是典型的双赢模式。coop 连锁店也可以因这项增值服务与其他同类竞争对手形成差异化优势，其管理层希望吸引对自主包裹取件服务有需求的用户在来访的同时增加自身的商品销售，稳固客户忠诚度。

4）美国储物柜发展情况

在美国，自助提货柜相当普遍，亚马逊的储物柜(Amazonlocker)通常安置在杂货店、24 小时便利店和药店，消费者可三日内取货。储物柜只可容纳重量不到 4.5kg 的小商品如图书、DVD 或 iPad 之类的电子设备。用户可在数天之内取走商品，不必支付额外费用，不过储物柜计划有助于亚马逊节省一些送货费用。亚马逊每月向 7-ELEVEN 等安装了其储物柜的商店支付一笔小额费用，类似于租赁费用。例如，顾客可以到附近的 7-ELEVEN 便利商店为在亚马逊购买的商品结账，然后再去指定的商店，从亚马逊储物柜(类似于邮政信箱)中取出包裹。到货后顾客将收到一封电子邮件通知，智能手机上也会收到一个条形码，然后前往指定的 7-ELEVEN 便利店，到亚马逊储物柜(可以说是自动取款机和保险箱的结合)那里扫描条形码,获得一个 PIN。输入这个 PIN 码后,即可打开储物柜拿到包裹。

5) 日本智能快递柜发展情况

日本的智能快件箱是作为基础设施存在的。在日本,智能快递柜通常由开发商买单,设备属于整栋大楼的业主,物业公司提高物业费,一般每户每月多付 5 元物业费,物业公司从多交的物业费里面提取一部分给到智能快递柜运营公司。

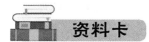

DHL

DHL(敦豪快递)是一家创立自美国,目前为德国邮政集团 100% 持股的快递货运公司,是目前世界上较大的航空快递货运公司之一。敦豪快运于中国大陆因与中国对外贸易运输(集团)总公司(中外运)的合作伙伴关系称为中外运敦豪,日常使用 DHL;而在台湾部分,其早年进入台湾时曾使用洋基通运的译名,但为了企业识别的统一,目前已舍弃中文名称,直接称呼为 DHL;在香港,公司的正式注册名称为敦豪国际,但日常仍然使用 DHL。

2. 国外智能快递柜的发展特点

国外在建设运营智能快件箱方面已经积累了成功的经验,通过总结,国外主流的商业模式有两类:欧美模式和日韩模式。

1) 欧美模式

投资建设上,主要由电商企业和快递企业负责;建设地点主要是人群集中的区域。例如,美国的亚马逊在 7-ELEVEN 便利店、杂货店和连锁药店投放了智能快递柜,开展自取业务;UPS 在便利店、杂货店、药店、交通枢纽、购物中心等投放智能快递柜;德国敦豪快递服务公司(DHL)在全国范围内投放遍布超市、加油站、社区中心的自助包裹站。

运营上,一般以自营为主。例如,亚马逊智能快递柜目前自营,并且只针对亚马逊用户开放;UPS 对支持使用 UPS 快递寄递用户使用;DHL 目前自营,但是对所有快递企业开放使用。

收入上,主要是电商企业和快递企业支付使用费,一般不会向消费者收取额外费用,但是有时需要消费者付费,如 DHL 的邮箱模式。另外,同时存在第三方公司,较为有名的是 Inpost,目前盈利模式还比较模糊,只是作为服务工具存在,类似于 ATM 机。

2) 日韩模式

建设上,主要由政府和开发商共同负责。据统计,日本 99.1% 的新建筑和 85% 的旧建筑都配置了智能快件箱,智能快件箱已经成为日本建筑物的标准配置。运营上,一部分由物业运营;一部分由第三方运营。收入上,物业向业主收取一定的物业费以维持运营。

【拓展文本】 【拓展文本】

1.2.2 国内智能快递柜的发展

1. 建设现状

2010年，作为解决"最后一公里"的补充途径，我国智能快件箱开始起步。目前，国内智能快递柜项目已经有百十来家，快递巨头、电商巨头及独立的第三方快递柜企业阵营划分明显。表1-1是对国内目前的快递柜业务进行的梳理。

表1-1 国内典型快递柜业务一览表

类别	竞争者	进入时间	产品类型	发展模式	竞争优势
快递企业	丰巢	2015年	"丰巢"智能快递柜	社区	网点多
	邮政	2014年	邮政智能包裹柜	社区、写字楼和学校	网点多、增值服务
电子商务企业	京东	2012年	智能快递柜	写字楼、社区、地铁	覆盖面广，电商优势
	苏宁易购	2015年	智能快递柜	社区	电商优势，小件商品
快递柜运营企业	近邻宝	2013年	智能快递柜	社区、学校	网点多，研发能力强
	速递易	2012年	代收点，智能快递柜	学校、社区	三泰电子背景研发和生产
	收件宝	2008年	智能快递柜	社区	代缴代收业务
	南京云柜	2013年	智能快递柜	社区	网点运营
	格格货栈	2014年	智能快递柜	社区电商	网点较多，代缴代收业务
	深圳1号柜	2013年	智能快递柜	社区	电商，代缴代收业务
	海尔日日顺	2015年	智能快递柜	社区	差异化服务模式
	乐栈	2015年	智能配送柜	社区、写字楼、医院、学校	即食餐品

从这三类快递柜的经营主体来看，分别具有代表性企业。

（1）快递企业。代表企业是顺丰和中国邮政公司等。

（2）电子商务企业。代表企业是京东和苏宁易购等。

（3）快递柜运营企业。代表企业是中科富创（北京）科技有限公司、三泰电子公司、上海富友集团等。

投资建设智能快件箱的规格方面，通过主要智能快件箱生产制造厂商产品查询，主要生产厂商产品规格见表1-2。

表1-2 智能快递柜箱体尺寸

企业名称	箱体尺寸/cm			最小格口尺寸/cm		
	高	宽	深	高	宽	深
近邻宝	210	90	55	12	38	55
中邮科技	179	130	68	10	35	40
成都我来啦	212	主柜：52 副柜：108	55～56	10	44	48.5
福州友宝	180	整体柜：200	45	8	45	50
杭州东城电子	190	主柜：52 副柜：86.8	55	12	40.8	55
校园100	220	整体柜：245	45	8	35	20～50
北京递兴泊	190	标准柜：30.4	53.35	3.42	25.4	37.7

2. 运营现状

运营方面，智能快件箱投资建设后，一般秉承"谁建设，谁运营"的思路。

（1）电子商务、快递企业投资建成后以自用为主。京东快递柜仅为京东自营用户提供便利，未对外开放，在很大程度上影响了京东快递柜的使用及周转率。

（2）第三方运营公司投资建设后凭借其第三方身份，将其智能快件箱开放给所有电商企业和快递企业使用，涉及面广并开拓了增值业务，如代收代缴费用、冷链服务、即食餐饮等。

盈利方面，智能快件箱运营企业盈利的基本来源是电商企业和快递企业的使用费，一般不向消费者收取额外费用，但是客户超过一定期限不取件，会向超期不领取的快件收取"延时费"。

案例1-1

智能快递柜模式推演

在国外，早在2011年已经有电商巨头亚马逊在美国和英国的几个城市推出了智能快递柜"amazon-locker"，其与美国最大的办公用品零售商Staples合作，在其店内放置供用户自提的储物柜。而在国内，各类企业、资本也纷纷加入到智能快递柜领域，希望解决"最后一公里"的难题，既包括像京东这样的电商，也包括顺丰、圆通这样的快递物流企业，还包括第三方企业如上海宝盒、深圳速来宝、三泰控股旗下的速递易等。其中，较为突出的速递易，据其自称，包裹投递量已经过亿，在全国40个城市开通了超过18 000余个网点。

智能快递柜解决的问题很实际。小区里安装智能快递柜，快递员将快递货品直接存入其中，设备会自动将取货密码发送到收件人手机上，收件人可安排时间自行取货。

作为一个曾经的、看过几千家企业、眼光毒辣的投资人，把智能快递柜作为自己新事业的起点，赵忠义的逻辑是，这个领域存在非常刚性的需求，而智能快递柜能够解决这个痛点。

第一个痛点是快递员与收件人时间不匹配的问题。几乎所有网购的人都碰到过快递来了，自己却不在家的问题，没办法就只能另约时间或默默等待。而智能快递柜的存在将收快递分解为两步，将原本必需的快递员发快件和用户收快件的同步过程变成了快递员放置快递到智能快递柜，用户再取出的异步过程。"按照IT行业的规律，从同步模式到异步模式，效率的提升至少在五倍以上。"赵忠义说。

第二个痛点是安全性问题。一方面，对于收件人而言，快递员算是陌生人，陌生人敲门时要不要开门是个问题。事实上，犯罪分子假冒快递员的治安案件已经在全国发生过多起，从概率上来讲并不绝对，但是摊上一件就是绝对的事情，此类安全隐患不得不防。此外，因为直接到柜，而不是到户，赵忠义介绍说，在快递单的填写上，家庭地址都可以不写，而直接写上某某小区"1号柜"，甚至将来直接以一个会员号码的形式呈现，手机号码都不用写，这样就彻底保护了用户的隐私，解决了安全性的问题。另一方面，对于快递员而言，以往在分派包裹的过程中，在途包裹容易丢失，为了防止丢失，快递员只能选择将所有的包裹带在身边，或者要求收件人下楼取，这都降低了用户体验。而智能快递柜的存在则可以消除安全隐患，提升效率。

更为深层次和趋势性的原因是，当老龄化社会来临，物流业末端的快递配送还采取人工服务、人工操作的形式，这就意味着人工成本一旦涨价，快递公司的压力巨大。而采用"1号柜"这样的智能快递柜，拿设备代替人，将"人服务人"的模式变成"机器服务人"的模式，那么服务的质量、标准化程度都将大幅度提高。

【专业术语】

【拓展视频】

1.3　智能快递柜终端

1. 智能快递柜终端简介

智能快递柜终端是一个基于物联网的，由能够将快件物品识别、暂存、监控和管理的设备与云端服务系统一起构成。云端服务系统能够对本系统的各个快递投递箱进行统一化管理，如快递投递箱的信息、快件的信息、用户的信息等，并对各种信息进行整合分析处理。智能快递柜是基于嵌入式技术，通过RFID、摄像头等各种传感设备进行数据采集，然后将采集到的数据传送至云端服务系统，进行GSM短信提醒、RFID身份识别、一维码扫描结果处理等，处理完成后，服务端返回数据再通过网络传送至快递柜终端。

智能快递柜是一种集快件投递与提取多种功能于一体的全天24小时自助服务设备，柜高约2米，拥有数十个大小不一的格口，格口能容纳多种不同尺寸规格的货物，柜两边带有视频监控系统，中间是自助支付终端（由触摸屏、键盘、支付终端、二维码扫描区和凭条出口组成），支持消费者全程自动支付、取货。格口可通过快递员登录验证密码、消费者取件密码、智能快递柜后台（远程和本地）和机械开关打开。收件人可以自己选择时间去领取快件，这是从坐着"等快递"转变为到指定服务点"取快递"的一种新方式。该方式可以满足一部分消费者的需求，尤其是上班族网购群体，在多种收货方式共同存在的情况下，智能快递柜业务不仅保护了消费者的个人隐私，还给消费者最大的自主选择权，提升了用户体验。对于快递员来说，"放货即走"能减少由于无人签收产生的二次配送成本，提高投递效率，缓解节假日网购末端物流的配送压力，还能扩大智能快递柜投资商的品牌影响力。

使用智能快递柜，有助于解决投递成本高、快件安全无法保证、客户取货不方便以及派送时间与消费者接货时间不一致等问题，成为解决快件投递"最后一公里"问题的有效途径，其现实意义和社会价值主要表现为降低人力成本、提高投递效率、保护个人隐私。

2．智能快递柜终端特点

智能快递柜终端的主要特点有以下几种。

1）安全性

（1）智能柜箱体材质选用不同规格的冷轧钢板，具有防火、防震、防盗、防撬、防雨、防尘等性能，保护了快件的安全。

（2）使用智能电子锁，以保证箱体只有在系统确认的情况下才会被打开，同时为了确保安全，柜体周围安装了监控探头，全景视频监控防止人为破坏。

2）便捷性

（1）取件时间自由安排，自主操作人性化，用户随时随地可在附近快递柜收取快递。

（2）可使用 APP 对柜体端进行投、取操作，效率极高。

（3）丰富的指示灯提示操作。

（4）支持微信自助查询。

（5）全天 24 小时自助取件。

（6）快件单号条码扫描输入。

3．智能快递柜功能

智能快递柜主要包含以下六大功能。

（1）取件：快递人员完成投递后，收件人会收到一条短信，短信中包含取件密码。收件人在智能快递柜中输入取件密码即可取件。

（2）投递：快递人员登录，输入订单号和收件人手机号，把要投递的包裹存放入智能快递柜，完成投递。

（3）寄存：24 小时随时存取，全天候安全监控，方便用户短时间内存放物品。

（4）充值：用户可以根据需要对账户进行充值，用于投递、寄取等功能使用。

（5）查询：快递人员在查询界面查看未取走的快递，并选择是否取回。收件人在查询界面，查看属于自己的快递，并选择是否取走。

（6）帮助：用户帮助平台，提供"操作说明""常见问题""使用协议""关于我们"等说明，用户在使用智能快递柜遇到的问题，可以通过帮助找到解决办法。

在本书中，为配合 APP 一起使用，主要介绍快递柜上投递与取件两项功能。

1.4　智能快递柜硬件系统组成

以"近邻宝"智能快递柜为例,智能快递柜分为主柜和副柜两部分,智能快递柜全景图如图 1.1 所示。

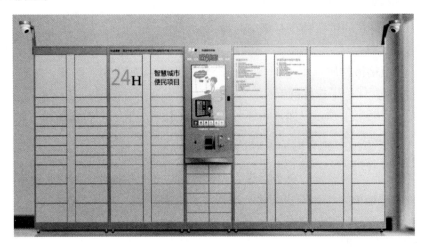

图 1.1　智能快递柜全景图

主柜是带有 Android 操作系统的触控操作平台,如图 1.1 中间部分,包含主控系统(控制主板、驱动电路、锁控板、电子锁等),外设包括触摸屏、一维/二维扫码器、投币器、RFID 读卡器、监控系统相关硬件软件。

副柜是带有存放快件的格口部分,它位于主柜侧边,包括控制子系统,其中锁控板和电子锁用于对副柜格口进行控制。随着投递包裹量的增加,可以增加多个副柜,由一个主柜进行控制。格口柜是可供投递和提取快件的存储单元,每组格口柜有两列格口箱组成,一套快递柜包含多个格口箱。

智能快递柜系统内部总体框架如图 1.2 所示。其中,基于 Android 系统的上位机主要完成快递员、用户与终端的人机交互,与云端服务系统的数据通信和控制等。具体功能包括快递员投递、用户取件、用户寄件、物流查询、系统设置、语音提示、通过 Internet 与云端服务系统通信、通过串口与下位机通信与执行控制、快递信息数据库管理。终端下位机系统负责采集快递信息(条形码、重量、尺寸)、终端状态信息(温度、烟雾、震动)、控制机械系统执行打开格口和将终端信息实时地反馈给上位机。机械系统负责将执行来自下位机的控制指令,打开格口完成寄存和取件。供电系统由 220V 交流电源提供,再通过稳压芯片,为系统提供直流 5V、3.3V、6V、12V 四种电压。

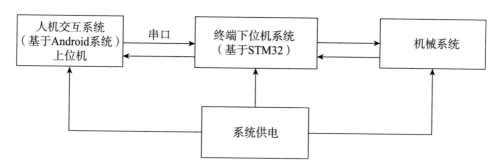

图 1.2　智能快递柜终端内部总体框架

1.4.1　系统工作原理

智能快递柜终端系统原理框图如图 1.3 所示，智能快递柜终端系统主要分为三大部分。

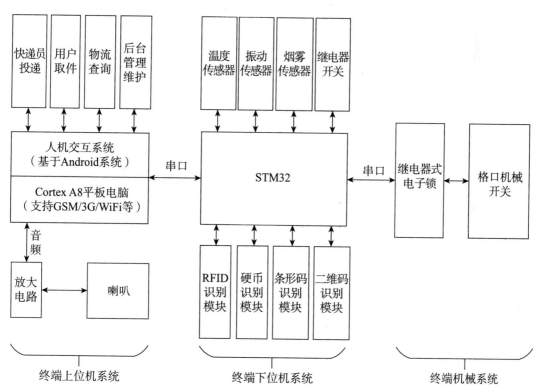

图 1.3　智能快递柜终端系统原理框

1）基于 Android 平台的终端上位机系统

上位机采用 ARM Cortex A8 平板电脑作为硬件平台，该平板电脑配有 23.3cm 触摸屏，支持 GSM 通信、3G、WiFi 等网络通信。利用 Android 平台优越的人机交互、网络通信、蓝牙通信、SQLite 数据库技术、GSM、多媒体技术等完成快递终端上位机的 UI 开发、快递信息数据库开发。开发过程不需要深入了解 Android 底层的工作原理和通信机制，只需调用 Android 本身提供的 API 即可完成上位机开发。

2）终端下位机系统

下位机系统的核心处理器为 STM32，该处理器是基于 ARM Cortex M3 的低功耗嵌入式微处理器，工作频率可达 72 MHz，片上集成 512 KB FLASH、64 KB SRAM 存储器，2 个基本定时器、4 个通用定时器、2 个高级定时器，有 5 个 USART、3 个 SPI、1 个 USB 2.0 全速接口、1 个 CAN 接口、1 个 SDIO 接口。STM32 处理器通过 GPIO 接口与温度传感器、震动传感器、烟雾传感器和继电器开关等通信，通过 USART 接口与 RFID 识别模块、硬币识别模块、条形码识别模块、二维码识别模块等进行通信，实现对现场环境信息的采集及对快件和用户信息的识别。

3）终端机械系统

终端机械系统主要包含继电器式电子锁和格口机械开关两部分，主要是打开格口的执行机构，接收并直接执行来自终端下位机系统传递的打开格口指令。

1.4.2 硬件参数信息

智能快递柜体中需要用到各种硬件，对于读者来说了解这些硬件的具体参数有利于更深入地了解快递柜的组成。

【专业术语】

1）控制系统及外设主要硬件介绍

① 控制主板具有以下参数。

CPU：四核，主频 1.5GB 以上。

内存：2GB DDR3。

主板：包含 RS-232、RS-485、USB、RJ-45 接口等，还包含 HDMI 接口。

② 触摸屏：柜体装有触摸屏，可用于触摸操作及广告播放。触摸屏可采用多种规格型号。

③ 投币器：柜体装有投币器。投币器作为硬币支付手段，可接受人民币 1 元、5 角币值。

④ RFID 读卡器：支持 13.56MHz 频率读卡，采用固定式安装。

⑤ 一维/二维扫码器。

一维扫码器：支持 UPC/EAN/Code39/Code128 等常规一维条码。

二维扫码器：汉信码、PDF417、Data Matrix、QR code 等二维码。

接口支持：USB、RS-232。

光源：LED（630nm±10nm）。

⑥ 电子锁：开闭状态可传。电子锁是柜体控制部分的执行单元，电子锁打开和关闭时，将其状态上传至控制系统，由上位机读取。

⑦ 3G 模块部分。

安装形式：板载 3G 模块/3G 工业路由器。

制式：TDSCDMA/WCDMA/CDMA2000，并向下兼容 2G（板载 3G 模块支持 WCDMA）。

2）其他参数

其他参数包括外观、摄像头、电源等技术说明，详情见表1-3。

表1-3 智能快递柜产品参数（近邻宝）[①]

名称	参数
无屏主柜	900mm×550mm×2 100mm（宽×深×高）
无屏副柜	900mm×550mm×2 100mm（宽×深×高）
小格口	380mm×550mm×120mm（宽×深×高）
中格口	380mm×550mm×220mm（宽×深×高）
大格口	380mm×550mm×418mm（宽×深×高）
外置摄像头	夜视高清
视频监控	本地/远程监控
供电电源	220V AC
短信通知	云端服务器
网络配置	3G/有线
柜体功耗	32.76W

RS-232

RS-232是个人计算机上的通信接口之一，由电子工业协会（Electronic Industries Association，EIA）所制定的异步传输标准接口。通常RS-232接口以9个引脚（DB-9）或是25个引脚（DB-25）的形式出现，一般个人计算机上会有两组RS-232接口，分别称为COM1和COM2。

1.4.3 终端相关硬件原理

熟悉相关硬件的原理是选择和使用该硬件的前提，只有做到对硬件的原理了如指掌才能更好更高效的使用硬件实现所需要的功能。在本节中对电子锁和一维条码的扫描原理进行了介绍。

1. 电子锁

作为一种社会性的产品，每个时代的锁都能在一定程度上反映出当时的科学技术水平。虽然古代的锁和今天的锁很不一样，将来的锁也完全可能是另一种样子，然而锁总不外乎由两部分构成，即控制部分和执行机构。电子锁，一般是指采用电子线路控制，

---

① 表格来源：近邻宝智能快递柜产品手册。

以电磁铁(或微型电机)和锁体作为执行机构的机电一体化保险装置。现在,电子锁是组成公共安全防范系统的重要电子装置,当然也是家用器具类电子产品,在我国归属实用新型专利。区别于传统的机械锁,电子锁的特点是使用方便,工作安全、可靠,保密性极强。

电子锁是快递柜的核心控制之一。通过控制电子锁来实现对柜门开闭的控制,完成包裹的存取。目前的控制系统中,一组柜子中有 N 个柜门,即需要通过一块集中的电路板来控制一组中的 N 个柜门。为方便调试,控制通道考虑使用 RS485 通信。对于用户,一次只开一个柜门;对于管理员有时候需要一次开多个柜门。几组柜子的控制电路板可以通过级联接口集中在一块电路板上,再由这块集中的接口板与主控联系。

1) 电子锁的一般结构

电子锁的执行机构一般采用电磁铁或微型电机拖动锁体,锁体可以分为锁舌式和锁扣盒式。当然,用弹子锁体改制也可以。

如图 1.4 所示,电子锁控制部分由输入、存储、编码、鉴别、抗干扰、驱动、显示和报警等单元组成。其中,编码和鉴别电路是整个控制部分的核心,而电源则是电子锁控制部分和执行机构都必不可少的。

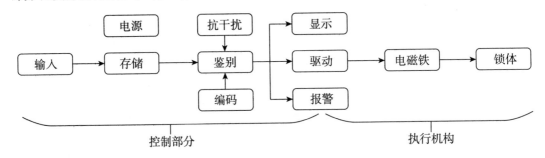

图 1.4 电子锁控制原理

① 编码器:编码的实质就是人为地设定一组 N 位二进制数或 N 位十进制数,设定该组数的指导思想是所编的密码尽量不易被人识破。

对编码电路的要求:容量大,换码率高;保密性、可靠性好;换码操作容易,便于日常管理。编码器的换码率可由下式算出。

$$C = 2^n \text{ 或 } C_1 = 10^N$$

式中,C、C_1 是编码器的换码率(二进制、十进制数列各种不同的组合);n 是二进制数的位数;N 是十进制数的位数。

② 输入器和存储器:输入器的作用是输入一组密码。存储器负责记忆这组密码并送至鉴别器。

③ 鉴别器:鉴别器的任务是对来自输入器和编码器的两组密码进行比较,当两组密码完全相同时,鉴别器输出电信号,经抗干扰处理后送至后级驱动和显示单元,若用户有特殊要求,鉴别器还可以输出报警、封锁道路或启动监视器所需的电信号。

④ 驱动器:由于鉴别器送出的电信号通常很微弱,为能够带动执行机构的电磁铁动作,故设驱动器。

⑤ 抗干扰电路：为了抑制外界干扰，如周围家用电器、工业设备或控制器受水侵入等特殊情形，抗干扰电路可以保证在这些情况下电磁锁头不会自行误动作，从而提高了电子锁的可靠性和安全性。通常用延时、限幅和定相等来达到抗干扰的目的。

⑥ 显示器和报警器：这是电子锁控制部分的附加电路，用于显示鉴别结果和报警，因此扩展了电子锁的功能。

⑦ 电源：对于电子锁来讲，电源不可或缺。设计理想的不间断电源成为一个重要课题。相对于执行机构而言，电子锁的控制电路部分具有极大的灵活性，这是造成电子锁种类繁多的主要原因。

2）电子锁的分类

电子锁的分类方法很多。为阐述问题方便，力求条理清晰，我们根据开锁方式和主要元器件对电子锁进行分类。

按照开锁方式的异同，电子锁可分为以下几种。

① 卡片钥匙式电子锁，其特点是使用卡片钥匙开锁，卡片钥匙是控制电路的有机组成部分。做钥匙的卡片，就其性质而言具有多样性，如磁卡、穿孔卡。一般将控制电路设计成平时不耗电状态。

② 电子钥匙式电子锁，其特点是使用电子钥匙开锁，电子钥匙是构成控制电路的重要组成部分。电子钥匙可由元器件或由元器件搭成的单元电路组成，做成小型手持单元形式。电子钥匙和主控电路的联系，可以是声、光、电等多种形式。

③ 按键式电子锁，其特点是采用按键（钮）方式开锁，简易方便。这是电子锁普遍采用的一种开锁形式。

④ 拨盘式电子锁，其特点是采用拨盘方式开锁。很多按键式电子锁可以改造成拨盘式电子锁。

⑤ 触摸式电子锁，其特点是采用触摸方式开锁，操作方便。相对于按键开关，触摸开关使用寿命长、造价低，因此优化了电子锁电路。

按使用的主要元器件的异同，电子锁又可分为以下几种。

① 继电器式电子锁，其特点是采用继电器的触点联动，配合各类开关的串、并联组合进行编码控制。

② 可控硅式电子锁，其特点是采用串、并联的可控硅进行编码控制。

③ 电容记忆式电子锁，其特点是利用电容充放电原理进行编码控制。

④ 单结管延迟式电子锁，其特点是利用单结管作开锁延时器，提高了电子锁的保安性能。

⑤ 电子密码开关，其特点是运用模拟集成开关块，配合组合开关进行编码控制。

⑥ 555电路式电子锁，其特点是将555时基电路接成触发器、振荡器等形式，配合组合开关进行编码控制。

⑦ 专用保密锁集成电路式电子锁，其特点是作为电子锁控制电路的核心，专用保密锁集成电路的集成度高、功能强，所需外围元件少，安装方便、可靠。

2. 一维条码

一维条码(也称条形码)是由美国的 N. T. Woodland 在 1949 年首先提出的。随着计算机应用的不断普及,条码的应用得到了很大的发展。条码可以标出商品的生产国、制造厂家、商品名称、生产日期、图书分类号、邮件起止地点、类别、日期等信息,因而在商品流通、图书管理、邮电管理、银行系统等许多领域都得到了广泛的应用。一维条码如图 1.5 所示。

图 1.5　一维条码

条形码是由宽度不同、反射率不同的条和空,按照一定的编码规则(码制)编制而成的,用以表达一组数字或字母符号信息的图形标识符。即条形码是一组粗细不同,按照一定的规则安排间距的平行线条图形。常见的条形码是由反射率相差很大的黑条(简称条)和白条(简称空)组成的。

1) 一维条码的识别原理

条形码识别原理如图 1.6 所示。由于不同颜色的物体,其反射的可见光的波长不同,白色物体能反射各种波长的可见光,黑色物体则吸收各种波长的可见光,所以当条形码扫描器光源发出的光经光阑及凸透镜 1 后,照射到黑白相间的条形码上时,反射光经凸透镜 2 聚焦后,照射到光电转换器上,于是光电转换器接收到与白条和黑条相应的强弱不同的反射光信号,并转换成相应的电信号输出到放大整形电路,整形电路把模拟信号转化成数字电信号,再经译码接口电路译成数字字符信息。

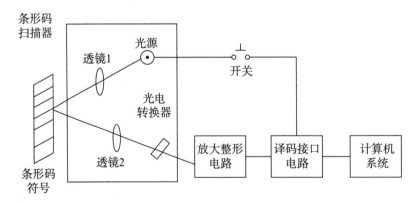

图 1.6　条形码识别原理

白条、黑条的宽度不同，相应的电信号持续时间长短也不同。但是，由光电转换器输出的与条形码的条和空相应的电信号一般仅 10mV 左右，不能直接使用，因而先要将光电转换器输出的电信号送放大器放大。放大后的电信号仍然是一个模拟电信号，为了避免由条形码中的疵点和污点导致错误信号，在放大电路后需加一整形电路，把模拟信号转换成数字电信号，以便计算机系统能准确判读。

整形电路的脉冲数字信号经译码器译成数字、字符信息。它通过识别起始、终止字符来判别出条形码符号的码制及扫描方向，通过测量脉冲数字电信号 0、1 的数目来判别出条和空的数目，通过测量 0、1 信号持续的时间来判别条和空的宽度。这样便得到了被辩读的条形码符号的条和空的数目及相应的宽度和所用码制，根据码制所对应的编码规则，便可将条形符号换成相应的数字、字符信息，通过接口电路送给计算机系统进行数据处理与管理，便完成了条形码辨读的全过程。

2）一维条码识别系统的组成

条形码识别原理（条码识别原理）为了阅读出条码所代表的信息，需要一套条码识别系统，它由条码扫描器、放大整形电路、译码接口电路和计算机系统等部分组成。

EAN 条码

EAN 商品条码亦称"通用商品条码"，是国际通用的商品代码，是以直接向消费者销售的商品为对象，以单个商品为单位使用的条码。该条码由国际物品编码协会制定，通用于各地，是目前国际上使用最广泛的一种商品条码。

1.5 智能快递柜软件系统组成

智能快递柜软件系统的主要组成包括快递柜终端服务系统和快递柜终端主控系统。

1. 快递柜终端服务系统

主柜触摸屏显示的 Android 操作系统界面，是基于 Android 系统开发的 APP 应用，负责用户对包裹的投递、提取、寄存等服务。它包括智能快递柜终端控制系统和管理系统、Android APP 应用。

2. 快递柜终端主控系统

快递柜终端主控系统负责实现快递柜终端的识别、柜终端与后台运营系统的通信和数据交换。包括控制主板、驱动电路、锁控板、电子锁等，确保通信可靠和数据安全。

一般快递柜采用工控机或自主开发的嵌入式主板作为主控电路,以 Linux/Android/Windows 为运行环境,在此基础上使用相应的外围电路板来控制柜体,完成邮包的投递收取业务。同时,通过设置在柜体上的触摸屏显示器来实现广告的播放,且广告可以通过远程的方式进行更换,实现广告业务。

围绕着快递柜的业务,综合考虑用户体验,对快递柜控制系统的输入和输出分功能进一步细分,并在此基础上进行整合,使系统的业务更有针对性,类别更清楚。

因此,在控制系统中要分别包含:包裹的存取控制、声音播放平台与控制、画面的播放平台与控制、触摸操作的控制、刷卡机的控制及其他增值业务的附加设备控制。

1.6 智能快递柜应用领域

快递业中的智能快递柜在目前发展中还存在着一些障碍,但 ATM 的成功运作案例也预示着快递柜存在成功的很大可能性,潜在巨大的电商发展空间将是推动智能快递柜发展的最大动力。这种介于公益属性边缘的新事物将会得到政府、社会的关注和支持,其中最主要的力量还是快递企业自身。对于智能快递柜如何快速发展起来,快递企业、智能快递柜的生产商、小区物业、商场等多方组织应共同努力,创造共赢。可将电商的智能配送终端分离出来,交由快递以外的第四方企业全权管理智能快递柜,由第四方企业对智能快递柜及其布置所在的小区物业或商场、智能快递柜中的暂存物、广告宣传进行全面管理,也可以在大学校园建立末端校园物流中心,可作为高校创新创业平台。智能快递柜的运营还可与 ATM 机形成关联,在发展社区自助金融服务外,将货到付款形式的自提验货与 ATM 机付款绑定服务,通过指纹识别验证付款等安全性更高的信息技术加以实现。

另外,通过在校园建设"物流服务中心",设置多组智能快递柜,部署"电子商务与物流信息化"综合运营管理系统,建设校园"电子商务与物流"实训基地,如图 1.7 所示。组建由学校导师、企业导师、快递公司代表、电子商务公司代表等组成的"校企联合教学团队",开展集学生实习、就业、创业于一体的教学实训活动。

图 1.7 校园物流服务中心

学生在校园物流服务中心实习时,可根据自身的专业和特长进行岗位选择,快递派送员、快递揽收员、库管员等岗位适合物流工程专业的同学，物流信息技术人员适合物流工程、计算机专业和软件工程专业的同学，财务人员适合经济管理和财会专业的同学，客服岗位则适合语言表达能力强的同学(图1.8)。通过实训基地的实践演练，培养学生运用电子商务与快递物流相关知识和信息技术进行运营管理和技术服务的综合能力，达到物流服务中心管理岗位和技术岗位的实际要求。

通过在实训基地定期举办创新、创业大赛，指导学生开展可行性研究，编制商业计划书，撰写创业报告，模拟企业商业运营，开发创新性产品或服务(电子商务网站、开发APP相关应用软件等)，提升学生创新、创业能力，如图1.9所示。

图1.8　校园物流服务中心实习岗位

图1.9　实训基地创新创业大赛

本章小结

智能快递柜的快速发展得益于国家的政策扶持,同时业界和资本市场的持续关注也为智能快递柜产业的繁荣注入了活力,当然智能快递柜自身功能的不断完善也离不开大数据、云计算和物联网技术的迅猛发展。

智能快递柜终端系统主要分为三大部分:基于 Android 平台的终端上位机系统、终端下位机系统和终端机械系统。智能快递柜体软件系统的主要组成包括快递柜终端服务系统和快递柜终端主控系统。

物联网就是物物相连的互联网,它通过智能感知、识别技术与普适计算等通信感知技术,广泛应用于网络的融合中,智能快递柜终端便是物联网技术的典型应用。

云计算是互联网的核心硬件层和核心软件层的集合,也是互联网中枢神经系统萌芽。

关键术语

智能快递柜(Intelligent Express Ark)
物流(Logistics)
物联网(Internet of Things)
大数据(Big Data)
云计算(Cloud Computing)
传感器(Sensor)
电子商务(Electronic Commerce)

射频识别(Radio Frequency Identification,RFID)
条形码(Bar Code)
二维码(Two-dimensional Code)
投递(Delivery)
电子锁(Electronic Lock)
蓝牙(Bluetooth)

习 题

一、判断题

1. 智能快递柜是解决物流过程中仓储问题的有效途径。 (　　)
2. 智能快递柜是独立的用于快件投递和取件的物流设备,与其他系统没有关联。 (　　)
3. "互联网+"的概念最早是在中国提出的。 (　　)
4. 因为技术限制,目前智能快递柜产业的发展比较缓慢。 (　　)
5. 目前,智能快递柜的功能主要是投递和取件。 (　　)

二、选择题

1. 与智能快递柜密切相关的技术有(　　)。
   A. 云计算　　　　　　B. 工业自动化技术　　　　　　C. 大数据
   D. 控制科学　　　　　E. 物联网

2. (　　)是解决快件投递"最后一公里"问题的有效途径。
   A. 物流公司　　　　　　B. 智能快递柜
   C. 物流信息系统　　　　D. 仓储管理系统
3. 智能快递柜箱体材质一般选用不同规格的(　　)。
   A. 玻璃钢　　　　　　　B. 钛合金
   C. 冷轧钢板　　　　　　D. 工程塑料
4. 智能快递柜终端一般会选择(　　)作为操作系统。
   A. Linux　　　　　　　B. Android　　　　　　　C. Windows
   D. iOS　　　　　　　　E. UNIX
5. 条形码是由(　　)最早提出的。
   A. Hedy Lamarr　　　　　B. N. T. Woodland
   C. J. Robert Oppenheimer　D. Wernher von Braun

三、简答题

1. 电子锁的开锁方式有哪几种？分别进行举例。
2. 使用智能快递柜的意义是什么？
3. 你认为智能快递柜将来还会具备哪些功能？为什么？

第 2 章 智能快递柜云端服务系统概述

【学习目标】
(1) 了解云端服务系统及其功能。
(2) 了解云端服务系统的架构和组成。
(3) 了解云端服务系统相关技术。

【学习重点】
(1) 云端服务系统的架构和组成。
(2) 云端服务系统相关技术。

【学习难点】
(1) 云端服务系统的架构和组成。
(2) 云端服务系统相关技术。

【拓展视频】

2.1 云端服务系统

智能快递柜系统集物联网、云计算、大数据这三大核心技术于一体,包括业务中快件存取处理系统和后台中心数据处理两部分。整个智能快递系统的运行依赖于智能快递柜终端和云端服务系统。在第 1 章中已经介绍过智能快递柜终端,在本章主要介绍云端服务系统。

1. 云端服务系统简介

近邻宝云端服务管理平台提供丰富的 API 接口,能够迅速实现与运营企业的业务运营平台实现快速对接和定制开发,从而提供功能强大、低成本的设备综合管理和扩展开发支撑。通过云端服务管理平台能够实现对快件箱终端的集约化检测、管理和维护,云端服务系统与外部被服务系统关联如图 2.1 所示。

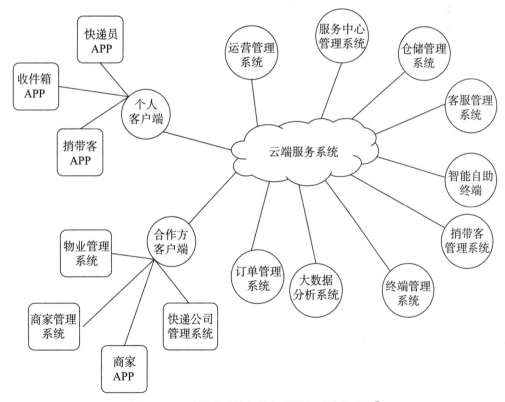

图 2.1 云端服务系统与外部被服务系统关联图①

---

① 图表来源:中科富创(近邻宝)官方网站。

2. 云端服务系统功能

云端服务系统主要具备以下功能。

（1）通过强大的统一终端管理能力，对终端实行远程参数配置、升级、维护管理，节省网络管理和终端维护成本。

（2）精细的业务统计报表与分析功能，为商业运营决策提供精准依据。

（3）丰富的网络状况统计功能，实时掌握设备在线、离线、报警状态，提升运维效率。

（4）准确的地理位置查询功能，节省维护人员前往设备现场的时间。

（5）差异化故障报警管理功能，远程故障诊断，降低企业损失。

（6）实时监控智能快递柜周边情况，保障其外部安全。

（7）通过 Web 界面和嵌入式管理工具，实现云业务与下位机穿透管理。

3. 云端服务系统特点

1) 基础配置管理

主要负责云平台用户的单点登录、权限的统一管理、业务系统的配置管理、平台公共信息的管理以及平台的系统数据管理等，并通过一系列的接口，实现内部系统和客户端之间的数据交互。

2) 资源的管理调度

主要负责对平台中的物理资源和虚拟资源进行统一管理，包括网站服务器、数据库服务器、计算资源池、桌面资源池、存储资源池、网络设备、专用设备等，并实现上述设备的统一监控，以及各资源池的资源统一管理、订单管理和基于时长的内部计费管理。

3) 数据资源的统一管理

所有数据、日志信息统一管理和备份，同时历史版本功能和追溯功能可以有效防止数据的误删除和流失。

4) 业务应用系统管理

业务应用管理系统实现以下功能。

（1）无缝的集成和支持基于快递的各种业务应用，提供业务应用运行的支撑环境，并以服务的形式暴露给最终用户。

（2）系统会对快件的信息进行跟踪，并根据这些信息进行统计分析，帮助云服务提供者及时了解业务的各种情况，从而有效改善云平台中不同应用的服务质量。

案例 2-1

互联网＋企业已全面进入云计算时代

2015 年 8 月，在满是酷热的上海，阿里云携手驻云在上海云基地举办了"云时代，企业如何轻松上云"的专题活动，活动邀请了阿里云市场部总监金杰就目前的云市场和新技术展开了分享和讨论。

1. 用数据说话：45% VS 4%？

云计算是 IT 时代的转战互联网＋的一大进化，计算能让一个公司在大数据的浪潮中也拥有像阿里巴巴、腾讯一样的技术支撑能力，但在这之前，企业一定要理解和选择品牌云计算厂商。

阿里云运营总监金杰表示：云计算成为国家基础设施从 IT 到 DT(Data Technology)，近几年，云服务增长率为 45%，传统 IT 增长率为 4%，这些数据表明，用户的习惯已经发生变革。但是想要改变 20 年"重硬轻软"的惯性还是需要一个时间过度。我们也坚定计算机+软件将会演变为云服务+数据，这说明云计算与大数据支持"创新生态"的模式依然成型。

2. 云时代的 IT 架构管理挑战

几年前，用户对云计算存在一些困惑，各大云计算厂商前期都是在教育用户，了解云计算技术与传统私有 IDC 相比，是否稳定，了解客户需求的同时也能更好地了解产品。现在计算已经不再是基础架构的问题，而是更深层次的服务。

根据阿里云数据显示：截至目前，152 万个客户选择使用阿里云服务。面对如此强大的数据，我们会问什么是 RDS、OSS、SLB、ODPS? 如何将其应用到自己的系统中？如何平稳上云？OSS 应该使用到什么场景？驻云的首席架构师兼 CTO 肖凯带我们解答了不一样的云计算，肖凯表示如何让新的技术发挥优势，促进业务成熟，如何利用云的优势，把产品细分，变革，那就需要在做转型的同时，了解以下几点要素。

1) 如何管理云资源

一个 IT 系统使用了云计算，已经能为企业节省大量的运维开支。但这不是一切，实际上企业还可能要面对和传统物理服务器及机房一样的挑战，即云服务器中的应用程序仍然需要维护。而且云计算的云盾也许能帮助企业抵挡 DDOS 攻击，但黑客仍能利用企业系统本身存在的安全漏洞。这个时候企业需要一个专业运维队伍，才能保障自己的业务全天 24 小时高可用。

2) 融合云还是混合云

混合云的现状已经被很多企业接受，以私有云为中心的传统企业的转变，就是在私有云的基础上管理公有云，并行实施，这样既可节省资源浪费，又可达到数据上的安全备份。当然，这仅仅是不同 IT 系统和架构的组合。

3) 融合云才是未来

架构云是以公有云/VPC 为中心的企业 IT 架构，私有 IT 和公有云系统间的融合交互，同时根据业务需要构建公有云和私有 IT 架构的融合，以数据的实时及大量交互运算为基础，做好产品和服务。

4) 架构云

在互联网和产业界的不断努力下，历经 8 年发展，云计算已经成为人们按需使用信息处理、信息存储、信息交互资源的重要模式，也是进行大数据处理和深度挖掘的重要平台。同时，架构云在云计算时代作为企业解决 IT 资源运维管理的服务平台，让企业实现公有云和私有云混合管理模式，管理企业数据多重备份。同时快速部署多重解决方案，定期升级产品服务，可面向多种用户场景，实现自动化、标准化、可视化提升 IT 运维效率，全面助力企业轻松上云。

2.2 云端服务系统的架构和组成

云端服务系统基于一个可靠、安全、可扩展、易维护的应用系统平台作为支撑，按照应用系统组成可分为以下子系统：Web 前端系统，负载均衡系统，数据库集群系统，缓存系统，分布式存储系统，分布式服务器管理系统，代码分发系统。按照功能模块可分为以下功能模块：登录模块、运营模块、快件管理模块、客服模块、统计模块、合作方快递查询模块、安全报表模块、日志模块、监控模块。云端服务系统的架构如图2.2所示。

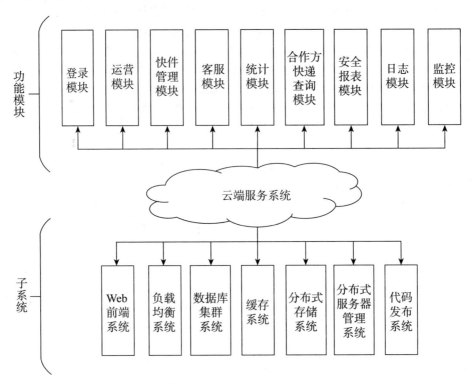

图2.2　云端服务系统的架构

2.2.1　子系统简介

1. Web前端系统

云平台为了使各个应用的服务器共享、避免单点故障、集中管理、统一配置等目的，不根据应用划分服务器，而是将所有服务器做统一使用，每台服务器都可以对多个应用提供服务，当某些应用访问量提高时，通过增加服务器节点达到整个服务器集群的性能提高，同时使其他应用也会受益。Web前端系统基于Nginx的虚拟主机平台，提供运行环境。服务器对开发人员是透明的，不需要开发人员介入服务器管理。

2. 负载均衡系统

负载均衡(Load Balancing)建立在现有网络结构之上，它提供了一种廉价、有效透明的方法扩展网络设备和服务器的带宽、增加吞吐量、加强网络数据处理能力，同时能够提高网络的灵活性和可用性。负载均衡系统分为硬件和软件两种。硬件负载均衡效率高，但是价格贵，如F5。软件负载均衡系统价格较低或免费，效率较硬件负载均衡系统低，不过对于流量一般或稍大些网站来讲也足够使用，目前使用最为广泛的负载均衡软件是Nginx、LVS、HAProxy，云端服务系统的负载均衡系统为Nginx，负载均衡系统框架如图2.3所示。

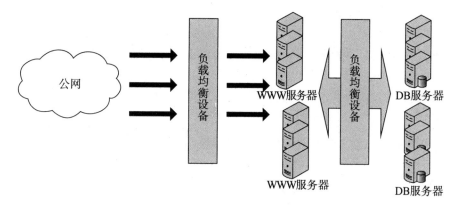

图2.3 负载均衡系统框架

3. 数据库集群系统

由于Web前端采用了负载均衡集群结构提高了服务的有效性和扩展性,因此数据库必须也是高可靠的,才能保证整个服务体系的高可靠性。采用的方案有以下几种。

(1) 使用MySQL数据库,考虑到Web应用的数据库读多写少的特点,对读数据库做了优化,提供专用的读数据库和写数据库,在应用程序中实现读操作和写操作分别访问不同的数据库。

(2) 使用MySQL Replication机制实现快速将主库(写库)的数据库复制到从库(读库)。一个主库对应多个从库,主库数据实时同步到从库,如图2.4所示。

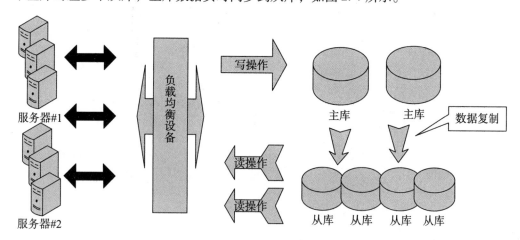

图2.4 数据库集群系统框架

(3) 写数据库有多台,每台都可以提供多个应用共同使用,这样可以解决写库的性能瓶颈问题和单点故障问题。

(4) 读数据库有多台,通过负载均衡设备实现负载均衡,从而达到读数据库的高性能、高可靠和高可扩展性。

(5) 数据库服务器和应用服务器分离。

4. 缓存系统

缓存分为文件缓存、内存缓存、数据库缓存。云端服务系统使用的内存缓存工具是 Redis/Memcached，如图 2.5 所示。通过二者结合使用，可实现以下目标。

（1）提高访问效率，提高服务器吞吐能力，改善用户体验。

（2）减轻对数据库及存储集服务器的访问压力。

（3）使用多台服务器，避免单点故障，提供高可靠性和高可扩展性，提高性能。

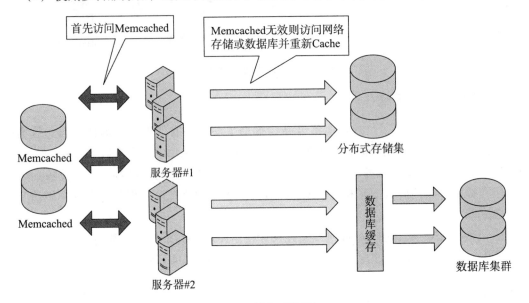

图 2.5　缓存系统框架

5. 分布式存储系统

分布式存储系统框架如图 2.6 所示。分布式存储系统主要有以下两个特点。

（1）存储量很大，高可用。

（2）负载均衡 cluster 中的每个节点都有可能访问任何一个数据对象，每个节点对数据的处理也能被其他节点共享，因此这些节点要操作的数据从逻辑上是一个整体，不是各自独立的数据资源。

6. 分布式服务器管理系统

随着云平台访问流量的不断增加，网络服务都是以负载均衡集群的方式对外提供服务，随着集群规模的扩大，需要集中式地、分组地、批量地、自动化地对服务器进行管理，批量化地执行计划任务。分布式服务器管理系统框架如图 2.7 所示。

云平台使用分布式服务器管理系统软件中的 Cfengine。它可以对服务器进行分组，不同的分组可以分别定制系统配置文件、计划任务等配置。通过 Cfengine 集中式的服务器管理工具，可实现大规模的服务器集群管理，被管理服务器和 Cfengine Server 可以分布在任何位置，只要网络可以连通就能实现快速自动化的管理。

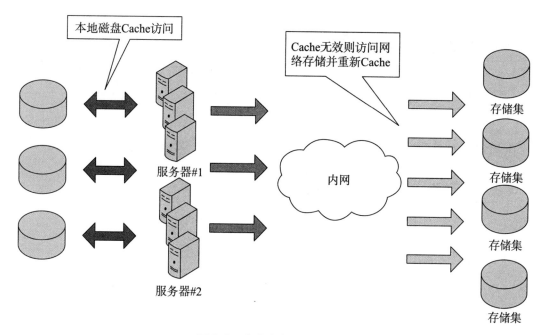

图2.6 分布式存储系统框架

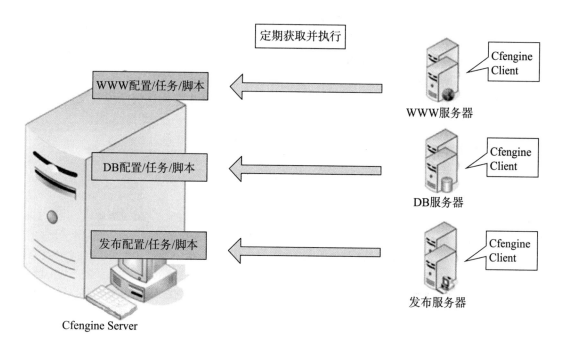

图2.7 分布式服务器管理系统框架

7. 代码发布系统

代码发布系统框架如图2.8所示，为满足集群环境下程序代码的批量分发和更新，代码发布系统具备以下四种功能。

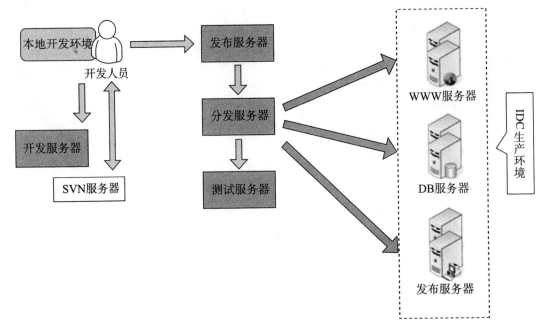

图 2.8 代码发布系统框架

（1）不需要登录服务器即可将程序分发到目标服务器。

（2）开发阶段包括要内部开发、内部测试、生产环境测试、生产环境发布四个部分，发布系统可以介入各个阶段的代码发布。

（3）通过 Git 实现源代码管理和版本控制。

（4）使用工具 Rsync，通过自定义脚本工具实现服务器集群间代码同步分发。

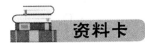

Git

  Git 是一款免费、开源的分布式版本控制系统，用于敏捷高效地处理任何或小或大的项目。Git 是 Linus Torvalds 为了帮助管理 Linux 内核开发而开发的一个开放源码的版本控制软件。Torvalds 开始着手开发 Git 是为了作为一种过渡方案来替代 BitKeeper，BitKeeper 之前一直是 Linux 内核开发人员在全球使用的主要源代码工具。开放源码社区中的有些人觉得 BitKeeper 的许可证并不适合开放源码社区的工作，因此 Torvalds 决定着手研究许可证更为灵活的版本控制系统。尽管最初 Git 的开发是为了辅助 Linux 内核开发的过程，但是我们已经发现在很多其他自由软件项目中也使用了 Git。例如，很多 Freedesktop 的项目迁移到了 Git 上。

2.2.2 功能模块简介

1. 登录模块

  登录模块包括后台用户、APP 用户、合作方用户管理，系统基础信息设置，通知管理。

2. 运营模块

运营模块包括快递公司、物业、小区、学校等基础配置，并对快件管理，实现对快递订单各个环节的信息记录查看。

3. 快件管理模块

快件管理模块包括快递柜主屏显示的活动管理，APP 上的所有活动管理，以及第三方合作公司管理，柜体基本信息管理等。

4. 客服模块

客服模块包括快递维护、客服管理、充值扣费、用户反馈四部分主要功能。

5. 统计模块

统计模块包括基础柜体使用率、占用率统计、社区和物流中心派件、揽件数据统计。

6. 合作方快递查询模块

合作方快递查询模块包括账号管理、快递公司查询、物业查询等基本功能。

7. 安全报表模块

可按事件类型、目标或周期类型等条件进行统计，获得安全报表(报警分类统计报表、报警时段统计报表、报警区域报表)、访问统计报表(访问时段、访问区域及业务类型)及流量趋势报表。

8. 日志模块

系统运行日志及安全防护日志，包括网络层访问控制、URL ACL 防护、DDoS 防护、Web 安全、ARP 防护及 Web 访问，可基于时间、IP、端口、协议、动作、事件类型、URL、方法、状态等条件进行日志查询。

9. 监控模块

提供安全事件监控、访问情况监控、负载监控及安全缓存监控，可显示接口状态，引擎状态、系统 CPU、内存及硬盘使用率，系统当前时间及系统运行时间。

2.3 云端服务系统相关技术简介

【拓展文本】

2.3.1 云计算

云计算是一种利用互联网实现随时随地、按需、便捷地访问共享资源池(如计算设施、存储设备、应用程序等)的计算模式。计算机资源服务化是云计算重要的表现形式，它为用户屏蔽了数据中心管理、大规模数据处理、应用程序部署等问题。它是分布式计算、并行计算、效用计算、网络存储、虚拟化、负载均衡等传统计算机和网络技术发展融合的产物。

1. 云计算的特点

（1）弹性服务。服务的规模可快速伸缩，以自动适应业务负载的动态变化。用户使用的资源同业务的需求相一致，避免了因为服务器性能过载或冗余而导致的服务质量下降或资源浪费。

（2）资源池化。资源以共享资源池的方式统一管理。利用虚拟化技术，将资源分享给不同用户，资源的放置、管理与分配策略对用户透明。

（3）按需服务。以服务的形式为用户提供应用程序、数据存储、基础设施等资源，并可以根据用户需求，自动分配资源，而不需要系统管理员干预。

（4）服务可计费。监控用户的资源使用量，并根据资源的使用情况对服务计费。

（5）泛在接入。用户可以利用各种终端设备（如 PC、笔记本电脑、智能手机等）随时随地通过互联网访问云计算服务。

云计算

云计算是将具有较强计算能力的计算分布在大量的分布式计算机上，而非本地计算机或远程服务器中，由于企业数据中心的运行将与互联网更相似。这使得企业能够将资源切换到需要的应用上，根据需求访问计算机和存储系统。

2. 云计算体系架构

云计算可以按需提供弹性资源，它的表现形式是一系列服务的集合。结合当前云计算的应用与研究，其体系架构可分为核心服务、服务管理、用户访问接口 3 层，如图 2.9 所示。核心服务层将硬件基础设施、软件运行环境、应用程序抽象成服务，这些服务具有可靠性强、可用性高、规模可伸缩等特点，满足多样化的应用需求。服务管理层为核心服务提供支持，进一步确保核心服务的可靠性、可用性与安全性。用户访问接口层实现端到云的访问。

云计算核心服务通常可以分为 3 个子层：基础设施即服务（Infrastructure As A Service, IaaS）、平台即服务（Platform As A Service, PaaS）、软件即服务（Software As A Service, SaaS）。

IaaS 提供硬件基础设施部署服务，为用户按需提供实体或虚拟的计算、存储和网络等资源。在使用 IaaS 层服务的过程中，用户需要向 IaaS 层服务提供商提供基础设施的配置信息，运行于基础设施的程序代码以及相关的用户数据。由于数据中心是 IaaS 层的基础，因此数据中心的管理和优化问题近年来成为研究的热点。另外，为了优化硬件资源的分配，IaaS 层引入了虚拟化技术。借助于 Xen、KVM、VMware 等虚拟化工具，可以提供可靠性高、可定制性强、规模可扩展的 IaaS 层服务。

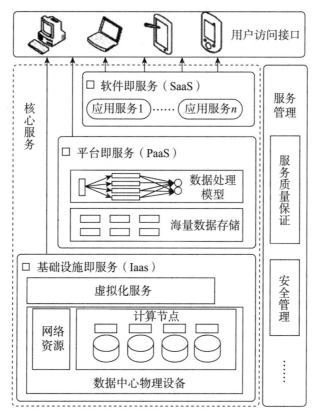

【拓展文本】

图 2.9 云计算体系架构

PaaS 是云计算应用程序运行环境，提供应用程序部署与管理服务。通过 PaaS 层的软件工具和开发语言，应用程序开发者只需上传程序代码和数据即可使用服务，而不必关注底层的网络、存储、操作系统的管理问题。由于目前互联网应用平台（如 Facebook、Google、淘宝等）的数据量日趋庞大，PaaS 层应当充分考虑对海量数据的存储与处理能力，并利用有效的资源管理与调度策略提高处理效率。

SaaS 是基于云计算基础平台所开发的应用程序。企业可以通过租用 SaaS 层服务解决企业信息化问题，如企业通过 GMail 建立属于该企业的电子邮件服务。该服务托管于 Google 的数据中心，企业不必考虑服务器的管理、维护问题。对于普通用户来讲，SaaS 层服务将桌面应用程序迁移到互联网，可实现应用程序的泛在访问。

云服务

云服务的商业模式是通过繁殖大量创业公司提供丰富的个性化产品，以满足市场上日益膨胀的个性化需求。其繁殖方式是为创业公司提供资金、推广、支付、物流、客服一整套服务，把自己的运营能力像水和电一样让外部随需使用。

这种服务类型是将网络中的各种资源调动起来,为用户服务。这种服务将是未来的主流,如微软、苹果。

(1) 微软正式推出云服务平台——Windows Azure。

Ray Ozzie,微软的软件架构师,在 PDC 开场演讲中特别强调了服务和"云"。他说,广为普通人所用的服务器需求和企业内部所用的服务器需求有着本质的不同。由于服务器分散在世界上不同的数据中心,以及因新闻、博客、产品发布、甚至购物季节等带来的巨大变化需求,我们需要很多专业的知识。

(2) 苹果于 2011 年 6 月 7 日在苹果全球开发者大会(Worldwide Developers Conference,WWDC)上,正式发布了 iCloud 云服务。

2009 年 4 月 9 日,Xcerion 发布 iCloud,此为世界首台免费联机计算机,可向世界上的任何人提供他们自己的联机计算机,外加可从任何连接到 Internet 的计算机都可使用的免费存储、应用程序、虚拟桌面和备份访问等特性。2011 年 6 月 7 日,苹果在旧金山 MosconeWest 会展中心召开全球开发者大会(简称 WWDC 2011)上,正式发布了 iCloud 云服务,该服务服务可以让现有苹果设备实现无缝对接。iCloud 云服务提供英语、中文、俄语、西班牙语、葡萄牙语、德语和菲律宾语多种语言。iCloud 的公开发布承载着运行封闭式 Beta 测试程序和收集来自世界各地 iCloud 用户反馈信息的愿望。2016 年 2 月,iCloud 用户数达到 7.82 亿。

(3) 阿里云创立于 2009 年,是中国的云计算平台,服务范围覆盖全球 200 多个国家和地区。

阿里云致力于为企业、政府等组织机构,提供最安全、可靠的计算和数据处理能力,让计算成为普惠科技和公共服务,为万物互联的 DT 世界,提供源源不断的新能源。阿里云的服务群体中,活跃着微博、知乎、魅族、锤子科技、小咖秀等一大批明星互联网公司。在天猫双 11 全球狂欢节、12306 春运购票等极富挑战的应用场景中,阿里云保持着良好的运行纪录。此外,阿里云在金融、交通、基因、医疗、气象等领域输出一站式的大数据解决方案。

2014 年,阿里云曾帮助用户抵御全球互联网史上最大的 DDoS 攻击,峰值流量达到每秒 453.8GB。在 Sort Benchmark 2015 世界排序竞赛中,阿里云利用自研的分布式计算平台 ODPS,377s 完成 100TB 数据排序,刷新了 Apache Spark 1 406s 的世界纪录。

(4) 百度云(Baidu Cloud)是百度在 2012 年推出的一项云存储服务。

首次注册即有机会获得 2TB 的空间,已覆盖主流 PC 和手机操作系统,包含 Web 版、Windows 版、Mac 版、Android 版、iphone 版和 WindowsPhone 版,用户可以轻松地将自己的文件上传到网盘上,并可跨终端随时随地查看和分享。2013 年 8 月 22 日,百度云推出"百度云用户破亿,基础服务震撼升级"活动,宣布提供 2TB 永久免费容量和无限制离线下载服务。2014 年 11 月,百度云总用户数突破 2 亿,移动端的发展全面超越 PC 端。2015 年 8 月,百度开放云获技术创新奖。

2.3.2 大数据

【拓展文本】

大数据技术,就是从各种类型的数据中快速获得有价值信息的技术。大数据领域已经涌现出了大量新的技术,它们成为大数据采集、存储、处理和呈现的有力武器。大数据处理关键技术一般包括:大数据采集、大数据预处理、大数据存储及管理、大数据分析及挖掘、大数据展现和应用。

1. 大数据采集技术

数据是指通过 RFID(Radio Frequency Identification)射频数据、传感器数据、社交网络

交互数据及移动互联网数据等方式获得的各种类型的结构化、半结构化(或称之为弱结构化)及非结构化的海量数据,是大数据知识服务模型的根本。重点要突破分布式高速、高可靠数据获取或采集、高速数据全映像等大数据收集技术;突破高速数据解析、转换与装载等大数据整合技术;设计质量评估模型,开发数据质量技术。

大数据采集一般分为大数据智能感知层和基础支撑层。大数据智能感知层主要包括数据传感体系、网络通信体系、传感适配体系、智能识别体系及软硬件资源接入系统,实现对结构化、半结构化、非结构化的海量数据的智能化识别、定位、跟踪、接入、传输、信号转换、监控、初步处理和管理等。必须着重攻克针对大数据源的智能识别、感知、适配、传输、接入等技术。基础支撑层提供大数据服务平台所需的虚拟服务器,结构化、半结构化及非结构化数据的数据库及物联网络资源等基础支撑环境。重点攻克分布式虚拟存储技术,大数据获取、存储、组织、分析和决策操作的可视化接口技术,大数据的网络传输与压缩技术,大数据隐私保护技术等。

2. 大数据预处理技术

主要完成对已接收数据的辨析、抽取、清洗等操作。

(1) 抽取:因获取的数据可能具有多种结构和类型,数据抽取过程可以帮助我们将这些复杂的数据转化为单一的或便于处理的构型,以达到快速分析处理的目的。

(2) 清洗:对于大数据,并不全是有价值的,有些数据并不是我们所关心的内容,而另一些数据则是完全错误的干扰项,因此要对数据通过过滤"去噪"从而提取出有效数据。

3. 大数据存储及管理技术

大数据存储与管理要用存储器把采集到的数据存储起来,建立相应的数据库,并进行管理和调用。重点解决复杂结构化、半结构化和非结构化大数据管理与处理技术中的问题。主要解决大数据的可存储、可表示、可处理、可靠性及有效传输等几个关键问题。开发可靠的分布式文件系统(Distributed File System,DFS)、能效优化的存储、计算融入存储、大数据的去冗余及高效低成本的大数据存储技术;突破分布式非关系型大数据管理与处理技术,异构数据的数据融合技术,数据组织技术,研究大数据建模技术;突破大数据索引技术;突破大数据移动、备份、复制等技术;开发大数据可视化技术。

开发新型数据库技术,数据库分为关系型数据库、非关系型数据库及数据库缓存系统。其中,非关系型数据库主要指的是 NoSQL 数据库,它分为键值数据库、列存数据库、图存数据库及文档数据库等类型。关系型数据库包含了传统关系数据库系统和 NewSQL 数据库。

开发大数据安全技术。改进数据销毁、透明加解密、分布式访问控制、数据审计等技术;突破隐私保护和推理控制、数据真伪识别和取证、数据持有完整性验证等技术。

4. 大数据分析及挖掘技术

大数据分析技术。改进已有数据挖掘和机器学习技术;开发数据网络挖掘、特异群组挖掘、图挖掘等新型数据挖掘技术；突破基于对象的数据连接、相似性连接等大数据融合技术；突破用户兴趣分析、网络行为分析、情感语义分析等面向领域的大数据挖掘技术。

【拓展文本】

数据挖掘就是从大量的、不完全的、有噪声的、模糊的、随机的实际应用数据中，提取隐含在其中的、人们所不知道的、但又是潜在有用的信息和知识的过程。数据挖掘涉及的技术方法有很多，且有多种分类方法。根据挖掘任务可分为分类或预测模型发现、数据总结、聚类、关联规则发现、序列模式发现、依赖关系或依赖模型发现、异常和趋势发现等。根据挖掘对象可分为关系数据库、面向对象数据库、空间数据库、时态数据库、文本数据源、多媒体数据库、异质数据库、遗产数据库及环球网 Web。根据挖掘方法可粗分为机器学习方法、统计方法、神经网络方法和数据库方法。机器学习方法中，可细分为归纳学习方法（决策树、规则归纳等）、基于范例学习、遗传算法等。统计方法中，可细分为回归分析（多元回归、自回归等）、判别分析（贝叶斯判别、费歇尔判别、非参数判别等）、聚类分析（系统聚类、动态聚类等）、探索性分析（主元分析法、相关分析法等）等。神经网络方法中，可细分为前向神经网络（BP 算法）、自组织神经网络（自组织特征映射、竞争学习等）。数据库方法主要是多维数据分析或 OLAP 方法，另外还有面向属性的归纳方法。

从挖掘任务和挖掘方法的角度，要着重突破以下几方面。

（1）可视化分析。数据可视化无论对于普通用户或是数据分析专家，都是最基本的功能。数据图像化可以让数据自己说话，让用户直观地感受到结果。

（2）数据挖掘算法。图像化是将机器语言翻译给人看，而数据挖掘就是机器的母语。分割、集群、孤立点分析还有各种各样五花八门的算法让我们精炼数据、挖掘价值。这些算法一定要能够应付大数据的量，同时还具有很高的处理速度。

（3）预测性分析。预测性分析可以让分析师根据图像化分析和数据挖掘的结果做出一些前瞻性判断。

（4）语义引擎。语义引擎需要涉及有足够的人工智能以便能够从数据中主动地提取信息。语言处理技术包括机器翻译、情感分析、舆情分析、智能输入、问答系统等。

（5）数据质量和数据管理。数据质量与管理是管理的最佳实践，透过标准化流程和机器对数据进行处理可以确保获得一个预设质量的分析结果。

5. 大数据展现与应用技术

大数据技术能够将隐藏于海量数据中的信息和知识挖掘出来，为人类的社会经济活动提供依据，从而提高各个领域的运行效率，大大提高整个社会经济的集约化程度。在我国，大数据将重点应用于以下三大领域：商业智能、政府决策、公共服务。例如，商业智能技术，政府决策技术，电信数据信息处理与挖掘技术，电网数据信息处理与挖掘技术，气象信息分析技术，环境监测技术，警务云应用系统（道路监控、视频监控、网络监控、智能交通、反电信诈骗、指挥调度等公安信息系统），大规模基因序列分析比对技术，Web 信息挖掘技术，多媒体数据并行化处理技术，影视制作渲染技术，其他各种行业的云计算和海量数据处理应用技术等。

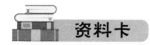

数据挖掘

数据挖掘是从大量的、不完全的、有噪声的、模糊的、随机的实际数据中，提取隐含在其中的、人们所不知道的、但又是潜在有用的信息和知识的过程。数据挖掘是一种崭新的商业信息处理技术，其主要特点是对商业数据库中的大量业务数据进行抽取、转化、分析和模式化处理，从中提取辅助商业决策的关键知识。

本章小结

云端服务系统提供丰富的 API 接口，能够迅速实现与运营企业的业务运营平台快速对接和定制开发，从而提供功能强大、低成本的设备综合管理和扩展开发支撑。

云端服务系统主要功能包括统一终端管理、业务统计报表与分析、网络状况统计、地理位置查询、故障报警管理、监控智能快递柜周边、云业务与下位机穿透管理。

云端服务系统基于一个可靠、安全、可扩展、易维护的应用系统平台作为支撑，按照应用系统组成可分为以下子系统：Web 前端系统、负载均衡系统、数据库集群系统、缓存系统、分布式存储系统、分布式服务器管理系统、代码分发系统。按照功能模块可分为以下功能模块：登录模块、运营模块、快件管理模块、客服模块、统计模块、合作方快递查询模块、安全报表模块、日志模块、监控模块。

云端服务系统的相关技术：云计算和大数据。云计算是一种利用互联网实现随时随地、按需、便捷地访问共享资源池（如计算设施、存储设备、应用程序等）的计算模式。大数据技术就是从各种类型的数据中快速获得有价值信息的技术。两者相辅相成。

关键术语

大数据（Big Data）
云计算（Cloud Computing）
Web 前端（Web Front-end）
负载均衡（Load Balance）
数据库集群（Database Cluster）
缓存（Cache）

分布式存储（Distributed Storage）
数据中心（Data Center）
数据挖掘（Data Mining）
移动互联网（Mobile Internet）
预测性分析（Prediction Analysis）
语义引擎（Semantic Engines）

习 题

一、判断题

1. 云端服务系统只是智能快递柜终端的后台系统。   (   )
2. 云端服务系统各个模块和子系统之间是独立的。   (   )
3. 负载均衡系统分为硬件和软件两种。硬件的效率更高,但是软件的价格低。   (   )
4. 云端服务系统使用的负载均衡系统为 Nginx、LVS、HAProxy。   (   )
5. 在云平台中通过 GitHub 实现源代码管理和版本控制。   (   )

二、选择题

1. Web 前端系统是基于(   )的虚拟主机平台。
   A. jQuery   B. Nginx   C. Spring   D. Hibernate
2. 硬件负载均衡是下列的(   )。
   A. Nginx   B. LVS   C. F5   D. HAProxy
3. 使用(   )机制实现快速将主库(写库)的数据库复制到从库(读库)。
   A. JDBC   B. Handler   C. MySQL Replication   D. AsyncTask
4. 分布式服务器管理系统软件是下列中的(   )。
   A. Linux   B. Android   C. Cfengine   D. iOS
5. 云计算核心服务的(   )子层是基于云计算基础平台所开发的应用程序。
   A. SaaS   B. PaaS   C. IaaS   D. BaaS

三、简答题

1. 云端服务系统主要包含哪几个子系统?
2. 简要概述云计算服务主要分为哪三个部分?
3. 云计算的特点是什么?

操作实训篇

第 3 章 智能快递柜相关产品操作实训

【学习目标】
（1）了解智能快递柜的基本操作。
（2）熟练使用智能快递柜云端服务系统对用户、快递订单和快递柜进行管理。
（3）熟悉使用移动客户端 APP 操作智能快递柜的具体流程。

【学习重点】
（1）智能快递柜的投递和取件基本操作。
（2）云端服务系统对用户、快递订单和快递柜进行管理的操作流程。
（3）移动客户端 APP 操作智能快递柜的具体流程。

【学习难点】
云端服务系统对用户、快递订单和快递柜进行管理的操作流程。

智能快递柜管理系统实训

【拓展视频】

3.1 智能快递柜平台操作实训

3.1.1 投递操作

【目的】

了解智能快递柜上投递操作的工作流程并进行实际操作(以近邻宝智能快递柜为例)。

【操作说明】

快递员输入运单号和收件人手机号,并选择适合的格口,完成投递后,智能柜后台系统会自动发送带有取件密码的短信通知收件人取件。投递员可以实现快速、集中的包裹投递,而不用通知和等待客户,也避免了二次投递。

【操作步骤】

(1)进入智能快递柜主界面,单击"投递"按钮,语音提示"请输入手机号码及短信验证码",如图3.1所示。

(2)快递员通过手机验证码进行身份验证,如图3.2所示。

【拓展视频】

图3.1 "投递"按钮　　图3.2 快递员登录验证

(3)扫描或手工输入需要投递的快递单号和收件人手机号,如图3.3所示,单击"确定"按钮,语音提示"请选择可用箱体"。

(4)在箱体选择界面,通过触摸屏选择适合大小的格口,如图3.4所示。

 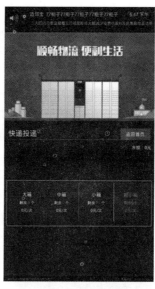

图 3.3　填写投递信息　　图 3.4　格口选择

(5) 箱门打开后，将快件放入格口，关闭箱门。

注：当格口不足以放下快件时，关闭箱门，在投递记录界面，单击"取回"按钮，提示"当前格口已使用，请确认是否取消该项运单号投递操作"，单击"确认开箱取回"按钮，再单击"继续投递"按钮，选择更大的格口，如图 3.5 所示。

(6) 在投递记录界面，单击"继续投递"按钮，则重复投递操作，投递完成后增加新的投递记录。

(7) 单击"投递完成"按钮，提示投递完成，单击"确定"按钮，返回主界面，如图 3.6 所示。

 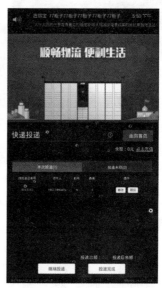

图 3.5　取消投递提示　　图 3.6　投递完成

3.1.2 取件操作

【目的】

了解智能快递柜上取件操作的工作流程并进行实际操作(以近邻宝智能快递柜为例)。

【操作说明】

快递人员完成投递后,收件人会收到一条短信,短信中包含取件密码。收件人在智能快递柜中输入取件密码即可取件。

【操作步骤】

(1) 进入智能快递柜主界面,单击"取件"按钮,如图3.7所示。

(2) 输入取件密码,如图3.8所示,箱门打开,语音提示"请取走您的包裹"。

(3) 单击"返回首页"按钮,即可返回首页,继续取件或进行其他操作。

【拓展视频】

图3.7 "取件"按钮

图3.8 填写取件密码

【拓展视频】

3.2 云端服务系统操作实训

3.2.1 用户管理

【目的】

(1) 学习使用云端服务系统对柜体端投递用户的管理。

说明:通过柜体端进行投递操作,每次需要输入投递人员的手机号并接收到短信验证码，并对验证码做验证判断，当验证通过后才能进行投递。而 APP 端的用户通过注册后，不再需要验证码，使用手机号和密码从 APP 中直接登录。

（2）了解 APP 端投递用户的生成有两种方式：通过 APP 端自主注册，通过云端用户管理后台创建。

【操作说明】

用户通过在浏览器中输入云端服务系统地址来访问管理系统，实现用户的增加、修改、删除、查看。

【操作步骤】

（1）在浏览器中输入云端后台访问 URL，通过账号密码进入管理后台，如图 3.9 和图 3.10 所示。

图 3.9 登录界面

图 3.10 登录成功

（2）选择菜单链接"APP 投递用户管理"，进入用户的列表信息页面，可根据手机号和审核状态，对用户记录进行搜索查看，如图 3.11 所示。

（3）选中一条用户记录，单击"审核"按钮，可修改用户的状态。其中状态包括等待审核、等待再次审核、拒绝和通过，如图 3.12 所示。

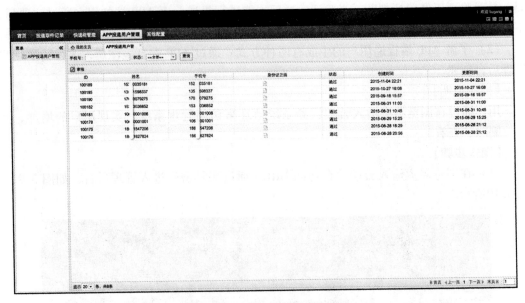

图3.11　APP投递用户列表页

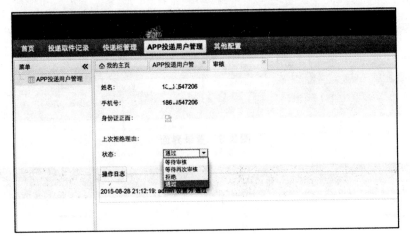

图3.12　用户信息修改

3.2.2　快递订单管理

【目的】

学习使用云端服务系统实现对快递订单的管理。

【操作说明】

用户通过在浏览器中输入云端服务系统地址来访问管理系统实现投递、取件订单的搜索和查看。

【操作步骤】

（1）在浏览器中输入云端后台访问 URL，通过账号密码进入管理后台。

(2) 选择菜单链接"快递查询",进入快递订单的列表信息页面。

(3) 在快件列表页面,可以通过筛选条件进行查询操作。单击某条未取走的快件记录,然后可进行"确认取走"|"修改手机号"等操作,如图 3.13 所示。

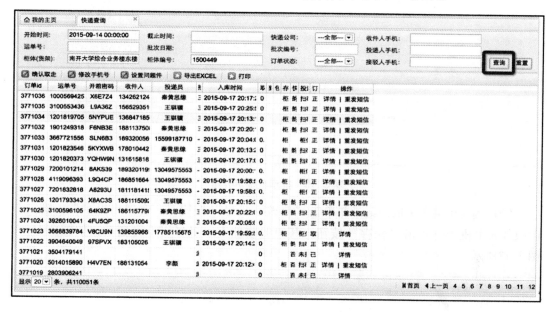

图 3.13 快递查询

(4) 当选中某条未取走记录并单击"确认取走"按钮时,会弹出提示框并提示是否开箱,如图 3.14 和图 3.15 所示。

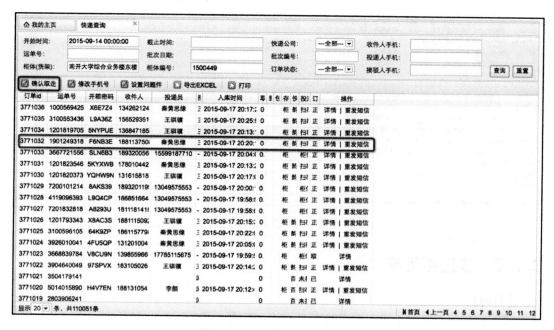

图 3.14 选中某条未取走记录

图 3.15　提示框提示开箱

（5）当选中某条未取走记录并单击"修改手机号"按钮时，会弹出提示框，输入新的收件人手机号并单击"保存"按钮，其中旧收件人手机号码不可变动，如图 3.16 和图 3.17 所示。

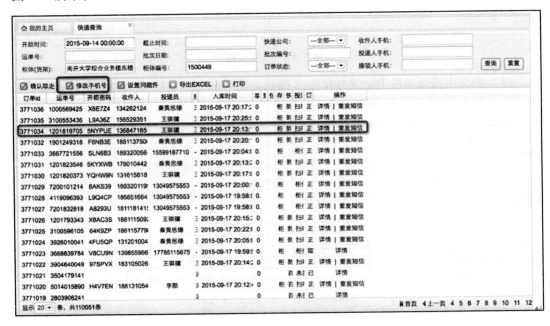

图 3.16　选中某条未取走记录

3.2.3　快递柜管理

【目的】

学习使用云端服务系统实现实时查看柜体的状态、故障率、连通状态、格口的数目、每个格口当前的使用率、被快件的占用率，以便对智能快递柜硬件设备的工作情况有更直观的认识。

图 3.17　修改收件人手机号

【操作说明】

用户通过在浏览器中输入云端服务系统地址，访问后台管理系统，实现查看智能快递柜当前格口状态和柜体与云端服务器的连接情况。

【操作步骤】

（1）在浏览器中输入云端后台访问 URL，通过账号密码进入管理后台。

（2）选择菜单链接"快递柜管理"，进入快递柜的列表页，如图 3.18 所示。

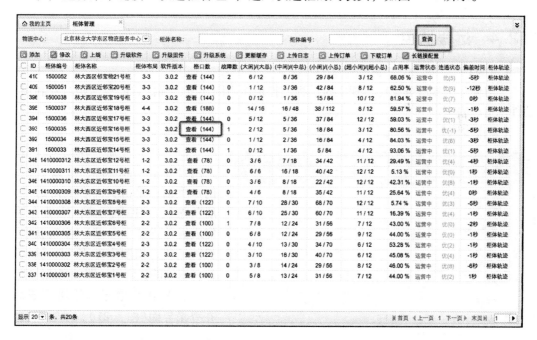

图 3.18　快递柜列表页面

（3）在快递柜列表页面格口数这一列，单击"查看"按钮，可查看该智能柜对应的格口列表信息，如图 3.19 所示。格口列表页面，显示了格口描述、类型、状态(占用、空闲)、长度、宽度、高度等基本信息，以及操作按钮列中的功能链接(历史订单和打开格口)。其中,选择"历史订单"链接,会跳转到格口历史订单列表页面,显示在这个格口上所有的投递快件记录。

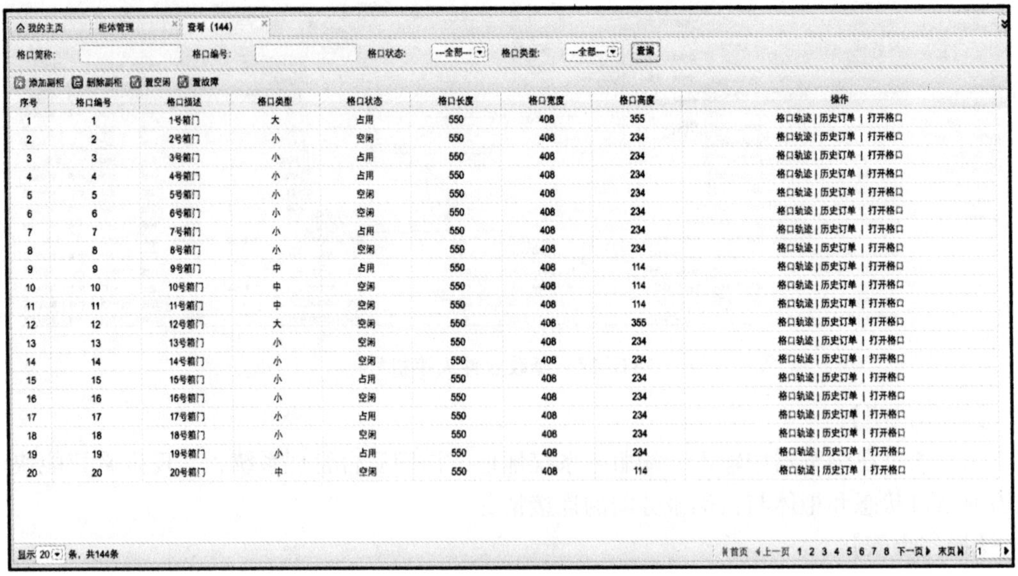

图 3.19　格口信息

3.2.4　远程监控

【目的】

学习使用云端服务系统实现实时远程监控柜体周围环境,确保智能快递柜自身和用户快件的财产安全。

【操作步骤】

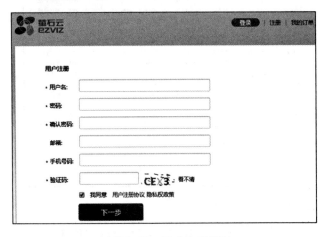

图 3.20　用户注册界面

（1）用户注册。在浏览器中输入网址 www.ys7.com,进入云平台门户页面,单击页面右上角的"注册"按钮,根据提示填写注册信息,完成后单击"下一步"按钮获取手机验证码,如图 3.20 所示,输入手机获取到的验证码后即可完成注册。

（2）用户登录。注册完成后,在登录界面(图 3.21),填写正确的用户名和密码,单击"登录"按钮登录到设备管理界面。

注：首次注册完成后系统会自动登录到设备添加向导页面。

图 3.21　用户登录界面

（3）设备添加。在设备添加向导页面，如图 3.22 所示，根据提示可以使用局域网扫描或输入设备序列号两种方式来搜索需要添加的设备，搜索到设备后，逐个完成添加。

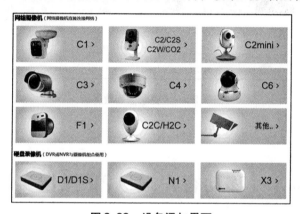

图 3.22　设备添加界面

（4）实时视频查看。单击云平台各个通道摄像机的视频缩略图上的按钮或摄像机详情里的"实时视频"链接来查看设备对应场景的实时视频，如图 3.23 所示。

图 3.23　实时视频查看界面

(5) 历史录像回放。在单画面预览模式下,拖动下方时间轴,预览界面自动回放时间轴所在时间点的视频图像,如图 3.24 所示。

图 3.24　历史录像回放界面

【拓展视频】

3.3　移动客户端 APP 操作实训

3.3.1　投递操作

【目的】

学习使用移动端 APP 实现对智能快递柜的投递操作。

【操作说明】

用户通过在手机 APP 上操作,控制指定柜体打开指定类型的箱门,进行快件投递并进行确认,实现对智能柜的投递操作。

注意:先确认要进行投递的柜体,即扫描柜体编号或手动输入柜体编号,再填写快件订单信息(快件运单号、收件人手机号、使用箱体的类型),确认后柜体将打开一个指定类型的箱门,快递员将快件放入箱体,关门后确认投递,即可完成一次投递。

【操作步骤】

(1) 打开 APP,登录成功后进入主界面,单击"投递"按钮,如图 3.25 和图 3.26 所示。

图 3.25 登录界面　　　　　图 3.26 主界面

（2）手动输入智能快递柜编号或扫描智能柜一维码编号，如图 3.27 和图 3.28 所示。

图 3.27 手动录入柜体编号　　图 3.28 扫描录入柜体编号

（3）输入快件运单号和收件人手机号，并选择使用的箱体，单击"确定"按钮，如图 3.29 所示。

（4）完成上一步后，智能快递柜自动打开格口，APP 会跳转到图 3.30 所示的页面，此时放入快件，单击"完成投递"按钮。

图 3.29　录入快件信息

图 3.30　投递确认

（5）APP 弹出提示"投递完成"提示框，如图 3.31 所示。当完成投递后，云端服务系统将会给收件用户手机号发送包含取件密码的短信，如图 3.32 所示。

图 3.31　投递完成

图 3.32　收到短信

3.3.2 取件操作

【目的】

学习使用移动端 APP 实现对智能快递柜的取件操作。

【操作说明】

用户通过在手机 APP 上操作,控制指定柜体打开包含待取件物品的箱门,进行快件取件,实现对智能柜的取件操作。

【操作步骤】

(1) 打开 APP,登录成功后进入主界面,单击"取快件"按钮。

(2) 进入待取件快递记录列表,选择待取的快件,如图 3.33 所示。

图 3.33 未取件列表

(3) 单击"一键取件"按钮,此时 APP 弹出提示,单击"确认取回"按钮,如图 3.34 所示。

(4) APP 弹出提示框,如图 3.35 所示,智能快递柜打开格口,用户取出快件,并关闭格口。

图 3.34　确认取回　　　　图 3.35　提示"打开箱门成功"

3.3.3　查看投递记录

【目的】

学习使用移动端 APP 实现对投递记录的查看。

【操作说明】

记录快递员投递到智能快件箱的订单历史，用户通过在手机 APP 上操作，实现查看投递记录。快递员投递到智能快件箱的快件订单都被记录下来，快递员可以通过"投递过的快递柜""时间顺序""快件状态"等几个筛选项进行快速筛选。

投递记录页面显示的内容说明。

(1) 请求服务器获取投递记录，以列表的形式呈现。

(2) 列表默认显示顺序为投递时间由近到远。

(3) 条目显示元素构成：运单号、投递时间、当前状态。

(4) 状态为"已取走""已取回"的订单，除显示状态文字外，还要显示取走时间。

(5) 页面滚动时顶部"快递柜""排序""筛选"操作栏固定不动。

(6) 页面支持下拉刷新，上拉加载更多，每个分页有 15 条记录。

(7) 不同状态的订单显示状态文字的颜色不同。

【操作步骤】

(1) 打开 APP，登录成功后进入主界面，单击"投递记录"按钮。

(2) 进入投递记录列表，选择并查看待取的快件，如图 3.36 所示。

(3) 单击某条记录，进入快件详情页面，如果是未取件，如图 3.37 所示，在页面下方会有"取回快件"按钮，投递员可单击此按钮取走快件。

图 3.36　投递记录列表

图 3.37　快件详情

3.3.4　查看格口信息

【目的】

学习使用移动端 APP 实现对智能柜的柜体格口数量和实时状态查看操作。

【操作说明】

用户通过在手机 APP 上操作，扫描柜体编号，实时查看柜体格口的使用情况。

【操作步骤】

(1) 打开 APP，登录成功后进入主界面，单击"格口信息"按钮。

(2) 扫描智能柜一维码编号或手动输入智能柜编号，单击"下一步"按钮。

(3) 查看格口列表记录信息，如图 3.38 所示。

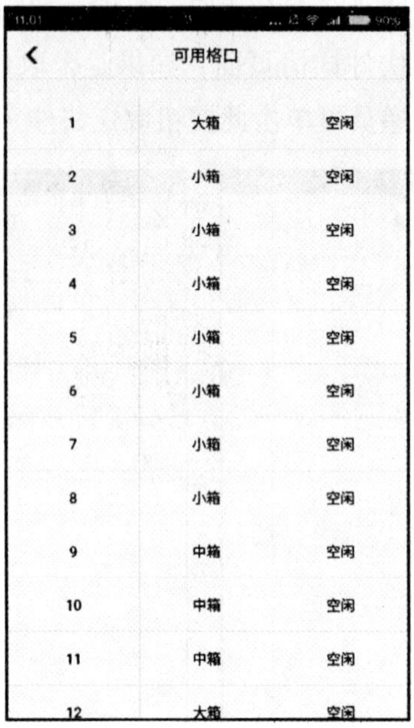

图 3.38　格口信息列表

本章小结

  操作实训内容主要包括智能快递柜平台操作、云端服务系统操作和移动客户端 APP 操作，读者需要在智能快递柜平台进行投递和取件的操作，在云端服务系统上进行用户管理、快递订单管理、快递柜管理和远程监控操作，在移动端 APP 上进行投递操作、取件操作、查看投递记录和查看格口信息的操作。

关键术语

投递(Delivery)　　　　　　　　　　智能快递柜(Intelligent Express Ark)
取件(Pick-up)　　　　　　　　　　云端服务系统(Cloud Service System)
统一资源定位符(URL)　　　　　　移动端 APP(Mobile Client Application)

习 题

1. 根据 3.1 节的内容在智能快递柜平台上进行投递和取件操作。
2. 根据 3.2 节的内容在云端管理系统中进行操作。
3. 根据 3.3 节的内容使用 APP 进行投递、取件、查看投递记录和查看格口信息的操作。

开发实训篇

第 4 章 Android 基础

【学习目标】
(1) 了解 Android 的基本概念。
(2) 学会搭建 Android 开发环境。
(3) 了解 Android 工程目录结构。
(4) 了解 Android 视图和布局。
(5) 熟练掌握 Android UI 各控件的使用方法。
(6) 了解 Android 四大组件：Activity、Service、Broadcast receivers 和 Content providers。
(7) 熟练掌握 Intent 的使用方法。
(8) 熟练掌握访问 HTTP 资源的方法。
(9) 熟练掌握 JSON 解析方法。

【学习重点】
(1) 搭建 Android 开发环境。
(2) Android 布局。
(3) Android UI 各控件的使用方法。
(4) Intent 的使用方法。
(5) 访问 HTTP 资源的方法。
(6) JSON 解析方法。

【学习难点】
(1) 搭建 Android 开发环境。
(2) Android 布局。
(3) Android UI 各控件的使用方法。
(4) 访问 HTTP 资源的方法。
(5) JSON 解析方法。

4.1 Android 的基本概念

4.1.1 Android 简介

Android 一词本意是指"机器人",是 Google 推出的开源手机操作系统。Android 基于 Linux 内核,号称是首个为移动终端打造的真正开放和完整的移动软件。它是一个由 30 多家科技公司和手机公司组成的开放手机联盟共同研发,并且完全开源免费的手机操作系统。它的出现将大大降低新型手机设备的研发成本,受到越来越多的国内外知名手机厂商的追捧,如三星、HTC、华为、小米等。世界上第一部搭载 Android 系统的手机是 T – Mobile G1,由美国运营商 T – Mobile 在纽约正式发布,该款手机为 HTC 代工制造。

相对于其他的手机操作系统而言,Android 操作系统具有以下特点。

1. 开放性

Android 平台是开放性平台,允许任何移动终端厂商加入 Android 联盟中来,且该平台从底层操作系统到上层的用户界面和应用程序都不存在任何阻碍产业创新的专有权障碍。同时开源的最大好处是,Android 平台会拥有越来越壮大的开发者队伍,并且随着用户与应用的日益丰富,必然会使 Android 这个崭新的平台走向成熟与稳定。开放性对于 Android 的发展而言,主要是有利于积累人气,这个人气包括消费者和厂商。对于消费者来讲,最大的益处是丰富的软件资源。开放的平台就会带来更大的竞争,如此一来,消费者就可以用更低的价位购得心仪的手机了。对于厂商而言,开发并发布一款新的应用程序或新一代移动终端的成本会更低。

2. 多元化

目前 Android 系统除了应用在智能手机上外,还有平板式计算机及智能电视,目前摩托罗拉、三星、LG、HTC、宏基、华硕、小米等公司均推出了平板式计算机,同时国内的创维、TCL 等厂商已经推出了 Android 智能电视,最终将会有更多的智能家电、机顶盒、车载电子设备的出现。而多元化的特点,正是以 Android 系统开放性的特点为前提的。

3. 应用程序之间的无界限

Android 打破了应用程序之间的界限,开发人员可以将自己开发的程序与本地的联系人、日历、位置信息等很好地联系起来。此外,应用程序可以自申明其功能可以被其他应用程序所使用。

4. 不受任何限制的开发商

Android 平台提供给第三方开发商一个十分宽泛、自由的环境。因此不会受到各种条条框框的阻挠,可想而知,会有多少新颖别致的软件诞生。

4.1.2 Android 系统的构架

通过4.1.1节的介绍,我们对 Android 有了一定的了解。本节将重点介绍 Android 系统的架构,Android 系统的架构如图4.1所示。

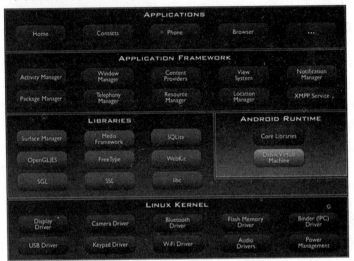

图 4.1 Android 系统的架构[①]

从图4.1中可以看出,Android 系统的架构为四层结构,从上层到下层分别是应用程序层、应用程序框架层、系统运行库层和 Linux 内核层,分别介绍如下。

1. 应用程序层

Android 平台不仅仅是一个操作系统,它也包含了许多应用程序,如 SMS 短信客户端程序、电话拨号程序、图片浏览器、Web 浏览器等应用程序。这些应用程序都是用 Java 语言编写的,并且这些应用程序都是可以被开发人员开发的其他应用程序所替换的,这点不同于其他手机操作系统固化在系统内部的系统软件,它更灵活和个性化。

2. 应用程序框架层

应用程序框架层是进行 Android 开发的基础,该层简化了组件的重用,开发人员可以直接使用其提供的组件来进行快速的应用程序开发,也可以通过继承而实现个性化的拓展。

(1) Activity Manager(活动管理器):管理各个应用程序生命周期以及通常的导航回退功能。

(2) Window Manager(窗口管理器):管理所有的窗口程序。

(3) Content Providers(内容提供器):使不同应用程序之间可存取或分享数据。

(4) View System(视图系统):构建应用程序的基本组件。

---

① 来自于 Google 官方公布的标准架构。

（5）Notification Manager(通告管理器)：使应用程序可以在状态栏中显示自定义的提示信息。

（6）Package Manager(包管理器)：Android 系统内的程序管理。

（7）Telephony Manager(电话管理器)：管理所有的移动设备功能。

（8）Resource Manager(资源管理器)：提供应用程序使用的各种非代码资源，如本地化字符串、图片、布局文件、颜色文件等。

（9）Location Manager(位置管理器)：提供位置服务。

（10）XMPP Service(XMPP 服务)：提供 Google Talk 服务。

3. 系统运行库层

从图 4.1 中可以看出，系统运行库层可以分成两部分，分别是系统库和 Android 运行时，分别介绍如下。

1）系统库

系统库是应用程序框架的支撑，是连接应用程序框架层与 Linux 内核层的重要纽带。其主要分为以下几个部分。

（1）Surface Manager：执行多个应用程序时候，负责管理显示与存取操作间的互动，另外也负责 2D 绘图与 3D 绘图进行显示合成。

（2）Media Framework：多媒体库，基于 PacketVideo OpenCore；支持多种常用的音频、视频格式录制和回放，编码格式包括 MPEG4、MP3、H.264、AAC、ARM。

（3）SQLite：小型的关系型数据库引擎。

（4）OpenGL|ES：根据 OpenGL ES 1.0 API 标准实现的 3D 绘图函数库。

（5）FreeType：提供点阵字与向量字的描绘与显示。

（6）WebKit：一套网页浏览器的软件引擎。

（7）SGL：底层的 2D 图形渲染引擎。

（8）SSL：在 Andorid 上通信过程中实现握手。

（9）libc：从 BSD 继承来的标准 C 系统函数库，专门为基于 Embedded Linux 的设备定制。

2）Android 运行时

Android 应用程序采用 Java 语言编写，程序在 Android 运行时执行，其运行时分为核心库和 Dalvik 虚拟机两部分。

（1）核心库：核心库提供了 Java 语言 API 中的大多数功能，同时也包含了 Android 的一些核心 API，如 Android.os、Android.net、Android.media 等。

（2）Dalvik 虚拟机：Android 程序不同于 J2me 程序，每个 Android 应用程序都有一个专有的进程，并且不是多个程序运行在一个虚拟机中，而是每个 Android 程序都有一个 Dalivik 虚拟机的实例，并在该实例中执行。Dalvik 虚拟机是一种基于寄存器的 Java 虚拟机，而不是传统的基于栈的虚拟机。它进行了内存资源使用的优化，可支持多个虚拟机的特点。需要注意的是，不同于 J2ME，Android 程序在虚拟机中执行的并非编译后的字节码，而是通过转换工具 dx 将 Java 字节码转换成 dex 格式的中间码。

4. Linux 内核层

Android 是基于 Linux 2.6 内核,其核心系统服务如安全性、内存管理、进程管理、网络协议及驱动模型都依赖于 Linux 内核。

4.2 Android 开发环境的搭建

4.2.1 Android 开发需要的环境

开发 Android 应用程序需要的工具和开发包:JDK、Eclipse、Android SDK、ADT。

4.2.2 JDK 的安装和 Java 环境变量的设置

JDK 的安装和 Java 环境变量的设置包括以下几个步骤。

(1) 安装 JDK 程序包(32 位计算机请安装 jdk-8u51-windows-x32,64 位计算机请安装 jdk-8u51-windows-x64),在安装过程中不要改动任何设置,尽量使用安装时的默认设置和安装路径。

(2) 设置系统环境变量 JAVA_HOME。右击"计算机"(或"我的电脑"),依次选择"属性|高级|系统设置环境变量"选项,在"环境变量"对话框中,单击"新建"按钮,打开"新建系统变量"对话框,在"变量名"文本框中输入"JAVA_HOME"(大小写都可以),在"变量值"文本框中输入 JDK 的安装路径,如 C:\ Program Files\ Java\ jdk1.8.0_51,单击"确定"按钮即可完成配置,如图 4.2 所示。

图 4.2 配置系统变量 JAVA_HOME

（3）设置系统环境变量"CLASSPATH"。新建系统变量，须在"变量名"文本框中输入"CLASSPATH"，"变量值"文本框中输入".；C:\Program Files\Java\jdk1.8.0_51\lib\tools.jar"，注意不要漏掉前面的".；"，单击"确定"按钮完成配置，如图4.3所示。

图4.3　配置环境变量CLASSPATH

（4）编辑系统环境变量PATH。变量名PATH已存在，可直接编辑。在"环境变量"对话框中，选中"PATH"系统变量，单击"编辑"按钮，打开"编辑系统变量"对话框，在"变量值"文本框的最后输入"C:\Program Files\Java\jdk1.8.0_51\bin"，如图4.4所示(注意看文本框中最后如果没有"；"需要先加上"；"再加入"C:\Program Files\Java\jdk1.8.0_51\bin")，最后单击"确定"按钮。

图4.4　编辑环境变量PATH

(5) 至此，JDK 已经安装配置完毕。下面测试 JDK 是否配置正确，选择屏幕左下方的"开始|运行"命令，在打开的"运行"对话框中的"打开"文本框中输入"cmd"，单击"确定"按钮打开命令提示符窗口，并在窗口中输入"javac"，按 Enter 键，出现如图 4.5 所示的画面，说明环境变量配置成功。

图 4.5　环境变量配置成功

4.2.3　安装 Eclipse、Android SDK 和安装配置 ADT

一般情况下，安卓开发需要分别下载安装 Eclipse、Android SDK 和安装配置 ADT，对于第一次配置安卓开发环境的使用者来说这个过程是比较烦琐的，也是稍有难度的。在这里为了简单快速配置安卓开发环境，专门提供了一个压缩包（32 位计算机对应 adt-bundle-windows-x86，64 位计算机对应 adt-bundle-windows-x64），里面集成了 Eclipse、Android SDK 和 ADT 插件。将这个压缩包解压到一个待存放的目录，然后打开解压出的文件夹 adt-bundle-windows-x86-20140702（以 32 位安装包为例），在里面有两个子文件夹 Eclipse 和 sdk，还有一个应用程序 SDK Manager。

（1）双击打开 SDK Manager 应用程序，打开 Android SDK Manager 窗口（图 4.6），但是在其中的列表中只有最新的几个 Android 版本，选中下方的 Obsolete 复选框，会出现更多的 Android 版本。

（2）选中 Tools 目录下的 Android SDK Tools 复选框和 Android SDK Platform-tool 复选框（图 4.7），然后向下拉滚动条找到 Android 4.0（API 14）目录，选中该目录下的五个复选框（图 4.8），最后单击右下方的 Install 8 packages 按钮，打开 Choose Packages to Install 窗口，如图 4.9 所示。

第 4 章　Android 基础

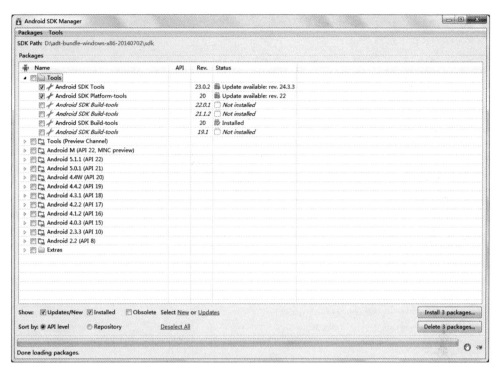

图 4.6　Android SDK Manager 窗口

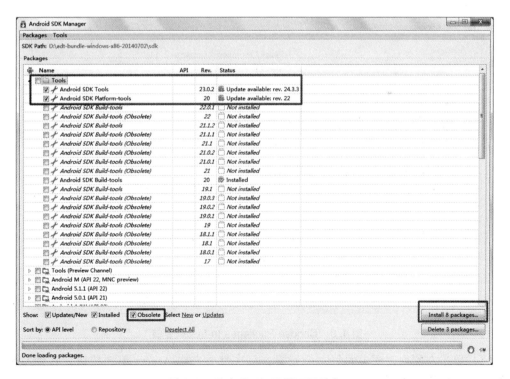

图 4.7　选中 Tools 目录下子元素

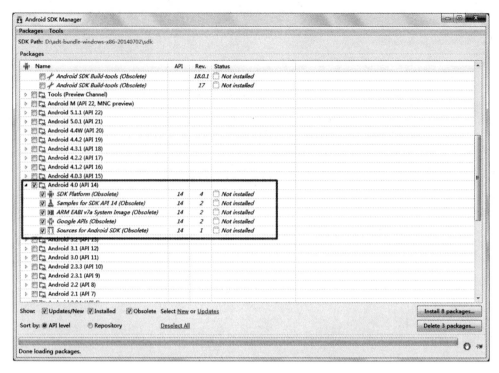

图4.8 选中Android 4.0(API14)目录下的复选框

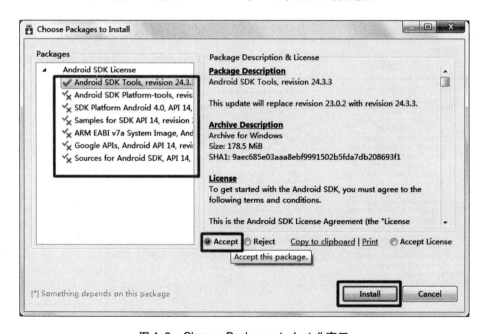

图4.9 Choose Packages to Install 窗口

(3)单击左侧列表框中的每一个元素,每次都要选中Accept单选按钮,直到左侧所有的元素前面都有"√"为止(图4.10),单击右下方的Install按钮,开始安装。

第 4 章　Android 基础

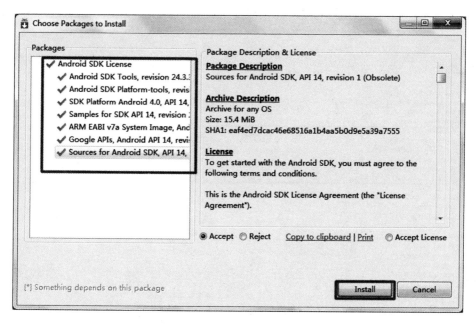

图 4.10　安装 SDK

（4）安装成功后，在每一项元素后面的 Status 栏中都会显示 Installed，如图 4.11 和图 4.12 所示。

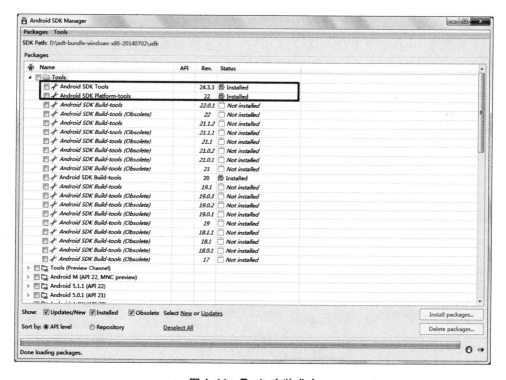

图 4.11　Tools 安装成功

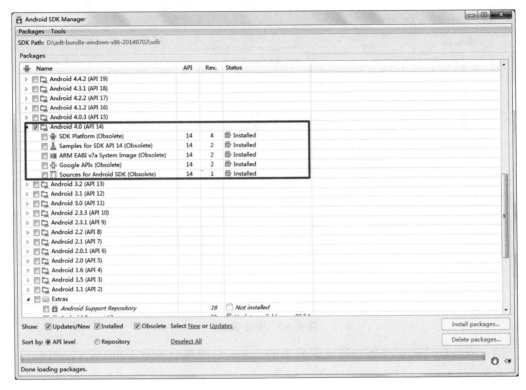

图 4.12　Android 4.0(API 14)安装成功

(5) 在安装 Android 4.0(API 14)成功后,请按照同样的方法安装 Android 4.1.2(API 16)。

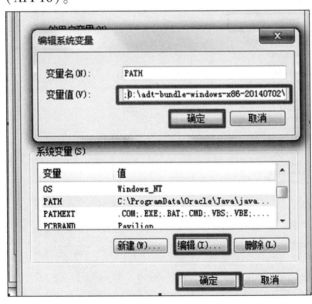

图 4.13　编辑系统变量 PATH

(6) 编辑系统环境变量 PATH。变量名 PATH 已存在,可直接编辑。在"环境变量"对话框中,选中"PATH"系统变量,单击"编辑"按钮,打开"编辑系统变量"对话框,在"变量值"文本框的最后输入"adt-bundle-windows-x86-20140702\sdk\platform-tools"(如"D:\adt-bundle-windows-x86-20140702\sdk\platform-tools"),如图 4.13 所示(注意看文本框中最后如果没有";"需要先加上";"再加入"D:\adt-bundle-windows-x86-20140702\sdk\platform-tools"),最后单击"确定"按钮。

外部准备工作已经就绪，还需要打开 Eclipse 应用程序进行 SDK 设置。Eclipse 应用程序的位置在之前解压出来的文件夹的子文件夹 Eclipse 之中，以刚才的安装路径为例，它 的 位 置 为 D:\adt-bundle-windows-x86-20140702\eclipse，文 件 名 为 eclipse.exe，如图 4.14 所示。

图 4.14　Eclipse 安装路径

（1）打开 eclipse.exe，设置工作空间。在"Workspace"文本框中最好设置为安全的又容易找到的路径，如"D:\"。选中下方的复选框，表示不再显示设置工作空间，如图 4.15 所示。单击右下方的 OK 按钮进入 Eclipse 主界面。

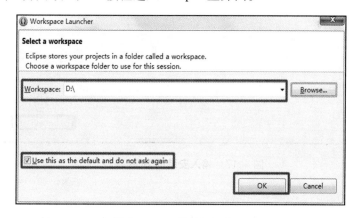

图 4.15　配置 Workspace

（2）单击右上方的 Java 按钮，选择 Window | Preferences 命令，如图 4.16 所示，在打开的 Preferences 窗口中就会看到 Android 设置项，输入安装的 SDK 路径，则会出现在 SDK 中安装的各平台包，单击 OK 按钮完成配置，如图 4.17 所示。此时 Android 的环境就搭建完毕，可以进行 Android 项目的开发了。

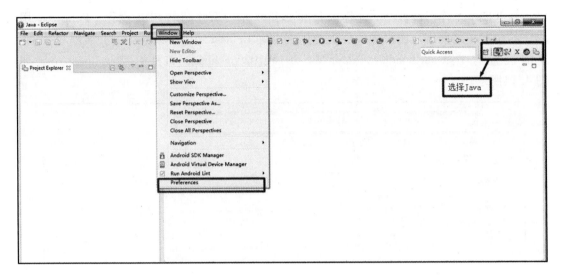

图 4.16 选择 Window | Preferences

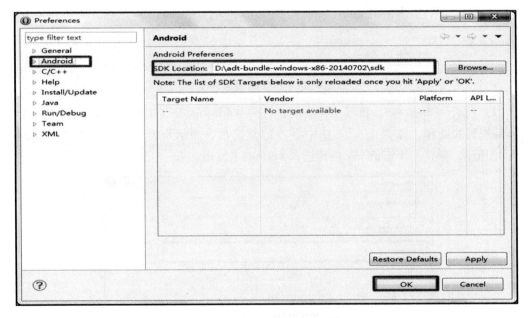

图 4.17 输入安装的 SDK 路径

4.3 新建一个简单的 Android 工程并运行

完整源码路径：Android 基础篇例程 \ HelloWorld。

打开 Eclipse 应用程序，选择 File | New | Android Application Project 命令，如图 4.18 所示，打开 New Android Application 窗口，如图 4.19 所示。输入项目所需的各项信息。

（1）Application Name：应用程序名称。

（2）Project Name：在 Eclipse 中该工程的名称。

（3）Package Name：包名称，其实质是存放该工程的文件夹路径，"."号为文件分隔符，我们编写的 Java 文件都会放在项目的 src 目录下，如 com. example. helloworld 表示类放在 src/com/example/helloworld 文件夹中。

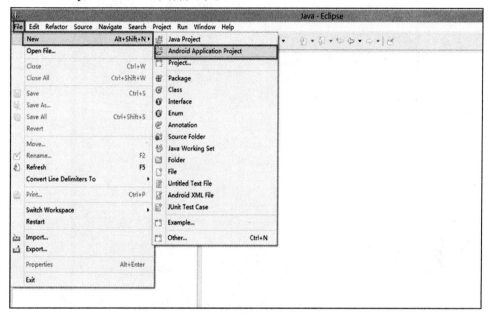

图 4.18　选择 File | New | Android Application Project 命令

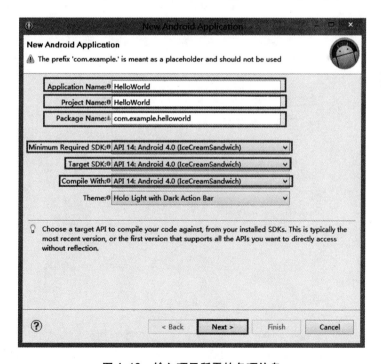

图 4.19　输入项目所需的各项信息

下方的 Minimum Required SDK（最低要求的 SDK 版本）、Target SDK（目标 SDK 版本）、Compile With（编译版本）都设为 API 14：Android 4.0 即可。单击 Next 按钮，进入图 4.20 所示界面，接着单击 Next 按钮，进入图 4.21 所示界面，在该界面可以修改应用程序的图

图 4.20　配置工程

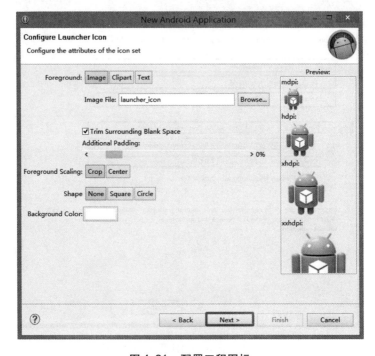

图 4.21　配置工程图标

标，在这里我们暂时用默认图标，单击 Next 按钮，进入图 4.22 所示界面，该界面是选择新创建的项目类型，选择 Empty Activity 选项，单击 Next 按钮，进入图 4.23 所示界面，在此界面可以设置 Activity Name 和 Layout Name，单击 Finish 按钮完成工程的创建，如图 4.24所示。

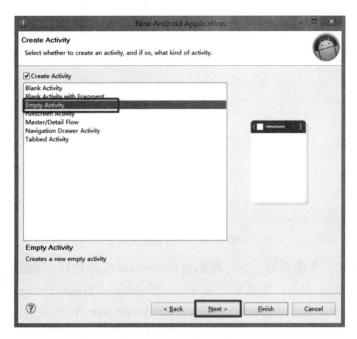

图 4.22　选择项目类型

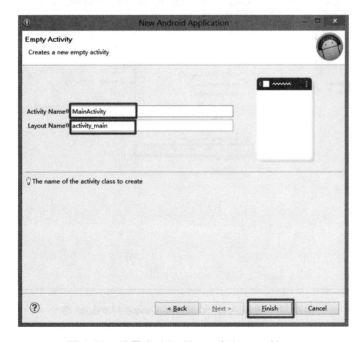

图 4.23　设置 Activity Name 和 Layout Name

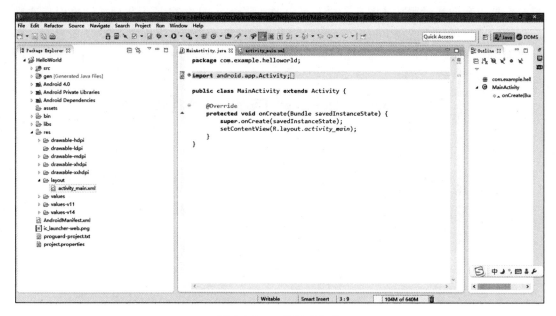

图 4.24 工程创建完成

下面继续创建一个模拟器,运行刚创建的 Android 应用程序。选择 Window | Android Virtual Device Manager 命令,如图 4.25 所示,打开 Android Virtual Device(AVD)Manager 窗口,如图 4.26 所示,单击"Create"按钮,打开 Create new Android Virtual Device(AVD) 窗口,参数配置如图 4.27 所示,配置完成后单击 OK 按钮,进入图 4.28 所示界面。

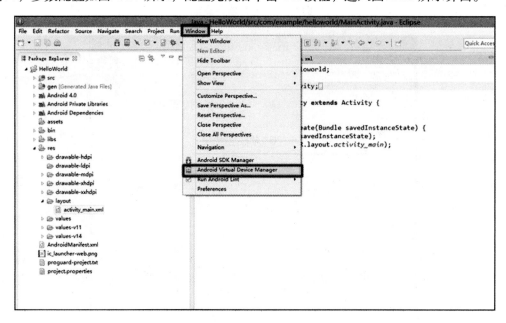

图 4.25 选择 Android Virtual Device Manager 命令

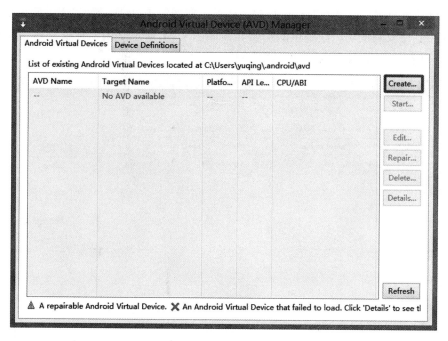

图 4.26　Android Virtual Device(AVD) Manager 窗口

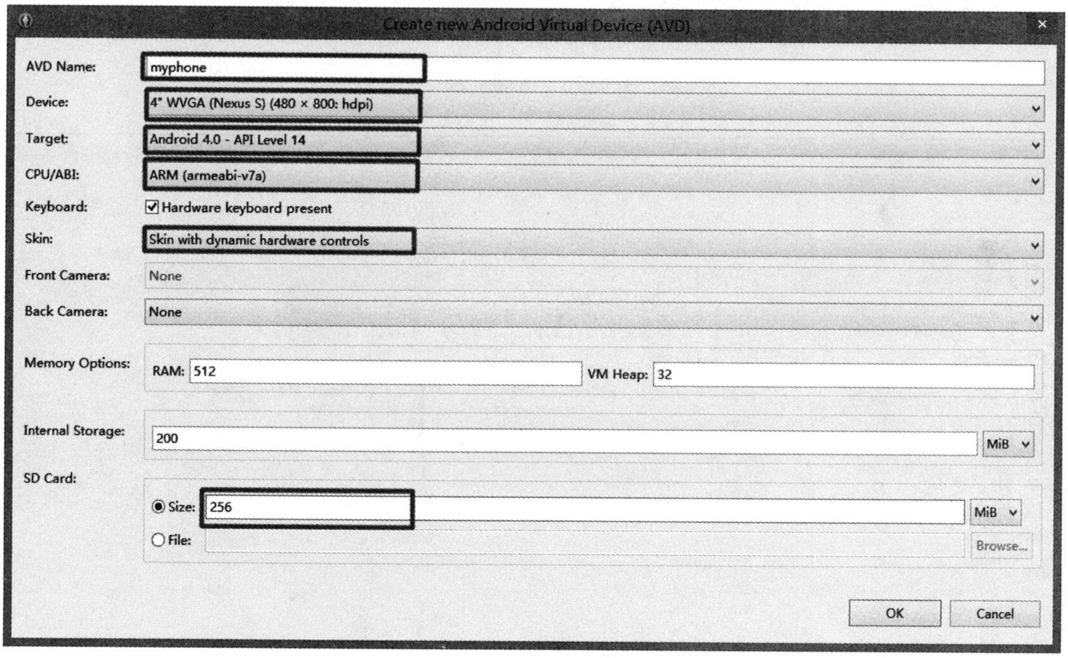

图 4.27　配置 AVD 参数

配置完成后即可运行新建的 Android 应用程序了。在打开的 Eclipse 开发环境中左侧的 Project Explorer 中找到 HelloWorld 工程，右击该工程，在弹出的快捷菜单中选择 Run As | Android Application 命令，如图 4.29 所示，运行虚拟机。在界面下方选择 Console 标签，右

侧的 Display Selected Console 选择 Android，如果出现如图 4.30 所示的界面证明虚拟机运行成功，应用程序安装成功。虚拟机的初始界面如图 4.31 所示，用鼠标拖动解锁滑块可解锁，进入应用程序界面如图 4.32 所示。

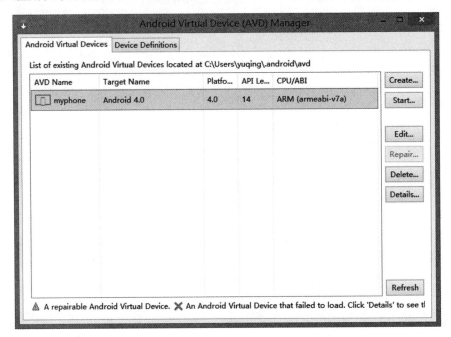

图 4.28　配置完成

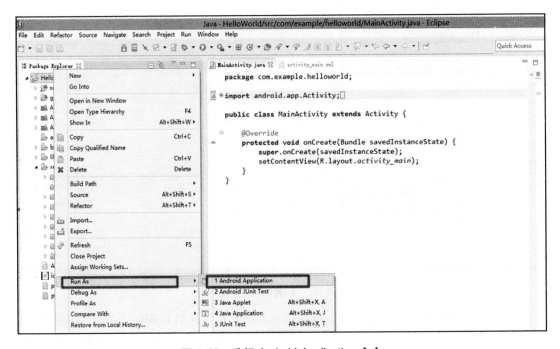

图 4.29　选择 Android Application 命令

第 4 章 Android 基础

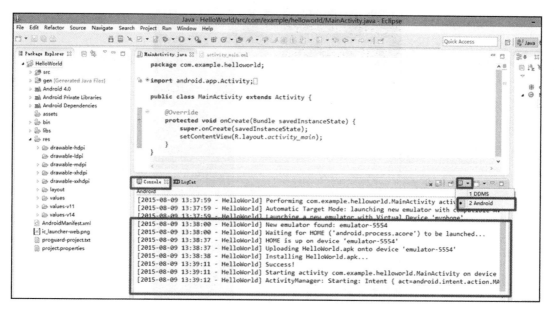

图 4.30　虚拟机运行成功

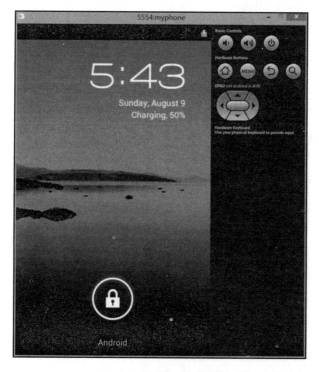

图 4.31　虚拟机的初始界面

智能快递柜管理系统实训

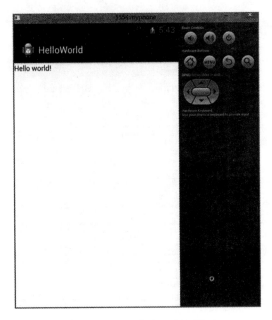

图 4.32 创建的应用程序界面

4.4 导入一个已经存在的 Android 工程

（1）打开 Eclipse 应用程序，选择 File | Import 命令如图 4.33 所示。

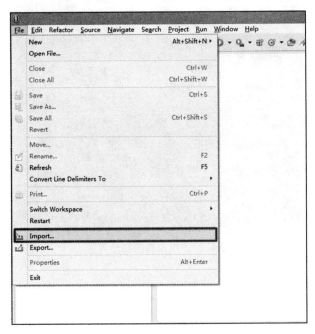

图 4.33 选择 Import 命令

(2) 打开 Import 窗口,如图 4.34 所示,选择 Android 目录下的 Existing Android Code Into Workspace。

图 4.34　Import 窗口

(3) 单击 Browse 按钮,在打开的浏览文件夹对话框中选择需要导入工程的位置,如图 4.35 所示。

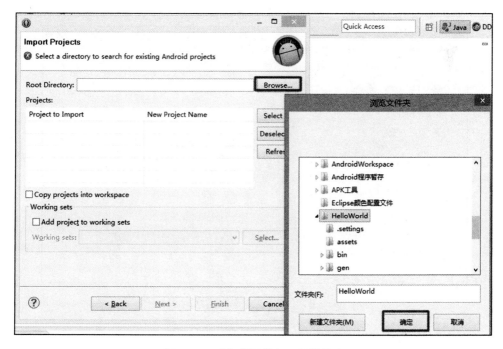

图 4.35　选择需要导入工程的位置

（4）若选择了正确的 Android 工程，会在 Projects 列表框中出现选择的工程，单击 Finish 按钮完成导入，如图 4.36 所示。

图 4.36　完成 Android 工程导入

（5）Android 工程导入成功，如图 4.37 所示，此时可以运行该工程了。

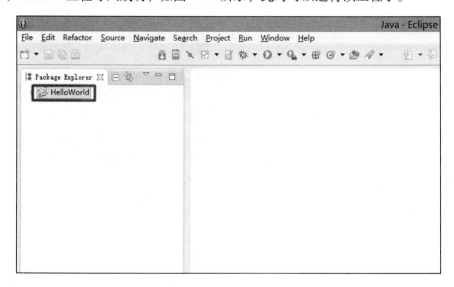

图 4.37　工程导入成功

4.5 Android 工程目录结构及作用

Android 工程目录结构如图 4.38 所示，下面将分别介绍各级目录结构。

图 4.38 Android 工程目录结构

1. src

src 文件夹是存放项目源代码的。打开 src 文件夹可以看到 packet（包），打开 packet 后，可以看到名为 MainActivity.java 的文件，如图 4.39 所示。双击该 java 文件可以看到该程序的源代码。

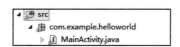

图 4.39 src 文件夹目录

Java 文件代码如下。

```
package com.example.helloworld;

import android.app.Activity;
import android.os.Bundle;

public class MainActivity extends Activity {

@Override
Protected void onCreate(Bundle savedInstanceState) {
super.onCreate(savedInstanceState);
    setContentView(R.layout.activity_main);
    }
}
```

在 Eclipse 中，新建一个名为 HelloWorld 的 Android 项目，系统会生成一个 HelloWorld.java 文件。它导入了两个类 android.app.Activity 和 android.os.Bundle，HelloWorld 类继承自 Activity 且重写了 onCreate 方法。

2. gen

打开 gen 文件夹可以看到其中有个 packet(包)，在这个 packet 中有两个文件 R.java 和 BuildConfig.java，如图 4.40 所示。

R.java 是在建立项目时自动生成的，这个文件是只读的，不能更改。R.java 文件中定义了一个类——R，R 类中包含很多静态类，且静态类的名字都与 res 中的名字对应，即 R 类定义该项目所有资源的索引。当开发者在 res 目录中的任何一个子目录中的添加相应类型的文件之后，ADT 会在 R.java 文件相应的内部类中自动生成一条静态 int 类型的常量，对添加的文件进行索引。例如，在 layout 目录下再添加一个新布局文件(并保存)，那么在 public static final class layout 中也会添加相应的静态 int 常量。相反当我们在 res 目录下删除任何一个文件(并保存)，其在 R.java 中对应的记录会被 ADT 自动删除。

图 4.40　gen 文件夹目录

通过 R.java 我们可以很快地查找需要的资源，另外编译器也会检查 R.java 列表中的资源是否被使用，没有被使用的资源不会编译进软件中，这样可以减少应用在手机中占用的空间。

BuildConfig.java 是代码的辅助检查，在整个工程中不断地进行自动检测。

3. Android 4.0

该文件夹下包含 android.jar 文件，如图 4.41 所示，这是一个 Java 归档文件，其中包含构建应用程序所需的所有 Android SDK 库和 API。通过 android.jar 将自己的应用程序绑定到 Android SDK 和 Android Emulator，这让开发者可以使用所有的 Android 库和包，并且使开发者所编写的应用程序在适当的环境中调试。例如，上面的 HelloWorld.java 源文件中的：

import android.app.Activity;
import android.os.Bundle;

这里两行代码就是从 android.jar 中导入的包。

图 4.41　Android 4.0 文件夹目录

4. assets

assets(资产)文件夹目录下的文件不会在 R.java 文件下生成相应的标记,存放到这里的资源在运行打包的时候都会打入程序安装包中,如应用系统需要使用到的 mp3、视频类的文件。

5. res

res(资源)文件夹目录,如图 4.42 所示,包含 Android 应用程序工程中的所有用到的资源文件并将其编译进应用程序。向此文件夹目录添加资源时,会被 R.java 自动记录并创建索引。新建一个项目,res 目录下会有三个子目录:drawable-hdpi、layout 和 values。

drawable-hdpi:包含一些 Android 应用程序可以用的图标文件(*.png、*.jpg)。

layout:界面布局文件(如 activity_main.xml)。

values:应用程序中所需要显示的各种文字,还可以存放不同类型的数据,如 arrays.xml、colors.xml、dimens.xml、styles.xml 等。

图 4.42　res 文件夹目录

6. Android Manifest.xml

Android Manifest.xml 配置文件对于 Android 应用开发来说是非常重要的基础知识。它描述了 package 中的组件(Activity、Service 等)、各自的实现类、各种能被处理的数据和启动位置。除了能声明程序中的 Activity、ContentProvider、Service 和 Intent Receivers 之外,还能指定 permissions。

HelloWorld 工程中的 Android Manifest.xml 文件代码如下。

```
<?xmlversion = "1.0"encoding = "utf-8"?>
<manifestxmlns:android = "http://schemas.android.com/apk/res/android"
package = "com.example.helloworld"
android:versionCode = "1"
android:versionName = "1.0" >

<uses-sdk
android:minSdkVersion = "14"
```

```
android:targetSdkVersion = "14"/>

<application
android:allowBackup = "true"
android:icon = "@drawable/ic_launcher"
android:label = "@string/app_name"
android:theme = "@style/AppTheme" >
<activity
android:name = ".MainActivity"
android:label = "@string/app_name" >
<intent-filter>
<actionandroid:name = "android.intent.action.MAIN"/>

<categoryandroid:name = "android.intent.category.LAUNCHER"/>
</intent-filter>
</activity>
</application>

</manifest>
```

下面从外部的标签向内部的标签依次介绍。

1) 第一层 <manifest> 标签

```
<manifestxmlns:android = "http://schemas.android.com/apk/res/android"
package = "com.example.helloworld"
android:versionCode = "1"
android:versionName = "1.0" >
</manifest>
```

（1）xmlns:android：定义 Android 命名空间，一般为 http://schemas.android.com/apk/res/android，这样可使 Android 中各种标准属性能在文件中使用，提供了大部分元素中的数据。

（2）package：指定本应用内 java 主程序包的包名，它也是一个应用进程的默认名称。

（3）versionCode：是给设备程序识别版本（升级）用的，必须是一个 interger 值，代表 APP 更新过多少次。一般发布的第一版程序的 versionCode 设定为 1，此后每次发布都会相应地增加，而不管发布的内容是大还是小。这意味着 android:versionCode 不像应用程序的发布版本（看下面的 android:versionName）那样显示给用户，应用程序和发布的服务不应该显示这个版本值给用户。

（4）versionName：字符串值，代表应用程序的版本信息，需要显示给用户。与 android:versionCode 一样，系统不会为了任何内部的目的使用这个值，除了显示给用户外。发布的服务也需要提取这个值来显示给用户。

2) 第二层 <uses-sdk> 标签

```
<uses-sdk
android:minSdkVersion = "14"
android:targetSdkVersion = "14"/>
```

<uses-sdk>用来描述该应用程序可以运行的最小和最大 API 级别，以及应用程序开发者设计期望运行的平台版本。通过在 Manifest 清单文件中添加该属性，可以更好地控制应用在不同 Android 系统版本上的安装和兼容性体验问题。

3）第二层<application>标签

（1）allowBackup：是否允许应用程序备份和恢复。

（2）icon：声明该应用的图标存放位置。

（3）label：声明该应用的标签内容。

（4）theme：声明该应用的主题存放位置。

4）第二层<uses-permission>标签

```
<uses-permissionandroid:name = "android.permission.INTERNET"/>
```

<uses-permission>是使用权限标签。为了保证 Android 应用的安全性，应用框架制定了比较严格的权限系统，一个应用必须声明了正确的权限才可以使用相应的功能，例如，我们需要让应用能够访问网络就需要配置"android.permission.INTERNET"，而如果要使用设备的相机功能，则需要设置"android.permission.CAMERA"等。

5）第三层<activity>标签

```
<activity
android:name = ".MainActivity"
android:label = "@string/app_name" >
</activity>
```

在 Android 中新创建 Activity 需要在 Manifest 文件<activity>标签中注册，如果新创建的 Activity 和 mainActivity 是在同一目录下（如添加了文件名为 TestActivity.java 的文件），只需要在 Manifest 中添加一句<activity android:name = ".TestActivity" ></activity>即可，如果新创建的 Activity 和 mainActivity 不是在同一目录下，则需要在"android:name"中加上包名。

6）第四层<intent-filter>标签

```
<intent-filter>
<actionandroid:name = "android.intent.action.MAIN"/>
<categoryandroid:name = "android.intent.category.LAUNCHER"/>
</intent-filter>
```

上述代码用于设置应用程序的启动 Activity，也就是 APP 的初始界面。

4.6 Android 视图

Android 应用开发的一项重要内容就是用户界面的开发。不管你开发的应用程序逻辑多么复杂，功能多么完善，如果没有提供非常友好的用户界面，就很难吸引用户。作为一个程序设计者，必须优先考虑用户的需求和使用体验，让用户在使用应用程序的过程中感觉到便利与舒适，这样我们开发的产品才会被需要，才能获得成功。

4.6.1 Android 视图(View)简介

在 Android 系统中所有的 UI 组件都继承了 View 类,然后衍生出用于布局的元素,如 FrameLayout、LinearLayout、RelativeLayout、TableLayout 等,用于界面呈现的组件元素,如 TextView、EditText、ImageView、VideoView 等,如图 4.43 所示。View 组件代表一个空白的矩形区域。View 是所有 Widget 类的基类,Widget 类用于创建交互式 UI 构件(按钮、输入框等)。View 类的 ViewGroup 子类是 Layout 的基类,Layout 是一个不可见的容器,它保存着 View(或 ViewGroup)并定义这些 View 的 Layout 属性。可以说 View 类是用户接口类中最重要的一个类。

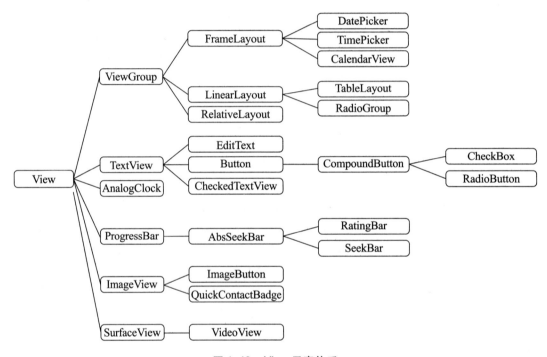

图 4.43 View 元素体系

Android 采用了"组合器"设计模式来设计 View 和 ViewGroup。ViewGroup 是 View 的子类,因此 ViewGroup 可以被当成 View 来使用。对于一个 Android 应用的图形用户界面来说,ViewGroup 作为容器来盛装其他组件,而 ViewGroup 里除了可以包含普通的 View 组件之外,还可以再次包含 ViewGroup 组件。图形界面的组件层次如图 4.44 所示。

Android 推荐使用 XML 布局文件来定义用户界面,而不是使用 Java 代码来开发用户界面,尽管所有组件都提供了两种方式来控制组件的行为。

(1) 在 XML 布局文件中通过 XML 属性进行控制。

(2) 在 Java 程序代码中通过调用方法进行控制。

实际上不管通过哪种方式,它们控制 Android 用户界面的行为的本质是完全一样的。大部分情况下,控制 UI 组件的 XML 属性都有对应的 Java 方法。

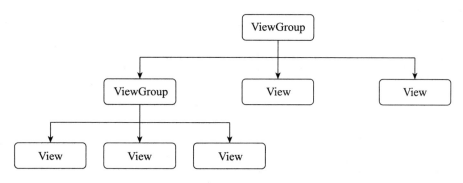

图 4.44　图形界面组件层次

对于 View 类而言，它是所有 UI 组件的基类，因此它包含的所有 XML 属性和方法可被所有组件使用。

ViewGroup 继承了 View 类，当然也可以被当成普通 View 来使用，但 ViewGroup 主要还是被当成容器类来使用。但由于 ViewGroup 是一个抽象类，因此在实际使用中通常使用 ViewGroup 的子类作为容器，如各种布局管理器。

ViewGroup 容器控制其子控件的分布依赖于 ViewGroup.LayoutParams、ViewGroup.MarginLayoutParams 两个内部类。这两个内部类中都提供了一些 XML 属性，ViewGroup 容器中的子组件可以指定这些 XML 属性。表 4-1 显示了 ViewGroup.LayoutParams 所支持的两个 XML 属性。

表 4-1　ViewGroup.LayoutParams 支持的 XML 属性

XML 属性	说明
android:layout_height	指定该子组件的基本高度
android:layout_width	指定该子组件的基本宽度

android:layout_height、android:layout_width 两个属性支持如下三个属性值。

（1）fill_parent：指定子组件的高度、宽度与父容器组件的高度、宽度相同（实际上还要减去填充的空白距离）。

（2）match_parent：与 fill_parent 相同。

（3）wrap_content：指定子组件的大小恰好包裹它的内容。

表 4-2 显示了 ViewGroup.MarginLayoutParams 用于控制子组件周围的页边距（Margin 就是组件四周的留白），以及它所支持的 XML 属性。

表 4-2　ViewGroup.MarginLayoutParams 支持的属性

XML 属性	相关方法	说明
android:layout_marginBottom	setMargins(int,int,int,int)	指定该子组件下边的页边距
android:layout_marginLeft	setMargins(int,int,int,int)	指定该子组件左边的页边距

续表

XML 属性	相关方法	说明
android:layout_marginRight	setMargins(int,int,int,int)	指定该子组件右边的页边距
android:layout_marginTop	setMargins(int,int,int,int)	指定该子组件上边的页边距

4.6.2 使用 XML 布局文件控制 UI 界面

Android 推荐使用 XML 布局文件来控制视图，这样简单明了，而且可以将应用的视图控制逻辑从 Java 代码中分离出来，放入 XML 文件中控制，这样更好地体现了 MVC 原则。

当我们在 Android 应用的 res/layout 目录下定义一个主文件名任意的 XML 布局文件之后(R.java 会自动收录该布局资源)，Java 代码可通过如下方法在 Activity 中显示该视图。

```
setContentView(R.layout.<资源文件名>);
```

当在布局文件中添加多个 UI 组件时，都可以为该 UI 组件指定 android:id 属性，该属性的属性值代表该组件的唯一标识。如果希望在 Java 代码中访问指定 UI 组件，可通过如下代码来访问。

```
findViewById(R.id.<android:id 属性值>);
```

在程序中获得指定的 UI 组件之后，接下来就可以通过代码来控制各 UI 组件的外观行为，包括为组件绑定时间监听器。

4.7 Android 布局

4.7.1 Android 布局简介

Android 一般使用 XML 布局文件来控制视图，在继续深入开发 Android 之前，有必要解决前面没有介绍的遗留问题，即 View 的几种布局显示方法。View 的布局显示方式有下面几种：线性布局(LinearLayout)、相对布局(RelativeLayout)、表格布局(TableLayout)、框架布局(FrameLayout)、列表视图(ListView)、绝对布局(AbsoluteLayout)，其中线性布局和相对布局最为常用，我们将着重介绍这两种最为常用的布局的使用方法。

4.7.2 线性布局

线性布局由 LinearLayout 类来代表，它将容器里的组件一个挨着一个排列起来。LinearLayout 不仅可以控制各组件横向排列(通过设置 android:orientation 属性控制)，也可以控制各组件纵向排列。表 4-3 介绍了 LinearLayout 常用的 XML 属性。

表 4-3　LinearLayout 常用的 XML 属性

XML 属性	说明
android:gravity	设置布局管理器内组件的对齐方式。该属性支持 top、bottom、left、right、center_vertical、fill_vertical、center_horizontal、fill_horizontal、center、fill、clip_vertical、clip_hotizontal 等属性值，也可以指定多种对齐方式的组合，如 right｜center_vertical 代表出现在屏幕右边，且垂直居中（多个属性值之间用竖线隔开，不要添加空格）
android:orientation	设置布局管理器内组件的排列方式，可以设置为 vertical（垂直排列，默认）、horizontal（水平排列）
android:layout_weight	分配该控件的权重，也就是空间大小

图 4.45 所示的界面是一个简单的 LinearLayout 用户登录界面，图 4.46 为它的布局划分示意图。它在最外部定义了一个 LinearLayout，然后在这个 LinearLayout 之中又定义了两个 LinearLayout，其中第一个 LinearLayout 起到填充作用，它的高度是 100dp（相对像素）。第二个 LinearLayout 中存放了五个元素，分别是 TextView（文本显示）、EditText（文本编辑）、TextView（文本显示）、EditText（文本编辑）、LinearLayout。而在这个 LinearLayout 之中又有两个 Button（按钮），它们是水平排布的（android:orientation = "horizontal"），并且两个 Button 都设定了 android:layout_weight = "1"（如果用此属性横向分配比例也要设置 android:layout_width = "wrap_content"，而不能使用 fill_parent 属性值），那么这两个 Button 在水平方向上各占一半大小。

图 4.45　LinearLayout 登录界面

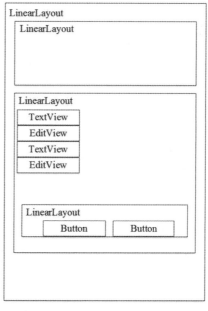

图 4.46　布局划分

XML 文件代码如下。

```xml
<LinearLayout xmlns:android="http://schemas.android.com/apk/res/android"
    xmlns:tools="http://schemas.android.com/tools"
    android:layout_width="fill_parent"
    android:layout_height="fill_parent"
    android:orientation="vertical">

    <LinearLayout
        android:layout_width="match_parent"
        android:layout_height="100dp">
    </LinearLayout>

    <LinearLayout
        android:layout_width="fill_parent"
        android:layout_height="wrap_content"
        android:layout_gravity="center_vertical"
        android:orientation="vertical">

        <TextView
            android:layout_width="fill_parent"
            android:layout_height="wrap_content"
            android:text="请输入用户名/手机号"/>

        <EditText
            android:id="@+id/et_login_username"
            android:layout_width="fill_parent"
            android:layout_height="wrap_content"/>

        <TextView
            android:layout_width="fill_parent"
            android:layout_height="wrap_content"
            android:text="请输入密码"/>

        <EditText
            android:id="@+id/et_login_password"
            android:layout_width="fill_parent"
            android:layout_height="wrap_content"
            android:password="true"/>

        <LinearLayout
            android:layout_width="fill_parent"
            android:layout_height="wrap_content"
            android:orientation="horizontal">

            <Button
                android:id="@+id/btn_login_yes"
```

```
        android:layout_width = "wrap_content"
        android:layout_height = "wrap_content"
        android:layout_margin = "3dp"
        android:layout_weight = "1"
        android:text = "登录"/ >

        <Button
        android:id = "@+ id/btn_login_register"
        android:layout_width = "wrap_content"
        android:layout_height = "wrap_content"
        android:layout_margin = "3dp"
        android:layout_weight = "1"
        android:text = "注册"/ >
    </LinearLayout >
    </LinearLayout >

</LinearLayout >
```

4.7.3 相对布局

相对布局用 RelativeLayout 来代表,RelativeLayout 中一个控件的位置决定它和其他控件的关系,RelativeLayout 容器内的子组件的位置总是相对兄弟组件、父容器来决定的。如果 B 组件的位置是由 A 组件的位置来确定的,则必须在 XML 文件中先定义 A 组件再定义 B 组件。表 4-4 至表 4-6 介绍了 RelativeLayout 的常用属性。

表 4-4 位置关系属性

属性名称	描述	补充
android:layout_above	将该控件置于给定 ID 控件之上	值为某个控件的 ID,如 android:layout_above = "@id/btn",btn 为一个 Button 的 ID
android:layout_below	将该控件置于给定 ID 控件之下	
android:layout_toLeftOf	将该控件置于给定 ID 控件左边	
android:layout_toRightOf	将该控件置于给定 ID 控件右边	

表 4-5 与父控件对齐方式属性

属性名称	描述	补充
android:layout_alignParentTop	将该控件的顶部与父控件的顶部对齐	可选值为 true 和 false
android:layout_alignParentBottom	将该控件的底部与父控件的底部对齐	
android:layout_alignParentLeft	将该控件的左边缘与父控件的左边缘对齐	
android:layout_alignParentRight	将该控件的右边缘与父控件的右边缘对齐	

表4-6 与其他控件对齐方式属性

属性名称	描述	补充
android:layout_alignBaseline	将该控件的 Baseline 与给定 ID 控件的 Baseline 对齐	
android:layout_alignTop	将该控件的顶部与给定 ID 控件的顶部对齐	
android:layout_alignBottom	将该控件的底部与给定 ID 控件的底部对齐	可选值为 true 和 false
android:layout_alignLeft	将该控件的左边缘与给定 ID 控件的左边缘对齐	
android:layout_alignRight	将该控件的右边缘与给定 ID 控件的右边缘对齐	

注：一般情况下位置属性和对齐方式属性同时使用来决定一个控件的位置。

在图4.47中，两个按钮"确定""取消"为 RelativeLayout 效果。XML 文件代码中加粗的部分是 RelativeLayout 的代码，首先定义了一个 ID 为 btn_inputcabnum_quit 的 Button，设置属性 android:layout_alignParentRight = "true"（该控件右边缘对齐父控件右边缘），然后再定义一个 Button 将其放置在上一个 Button 的左边（android:layouttoLeftOf = "@id/btn_inputcabnum_quit"）。

图4.47 相对布局效果

XML 文件代码如下。

```xml
<?xml version="1.0" encoding="utf-8"?>
<LinearLayout xmlns:android="http://schemas.android.com/apk/res/android"
android:layout_width="match_parent"
android:layout_height="match_parent"
android:orientation="vertical" >

<LinearLayout
android:layout_width="fill_parent"
android:layout_height="wrap_content"
android:layout_weight="1"
android:orientation="vertical" >
</LinearLayout>

<LinearLayout
android:layout_width="fill_parent"
android:layout_height="wrap_content"
android:layout_gravity="center_vertical"
android:layout_weight="1"
android:orientation="vertical" >

<TextView
android:layout_width="fill_parent"
android:layout_height="wrap_content"
android:text="请输入柜体号:" />

<EditText
android:id="@+id/et_inputcabnum_cabnum"
android:layout_width="fill_parent"
android:layout_height="wrap_content"/>

<RelativeLayout
android:layout_width="fill_parent"
android:layout_height="wrap_content" >

<Button
android:id="@+id/btn_inputcabnum_quit"
android:layout_width="wrap_content"
android:layout_height="wrap_content"
android:layout_alignParentRight="true"
android:text="取消"/>

<Button
android:id="@+id/btn_inputcabnum_ok"
android:layout_width="wrap_content"
android:layout_height="wrap_content"
```

```
android:layout_toLeftOf = "@id/btn_inputcabnum_quit"
android:text = "确定"/ >

  </RelativeLayout >
 </LinearLayout >

</LinearLayout >
```

4.8 Android 控件简介

在 4.7 节我们介绍了有关界面布局的相关概念和使用方法，在本节我们将介绍 Android 界面的基本控件。

Android 系统的界面控件分为定制控件和系统控件。

（1）定制控件是用户独立开发的控件，或通过继承并修改系统控件后所产生的新控件。能够为用户提供特殊的功能或与众不同的显示需求方式。

（2）系统控件的 Android 系统提供给用户已经封装的界面控件，提供在应用程序开发过程中的常见功能控件。系统控件更有利于帮助用户进行快速开发，同时能够使 Android 系统中应用程序的界面保持一致性。常用的系统控件包括 TextView、EditText、Button、ImageButton、CheckBox、RadioButton、ListView 等。

4.8.1 显示文本的控件：TextView

完整源码路径：Android 基础篇例程 \ TextView 例程。

TextView 直接继承了 View，它也是 EditText、Button 两个 UI 组件类的父类。TextView 的主要作用是在界面上显示文本。TextView 提供大量的 XML 属性和对应的 Java 方法，在表 4-7 中介绍了几个常用的 XML 属性和 Java 方法。

表 4-7 TextView 的常用 XML 属性和 Java 方法

XML 属性	Java 方法	说明
android:text	setText(CharSequence)	设置文本框内的文本内容
android:autoLink	setAutoLinkMask(int)	将指定格式的文本转换为可单击的超链接形式
android:textColor	setTextColor(ColorStateList)	设置文本框内文本的颜色
android:textColorHighlight	setHighlightColor(int)	设置文本框内文本被选中时的颜色
android:textSize	setTextSize(float)	设置文本框内字体的大小

通过这些 XML 属性控制 TextView 中文本的行为，设置文本的字体、电话超链接、邮箱超链接和网址超链接，如图 4.48 所示。

图 4.48　XML 属性控制 TextView 文本行为

XML 文件代码如下。

```
<LinearLayoutxmlns:android = "http://schemas.android.com/apk/res/android"
xmlns:tools = "http://schemas.android.com/tools"
android:layout_width = "match_parent"
android:layout_height = "match_parent"
android:orientation = "vertical"
>

<!-- 设置 TextView 字体大小为 20dp -->
<TextView
android:layout_width = "fill_parent"
android:layout_height = "wrap_content"
android:text = "20dp 字体大小"
android:textSize = "20dp"/>
<!-- 设置电话超链接 -->
<TextView
android:layout_width = "fill_parent"
android:layout_height = "wrap_content"
android:text = "联系电话: 010 - 8888888"
android:autoLink = "phone"/>
<!-- 设置邮箱超链接 -->
<TextView
android:layout_width = "fill_parent"
android:layout_height = "wrap_content"
android:text = "邮箱: 10000@qq.com"
```

```
    android:autoLink = "email"/>
<!-- 设置网页超链接 -->
<TextView
    android:layout_width = "fill_parent"
    android:layout_height = "wrap_content"
    android:text = "www.baidu.com"
    android:autoLink = "web"/>

</LinearLayout>
```

4.8.2 输入文本的控件：EditView

完整源码路径：Android 基础篇例程 \ EditText 例程 - 登录界面。

EditText 是 TextView 的子类，因此 EditText 控件具有 TextView 控件所有的 XML 属性和 Java 方法。EditText 与 TextView 最主要的区别是 EditText 控件可以输入文本，而 TextView 只能显示文本。在表 4-8 中介绍了几个常用的 XML 属性和 Java 方法。

表 4-8 EditText 的常用 XML 属性和 Java 方法

XML 属性	Java 方法	说明
android:text	setText(CharSequence)	设置文本框内的文本内容
android:autoLink	setAutoLinkMask(int)	将指定格式的文本转换为可单击的超链接形式
android:textColor	setTextColor(ColorStateList)	设置文本框内文本的颜色
android:textColorHighlight	setHighlightColor(int)	设置文本框内文本被选中时的颜色
android:textSize	setTextSize(float)	设置文本框内字体的大小
android:hint	setHint(int)	设置当该文本框内容为空时，文本框内默认显示的提示文本
android:password	setTransformationMethod(TransformationMethod)	设置该文本框是一个密码框（以点代替字符）

下面介绍以 EditText 控件为主要组成部分的登录界面，密码输入设置 XML 属性 android:password = "true" 自动隐藏输入的密码字符以点代替。在 Java 文件中需要先声明 EditText 控件，然后用 findViewById 方法获取 EditText 控件，最后用 getText 方法获取 EditText 控件中的文本，就可以对账号和密码进行识别和其他的操作了。EditText 控件效果如图 4.49所示。

第 4 章　Android 基础

图 4.49　EditText 例程 – 登录界面

XML 文件代码如下。

```
<LinearLayoutxmlns:android = "http://schemas.android.com/apk/res/android"
xmlns:tools = "http://schemas.android.com/tools"
android:layout_width = "fill_parent"
android:layout_height = "fill_parent"
android:orientation = "vertical"
>

<LinearLayout
android:layout_width = "match_parent"
android:layout_height = "100dp"
>

</LinearLayout>
<LinearLayout
android:layout_width = "fill_parent"
android:layout_height = "wrap_content"
android:layout_gravity = "center_vertical"
android:orientation = "vertical" >

<TextView
android:layout_width = "fill_parent"
android:layout_height = "wrap_content"
android:text = "请输入用户名/手机号" />
```

```xml
<EditText
    android:id="@+id/et_login_username"
    android:layout_width="fill_parent"
    android:layout_height="wrap_content"/>

<TextView
    android:layout_width="fill_parent"
    android:layout_height="wrap_content"
    android:text="请输入密码"/>
<!-- 设置EditText为密码输入框 -->
<EditText
    android:id="@+id/et_login_password"
    android:layout_width="fill_parent"
    android:layout_height="wrap_content"
    android:password="true"/>

<Button
    android:id="@+id/btn_login_yes"
    android:layout_width="fill_parent"
    android:layout_height="wrap_content"
    android:layout_margin="3dp"
    android:text="登录"/>

<Button
    android:id="@+id/btn_login_register"
    android:layout_width="fill_parent"
    android:layout_height="wrap_content"
    android:layout_margin="3dp"
    android:text="注册"/>
</LinearLayout>
</LinearLayout>
```

Java 文件代码如下。

```java
package com.teach1.edittext_login;

import android.app.Activity;
import android.os.Bundle;
import android.widget.Button;
import android.widget.EditText;

public class MainActivity extends Activity {
    //UI界面中固定存在的控件声明最好放在此处,不要放在重写的onCreate方法中
    private EditText et_login_username = null;
    private EditText et_login_password = null;
    private Button btn_login_yes = null;
    private Button btn_login_register = null;
```

```
    @Override
Protected void onCreate(Bundle savedInstanceState) {
super.onCreate(savedInstanceState);
        setContentView(R.layout.activity_main);
        //通过findViewById方法获取EditText控件
        et_login_username = (EditText) findViewById(R.id.et_login_username);
        et_login_password = (EditText) findViewById(R.id.et_login_password);
        //通过getText方法获取EditText控件中的文本
    String str_register_username=et_login_username.getText().toString().trim();
    String str_register_password=et_login_password.getText().toString().trim();
    }
}
```

4.8.3 按钮控件

在本节将介绍按钮控件。按钮控件有多种，常用的按钮分别为普通按钮（Button）和图像按钮（ImageButton）。Button 继承了 TextView，ImageButton 继承了 Button，它们在 UI 界面上生成一个按钮，该按钮可供用户单击，当用户单击按钮时会触发 OnClick 事件。Button 生成的按钮上显示文字，ImageButton 上显示图片。

1. 普通按钮控件：Button

完整源码路径：Android 基础篇例程 \ Button 例程。

Button 控件的使用方法与 TextView、EditText 并无太大差异，如下面的代码在 XML 文件中配置了一个按钮。

```
<Button
android:id="@+id/btn1"
android:layout_width="fill_parent"
android:layout_height="wrap_content"
android:text="普通按钮"/>
```

最常用的按钮事件是单击事件，可以通过 Button 类的 setOnClickListener 方法绑定处理单击事件的对象实例。

对应的 Java 文件代码如下。

```
Button btn1 = (Button) findViewById(R.id.btn1);
btn1.setOnClickListener(new OnClickListener() {

@Override
Public voidonClick(View v) {
// 单击事件需要执行的功能代码放在这里
}
});
```

2. 图像按钮控件：ImageButton

完整源码路径：Android 基础篇例程 \ Button 例程。

ImageButton 控件的使用方法基本与 Button 类似，只是可以对其设定背景图片。有两种方式设定 ImageButton 的背景图片，一种是通过 XML 属性设定 ImageButton 背景图片，另一种是通过 Java 方法设定 ImageButton 背景图片。

1) XML 属性设定 ImageButton 背景图片

```
< ImageButton
android:id = "@+id/btn2"
android:layout_width = "wrap_content"
android:layout_height = "wrap_content"
android:src = "@drawable/btn2"/ >
```

设置 android:src = "@ drawable/btn2" 将 drawable 中的 btn2 图片设为 ImageButton 背景（需要先将 btn2 图片放入 res 文件夹下的 drawable 子文件夹中，并保存）。

2) Java 方法 ImageButton 设定背景图片

```
btn3.setImageDrawable(getResources().getDrawable(R.drawable.btn3));
```

下面的例程是将普通 Button、XML 属性设定 ImageButton 背景图片和 Java 方法设定 ImageButton 背景图片放在一起演示，Button 控件效果如图 4.50 所示。

图 4.50　Button 控件效果

XML 文件代码如下。

```xml
<LinearLayout xmlns:android="http://schemas.android.com/apk/res/android"
xmlns:tools="http://schemas.android.com/tools"
android:layout_width="match_parent"
android:layout_height="match_parent"
android:orientation="vertical" >

<Button
android:id="@+id/btn1"
android:layout_width="fill_parent"
android:layout_height="wrap_content"
android:text="普通按钮"/>

<ImageButton
android:id="@+id/btn2"
android:layout_width="wrap_content"
android:layout_height="wrap_content"
android:src="@drawable/btn2"/>

<ImageButton
android:id="@+id/btn3"
android:layout_width="wrap_content"
android:layout_height="wrap_content"/>

</LinearLayout>
```

Java 文件代码如下。

```java
package com.teach1.button;

import android.app.Activity;
import android.os.Bundle;
import android.view.View;
import android.view.View.OnClickListener;
import android.widget.Button;
import android.widget.ImageButton;
import android.widget.Toast;

public class MainActivity extends Activity {

private Button btn1 = null;
private ImageButton btn2 = null;
private ImageButton btn3 = null;

@Override
Protected void onCreate(Bundle savedInstanceState) {
super.onCreate(savedInstanceState);
```

```
    setContentView(R.layout.activity_main);
    btn1 = (Button) findViewById(R.id.btn1);
    btn1.setOnClickListener(new OnClickListener() {

    @Override
    Public void onClick(View v) {
    Toast.makeText(MainActivity.this, "单击了一次 Button", Toast.LENGTH_SHORT).show();
    }
    });

    btn2 = (ImageButton) findViewById(R.id.btn2);
    btn2.setOnClickListener(new OnClickListener() {

    @Override
    Public void onClick(View v) {
    Toast.makeText (MainActivity.this, "单击了一次 ImageButton1", Toast.LENGTH_SHORT).show();
    }
    });
    btn3 = (ImageButton) findViewById(R.id.btn3);
    btn3.setImageDrawable(getResources().getDrawable(R.drawable.btn3));
    btn3.setOnClickListener(new OnClickListener() {

    @Override
    Public void onClick(View v) {
    Toast.makeText (MainActivity.this, "单击了一次 ImageButton2", Toast.LENGTH_SHORT).show();
    }
    });
    }
    }
```

3. 选项按钮控件：RadioButton

完整源码路径：Android 基础篇例程 \ RadioButton 例程。

选项按钮(RadioButton)可用于多选一的应用情景中，XML 文件配置 RadioButton 时需要放在 RadioGroup 中，RadioGroup 是可以容纳多个 RadioButton 的容器，每个 RadioGroup 中的 RadioButton 同时只能有一个被选中。

XML 文件代码如下。

```
<LinearLayoutxmlns:android = "http://schemas.android.com/apk/res/android"
xmlns:tools = "http://schemas.android.com/tools"
android:layout_width = "match_parent"
android:layout_height = "match_parent"
android:orientation = "vertical" >
```

```xml
<TextView android:layout_width="wrap_content"
    android:layout_height="wrap_content"
    android:text="请选择你最喜欢的颜色："/>
<RadioGroup
    android:layout_width="fill_parent"
    android:layout_height="wrap_content"
    android:id="@+id/radiogroup"
    android:orientation="vertical">

    <RadioButton
        android:layout_width="wrap_content"
        android:layout_height="wrap_content"
        android:id="@+id/radioRed"
        android:text="红色"/>

    <RadioButton
        android:layout_width="wrap_content"
        android:layout_height="wrap_content"
        android:id="@+id/radioGreen"
        android:text="绿色"/>

    <RadioButton
        android:layout_width="wrap_content"
        android:layout_height="wrap_content"
        android:id="@+id/radioBlue"
        android:text="蓝色"/>
</RadioGroup>

</LinearLayout>
```

Java 文件代码如下。

```java
package com.teach1.radiobutton;

import android.app.Activity;
import android.os.Bundle;
import android.widget.RadioButton;
import android.widget.RadioGroup;
import android.widget.RadioGroup.OnCheckedChangeListener;
import android.widget.Toast;

public class MainActivity extends Activity {

    @Override
    Protected void onCreate(Bundle savedInstanceState) {
        super.onCreate(savedInstanceState);
        setContentView(R.layout.activity_main);
```

```
//根据 ID 找到 RadioGroup 实例
        RadioGroup radioGroup = (RadioGroup) findViewById(R.id.radiogroup);
//给 RadioGroup 实例绑定一个匿名监听器
        radioGroup.setOnCheckedChangeListener(new OnCheckedChangeListener() {
//当改变选中的选项时就会执行下面的代码
@Override
Public void onCheckedChanged(RadioGroup group, int checkedId) {
int id = group.getCheckedRadioButtonId();
//得到被选中 RadiobButton 的 ID
//根据 ID 获取 RadioButton 实例
RadioButton rb = (RadioButton)MainActivity.this.findViewById(id);
//弹出一个消息框提示用户选中的颜色
Toast.makeText(MainActivity.this, "你最喜欢的颜色是" + rb.getText().toString(), Toast.LENGTH_SHORT).show();
}
});
    }
}
```

在 XML 文件中无论是 RadioGroup 还是 RadioButton 都要给它们创建 ID，因为我们在 Java 代码中都需要使用它们的 ID 来获取控件，从而得到控件的信息。在 Java 代码中我们需要先通过 findViewById 方法找到 RadioGroup 实例，然后通过 setOnCheckedChangeListener 方法绑定监听器，在监听器的内部，当被选中元素改变时，就会触发重写的 onCheckedChanged 方法。RadioButton 控件效果如图 4.51 所示。

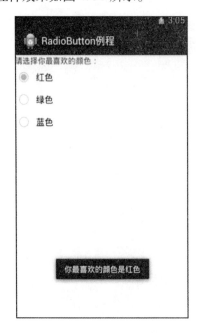

图 4.51　RadioButton 控件效果

4.8.4 复选框控件:CheckBox

完整源码路径:Android 基础篇例程 \ CheckBox 例程。

在介绍 CheckBox 的实现方式之前,先看看 CheckBox 类的父类。

java. lang. Object

-android. view. View

-android. widget. TextView

-android. widget. Button

-android. widget. CompoundButton

-android. widget. CheckBox

从中我们可以看出 CheckBox 继承于 Button。所以,Button 的实现方式都适用于 CheckBox。复选框控件(CheckBox)通常用于多选的应用情景中。

XML 文件代码如下。

```xml
<LinearLayoutxmlns:android = "http://schemas.android.com/apk/res/android"
xmlns:tools = "http://schemas.android.com/tools"
android:layout_width = "match_parent"
android:layout_height = "match_parent"
android:orientation = "vertical" >

<TextView
android:layout_width = "wrap_content"
android:layout_height = "wrap_content"
android:text = "请选择你喜欢的颜色: " / >

<CheckBox
android:id = "@ + id/cb_red"
android:layout_width = "wrap_content"
android:layout_height = "wrap_content"
android:text = "红色"/ >

<CheckBox
android:id = "@+ id/cb_green"
android:layout_width = "wrap_content"
android:layout_height = "wrap_content"
android:text = "绿色"/ >

<CheckBox
android:id = "@+ id/cb_blue"
android:layout_width = "wrap_content"
android:layout_height = "wrap_content"
android:text = "蓝色"/ >
```

```xml
<Button
android:layout_width = "wrap_content"
android:layout_height = "wrap_content"
android:id = "@+id/btn"
android:text = "确认"/>
</LinearLayout>
```

Java 文件代码如下。

```java
package com.teach1.checkbox;
import android.app.Activity;
import android.os.Bundle;
import android.view.View;
import android.view.View.OnClickListener;
import android.widget.Button;
import android.widget.CheckBox;
import android.widget.Toast;

public class MainActivity extends Activity {
    private CheckBox cb1 = null;
    private CheckBox cb2 = null;
    private CheckBox cb3 = null;
    private Button btn = null;
    private String str = "";

    @Override
    Protected void onCreate(Bundle savedInstanceState) {
        super.onCreate(savedInstanceState);
        setContentView(R.layout.activity_main);
        cb1 = (CheckBox) findViewById(R.id.cb_red);
        cb2 = (CheckBox) findViewById(R.id.cb_green);
        cb3 = (CheckBox) findViewById(R.id.cb_blue);
        btn = (Button) findViewById(R.id.btn);
        btn.setOnClickListener(new OnClickListener() {
            @Override
            Public void onClick(View v) {
                str = "";
                if (cb1.isChecked()) {
                    str += cb1.getText().toString();
                }
                if (cb2.isChecked()) {
                    str += cb2.getText().toString();
                }
                if (cb3.isChecked()) {
                    str += cb3.getText().toString();
                }
```

```
    Toast.makeText(MainActivity.this,"你喜欢的颜色是: " + str,Toast.LENGTH_LONG).
show();
    }
});
    }
}
```

在 XML 文件中配置了三个 CheckBox 控件，这组 CheckBox 控件让用户选择喜欢的颜色，然后单击"确认"按钮，会弹出用户选择的颜色选项。通常使用 isChecked 方法检测 CheckBox 控件是否被选中。CheckBox 控件效果如图 4.52 所示。

图 4.52　CheckBox 控件效果

4.8.5　列表控件：ListView

列表控件(ListView)用于以列表形式显示数据，是 Android 应用程序开发十分常用、非常重要的控件，掌握这个控件的使用方法也是有一定难度的。

ListView 控件是采用 MVC(Model View Controller)模式进行设计的。这个控件的使用不是在 ListView 中直接添加元素这么简单，而是需要指定一个 Adapter 对象。在一组 ListView 控件中，Adapter 对象就相当于 MVC 模式中的 Controller(控制器)，而需要展现的内容列表 List 相当于 Model(模型)，ListView 相当于 View(视图)，这种设计模式用一种业务逻辑和数据显式分离的方法组织代码，将业务逻辑聚集到一个部件里面，在界面和用户围绕数据的交互能被改进和个性化定制的同时而不需要重新编写业务逻辑。

一个 ListView 的创建需要以下三个元素。

（1） ListView 中的每一列的 View。

（2） 填入 View 的数据或图片。

（3） 连接数据于 ListView 的 Adapter。

要使用 ListView，首先要了解什么是适配器。适配器是一个连接数据和 ListView 的桥梁，通过它能有效地实现数据与 ListView 的分离设置，使 ListView 与数据的绑定更加简便，修改更加方便。Android 中提供了很多的 Adapter，在这里我们详细介绍 ArrayAdapter、SimpleAdapter 和 BaseAdapter。

1. ArrayAdapter

完整源码路径：Android 基础篇例程 \ ListView 例程 1。

ArrayAdapter 用来绑定一个数组，用 ArrayAdapter 可以实现简单的 ListView 的数据绑定，通常用于 ListView 列表中只显示文本的情况。默认情况下，ArrayAdapter 绑定每个对象的 toString 值到 Layout 中预先定义的 TextView 控件上。ArrayAdapter 的使用非常简单。通过下面的例程我们可以理解并掌握它。

cativity_mail.xml 文件代码如下。

```xml
<?xmlversion = "1.0"encoding = "utf-8"?>
<LinearLayoutxmlns:android = "http://schemas.android.com/apk/res/android"
android:layout_width = "match_parent"
android:layout_height = "match_parent"
android:orientation = "vertical" >
<ListView
android:id = "@+id/lv"
android:layout_width = "fill_parent"
android:layout_height = "wrap_content" >
</ListView>

</LinearLayout >
```

list_item.xml 文件代码如下。

```xml
<?xmlversion = "1.0"encoding = "utf-8"?>

<TextView
xmlns:android = "http://schemas.android.com/apk/res/android"
android:id = "@+id/city"
android:layout_width = "fill_parent"
android:layout_height = "wrap_content"
android:textSize = "16dp"/>
```

Java 文件代码如下。

```java
package com.teach1.listview1;

import android.app.Activity;
import android.os.Bundle;
```

```java
import android.view.View;
import android.widget.AdapterView;
import android.widget.AdapterView.OnItemClickListener;
import android.widget.ArrayAdapter;
import android.widget.ListView;
import android.widget.TextView;
import android.widget.Toast;

public class MainActivity extends Activity {

    private ListView lv;
    private static final String [] array = new String [] {
        "北京","上海","天津","重庆"
        };
    //定义一个 String 数组用来显示 ListView 的内容
        @Override
    Protected void onCreate(Bundle savedInstanceState) {
    super.onCreate(savedInstanceState);
            setContentView(R.layout.activity_main);
            lv = (ListView) findViewById(R.id.lv);//得到 ListView 对象的引用
            //创建一个 ArrayAdapter 实例，其中有三个参数，第一个参数 this 是指当前 Acticity 的上下文环境
            //第二个参数 R.layout.list_item 是指配置了一个 TextView 的 XML 布局文件
            //第三个参数 array 是需要在 ListView 中展示的内容
            ArrayAdapter<String> adapter = new ArrayAdapter<String>(this, R.layout.list_item,array);
            //为 ListView 设置 Adapter 绑定数据
            lv.setAdapter(adapter);
            //为 ListView 设置单击事件
            lv.setOnItemClickListener(new OnItemClickListener() {
    @Override
    Public void onItemClick(AdapterView<?> parent, View view, int position, long id) {
            //得到 ListView 单元格中的 TextView 对象的引用
    TextView tv = (TextView) view.findViewById(R.id.city);
            //弹出提示框
    Toast.makeText(MainActivity.this, "" + tv.getText(), Toast.LENGTH_SHORT).show();
    }
        });
        }
    }
```

在 activity_mail.xml 文件中只需要配置一个 ListView 控件即可，但是需要新创建一个 XML 文件用来作为 ListView 中单元格中控件的布局，并将其命名为 list_item，此处使用的 ArrayAdapter、list_item.xml 布局文件中只能有一个 TextView，其他控件一律不允许存在（包括 LinearLayout 等布局）。在 Java 文件中，我们先定义了一个 String 数组用来显示 ListView 的内容，然后用 findViewById 方法得到 ListView 对象的引用，再创建一个 ArrayAdapter 实例，其中有三个参数，第一个参数 this 是指当前 Acticity 的上下文环境，第二个参数 R.layout.list_item 是指配置了一个 TextView 的 XML 布局文件，第三个参数 array 是需要在 ListView 中展示的内容。下一步用 setAdapter 方法为 ListView 设置 Adapter 绑定数据，然后用 setOnItemClickListener 方法为 ListView 设置单击事件。ListView 绑定 ArrayAdapter 效果如图 4.53 所示。

图 4.53　ListView 例程 1 界面

2. SimpleAdapter

完整源码路径：Android 基础篇例程\ListView 例程 2。

很多时候需要在列表中展示一些除了文字以外的东西，如图片。这时候可以使用 SimpleAdapter。SimpleAdapter 的使用比较简单，同时它的功能也非常强大。可以通过它自定义 ListView 中的 item 的内容，如图片、多选框。在 ListView 例程 2 中介绍了 ListView 绑定 SimpleAdapter 的使用方法。

activity_mail. xml 文件代码如下。

```xml
<?xml version = "1.0" encoding = "utf-8"?>
<LinearLayout xmlns:android = "http://schemas.android.com/apk/res/android"
android:layout_width = "match_parent"
android:layout_height = "match_parent"
android:orientation = "vertical" >
<ListView
android:id = "@+id/lv"
android:layout_width = "fill_parent"
android:layout_height = "wrap_content" >
</ListView>

</LinearLayout>
```

list_item. xml 文件代码如下。

```xml
<?xml version = "1.0" encoding = "utf-8"?>
<RelativeLayout xmlns:android = "http://schemas.android.com/apk/res/android"
android:layout_width = "fill_parent"
android:layout_height = "wrap_content" >

<ImageView
android:id = "@+id/image"
android:layout_width = "wrap_content"
android:layout_height = "wrap_content"
android:layout_alignParentRight = "true"/>

<TextView
android:id = "@+id/name"
android:layout_width = "wrap_content"
android:layout_height = "wrap_content"/>

<TextView
android:id = "@+id/city"
android:layout_width = "wrap_content"
android:layout_height = "wrap_content"
android:layout_below = "@id/name"/>

</RelativeLayout>
```

Java 文件代码如下。

```java
package com.teach1.listview2;

import java.util.ArrayList;
import java.util.HashMap;
import java.util.List;

import android.app.Activity;
import android.os.Bundle;
```

```java
import android.widget.ListView;
import android.widget.SimpleAdapter;

public class MainActivity extends Activity {

    private ListView lv;

    @Override
    Protected void onCreate(Bundle savedInstanceState) {
        super.onCreate(savedInstanceState);
        setContentView(R.layout.activity_main);
        lv = (ListView) findViewById(R.id.lv);

        List<HashMap<String, Object>> list = new ArrayList<HashMap<String, Object>>();
        HashMap<String, Object> map1 = new HashMap<String, Object>();
        map1.put("name", "Bob");
        map1.put("city", "北京");
        map1.put("image", R.drawable.img1);
        HashMap<String, Object> map2 = new HashMap<String, Object>();
        map2.put("name", "John");
        map2.put("city", "上海");
        map2.put("image", R.drawable.img2);
        HashMap<String, Object> map3 = new HashMap<String, Object>();
        map3.put("name", "Bob");
        map3.put("city", "成都");
        map3.put("image", R.drawable.img3);
        list.add(map1);
        list.add(map2);
        list.add(map3);
        // 创建一个 SimpleAdapter 实例，其中有五个参数
        // 第一个参数 this，代表所处的上下文环境
        // 第二个参数 list，代表所需要展示的内容列表
        // 第三个参数 R.layout.list_item，代表 ListView 单元格布局文件
        // 第四个参数 new String [] { "name", "city", "image" }，代表 list 中的键
        // 第五个参数 new int [] { R.id.name, R.id.city, R.id.image }，代表需要输入控件的 ID
        SimpleAdapter adapter = new SimpleAdapter(this, list,
            R.layout.list_item, new String[] { "name", "city", "image" },
            new int[] { R.id.name, R.id.city, R.id.image });
        lv.setAdapter(adapter);

    }
}
```

在 activity_mail.xml 文件中只需要配置一个 ListView 控件即可，但是需要新创建一个 XML 文件用来作为 ListView 中单元格中控件的布局，并将其命名为 list_item，此处使用的

SimpleAdapter、list_item.xml 布局文件中，我们先配置了一个相对布局，然后在其内部配置了两个 TextView 和一个 ImageView。在 Java 文件中，我们先定义了一个 List < HashMap < String，Object >>，并在其内部压入存有字符串和图片的 HashMap，用来显示 ListView 的内容，然后用 findViewById 方法得到 ListView 对象的引用，再创建一个 SimpleAdapter 实例，下一步用 setAdapter 方法为 ListView 设置 Adapter 绑定数据。界面效果如图 4.54 所示。

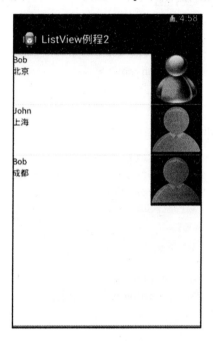

图 4.54　ListView 例程 2 界面

3. BaseAdapter

完整源码路径：Android 基础篇例程 \ ListView 例程 3。

在 ListView 的使用中，有时候还需要在里面加入按钮等控件，实现单独的操作。也就是说，ListView 不再只是展示数据，也不仅仅是这一行要来处理用户的操作，而是里面的控件要获得用户的焦点。这时候最方便的方法就是使用灵活的适配器 BaseAdapter 了。

使用 BaseAdapter 必须写一个类继承它，同时 BaseAdapter 是一个抽象类，继承它必须实现它的方法。BaseAdapter 的灵活性就在于它要重写很多方法，图 4.55 展示了需要重写的 BaseAdapter 方法，其中最重要的是 getView( ) 方法。

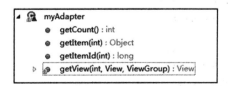

图 4.55　需要重写的 BaseAdapter 方法

activity_main.xml 文件代码如下。

```xml
<?xmlversion = "1.0"encoding = "utf-8"?>
<LinearLayoutxmlns:android = "http://schemas.android.com/apk/res/android"
android:layout_width = "match_parent"
android:layout_height = "match_parent"
android:orientation = "vertical" >
<ListView
android:id = "@+id/lv"
android:layout_width = "fill_parent"
android:layout_height = "wrap_content" >
</ListView>
</LinearLayout>
```

list_item.xml 文件代码如下。

```xml
<?xmlversion = "1.0"encoding = "utf-8"?>
<RelativeLayoutxmlns:android = "http://schemas.android.com/apk/res/android"
android:layout_width = "fill_parent"
android:layout_height = "wrap_content" >

<Button
android:id = "@+id/btn"
android:layout_width = "wrap_content"
android:layout_height = "wrap_content"
android:text = "单击我"
android:textSize = "20dp"
android:layout_alignParentRight = "true"
/>
<TextView
android:id = "@+id/tv"
android:layout_width = "wrap_content"
android:layout_height = "wrap_content"
android:layout_alignParentLeft = "true"/>
</RelativeLayout>
```

Java 文件代码如下。

```java
package com.teach1.listview3;

import java.util.ArrayList;
import java.util.HashMap;

import android.app.Activity;
import android.os.Bundle;
import android.view.View;
import android.view.ViewGroup;
import android.view.View.OnClickListener;
import android.widget.BaseAdapter;
```

```java
import android.widget.Button;
import android.widget.ListView;
import android.widget.TextView;
import android.widget.Toast;

public class MainActivity extends Activity {

private ListView lv;
private ArrayList<HashMap<String,String>> array;

@Override
Protected void onCreate(Bundle savedInstanceState) {

super.onCreate(savedInstanceState);
        setContentView(R.layout.activity_main);
//获取 ListView 控件
        lv = (ListView) findViewById(R.id.lv);
//创建 ArrayList<HashMap<String,String>>,并压入相应的键值对
array = new ArrayList<HashMap<String,String>>();
for(int i=1;i<4;i++){
            HashMap<String,String> map = new HashMap<String,String>();
            map.put("name", "第"+i+"个单元格");
            array.add(map);
}
//创建 myAdapter 实例,myAdapter 是继承自 BaseAdapter 的内部类
myAdapter adapter = new myAdapter();
//为 ListView 绑定 adapter
lv.setAdapter(adapter);
    }
/*
 * myAdapter 继承自 BaseAdapter
 *
 * /
class myAdapter extends BaseAdapter{
/*
 * 返回 array.size 值意味着构造 array.size 个数行单元格
 * /
@Override
Public in tgetCount() {
return array.size();
}

@Override
public Object getItem(int position) {
```

```
    return null;
}

@Override
Public long getItemId(int position) {
    return 0;
}

/*
 * 获取单元格中的焦点
 */
@Override
public View getView(finalint position, View convertView, ViewGroup parent) {
    // 为单元格设置布局文件
    View view = View.inflate(MainActivity.this, R.layout.list_item, null);
    //在 View 中获取 TextView 实例，注意此处要用 view.findViewById 不能用 findViewById,
View 代表焦点所处的单
    //元格
    TextView tv = (TextView) view.findViewById(R.id.tv);
    //为 TextView 实例设置 Text
    tv.setText(array.get(position).get("name"));
    //在 View 中获取 Button 实例，注意此处要用 view.findViewById 不能用 findViewById
    //View 代表焦点所处的单元格
    Button btn = (Button) view.findViewById(R.id.btn);
    //为 Button 绑定单击事件
    btn.setOnClickListener(new OnClickListener() {

        @Override
        Public void onClick(View v) {
            int count = position + 1;
            Toast.makeText(MainActivity.this,"你单击了第"+count+"行的按钮",0).show();
        }
    });

    return view;
}
}
}
```

在 activity_mail.xml 文件中只需要配置一个 ListView 控件即可，但是需要新创建一个 XML 文件用来作为 ListView 中单元格中控件的布局，并将其命名为 list_item，此处使用的 BaseAdapter、list_item.xml 布局文件中，我们先配置了一个相对布局，然后在其内部配置了一个 TextView 和一个 Button。在 Java 文件中，我们创建了一个名为 myAdapter 的内部类，它继承了 BaseAdapter，在其中必须重写 getCount、getItem、getItemId、getView，在重写的 getView 方法中，实现对单元格焦点的操作，详情见 Java 代码。然后定义一个

List < HashMap < String, String >>，并在其内部压入存有字符串的 HashMap，用来显示 ListView 的内容，再用 findViewById 方法得到 ListView 对象的引用，创建一个 myAdapter 实例，下一步用 setAdapter 方法为 ListView 设置 Adapter 绑定数据。当我们单击任何一个单元格中的 Button 时，都会弹出相应的提示信息。界面效果如图 4.56 所示。

图 4.56　ListView 例程 3 界面

4.9　Context 介绍

【拓展文本】

Context 字面意思是上下文，位于 framework package 的 android.content.Context 中，其实该类为 long 型，类似 Win32 中的 Handle 句柄，很多方法需要通过 Context 才能识别调用者的实例。例如，Toast 的第一个参数就是 Context，一般在 Activity 中直接用 this 代替，代表调用者的实例为 Activity。而到了一个 Button 的 onClick(View view)等方法时，若用 this 就会报错，所以可使用 ActivityName.this 来解决，主要原因是实现 Context 类的是 Android 特有的模型：Activity 和 Service。Context 提供了关于应用环境全局信息的接口，它是一个抽象类，它的执行被 Android 系统所提供。它允许获取以应用为特征的资源和类型。同时启动应用级的操作，如启动 Activity、broadcasting 和接收 intents。

Activity 内部的 Toast：

```
Toast.makeText(this," ",0).show();
```

Button 的 onClick(View view)等方法中的 Toast：

```
Toast.makeText(MainActivity.this," ",0).show();
```

4.10 Activity 介绍

Activity 是用户接口程序,原则上它会提供给用户一个交互式的接口功能。它是 Android 应用程序的基本功能单元,Activity 本身是没有界面的。所以 Activity 类创建了一个窗口,开发人员可以通过 setContentView(View)接口把 UI 放到 Activity 创建的窗口上,当 Activity 指向全屏窗口时,也可以用其他方式实现:作为漂浮窗口(通过 windowIsFloating 的主题集合),或者嵌入到其他的 Activity(使用 ActivityGroup)。Activity 是单独的,用于处理用户操作,几乎所有的 Activity 都要和用户打交道。

4.10.1 建立、配置 Activity

建立好一个工程后,如何创建一个新的 Activity 并设为进入应用程序后的第一个界面呢?在下面的例程中我们给出了答案。

(1) 在新创建的工程目录中找到 src 文件夹中相应的包(例程中是 com.teach1.activity)右击,在弹出的快捷菜单中选择 New | Class 命令,如图 4.57 所示。

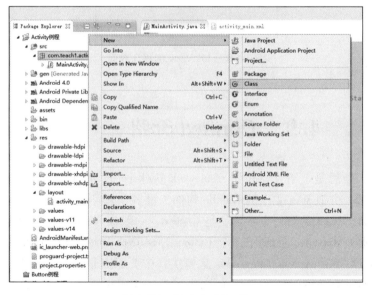

图 4.57 创建 Activity 类

(2) 在打开的 New Java Class 窗口中,如图 4.58 所示,在 Name 文本框中输入新创建的 Activity 的名字(例程中此处为 NewActivity),然后单击 Superclass 后面的 Browse 按钮,打开 Superclass Selection 窗口,如图 4.59 所示,在 Choose a type 文本框中输入 Activity,在下方的列表框中选择 Activity-android.app,单击 OK 按钮,New Java Class 窗口中的 Superclass 文本框中就会出现 android.app.Activity,然后单击 Finish 按钮,Activity 类创建完成。

第 4 章 Android 基础

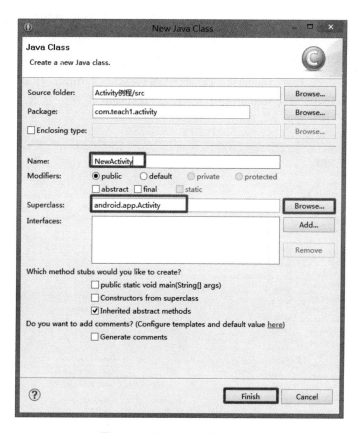

图 4.58　New Java Class 窗口

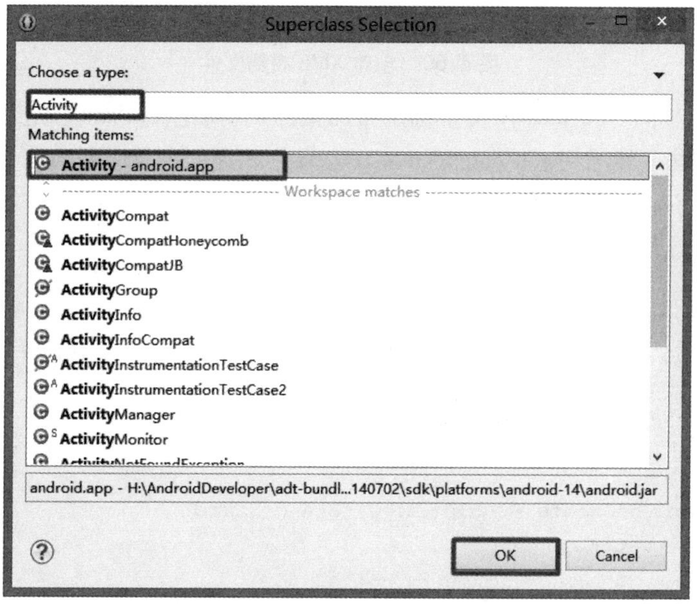

图4.59　Superclass Selection 窗口

(3) 为新的 Activity 创建布局文件。在工程目录 res 文件夹中找到 layout 子文件夹右击，在弹出的快捷菜单中选择 New | Android XML File，如图 4.60 所示。在打开的 New Android XML File 窗口中的 File 文本框中输入 XML 文件名（例程中为 activity_ new，注意此处应用小写英文），在 Root Element 列表框中选择 LinearLayout，单击 Finish 按钮，如图 4.61所示。在 activity_new.xml 文件中加入一个 TextView 控件，显示字符串"这是一个新的 Activity"。

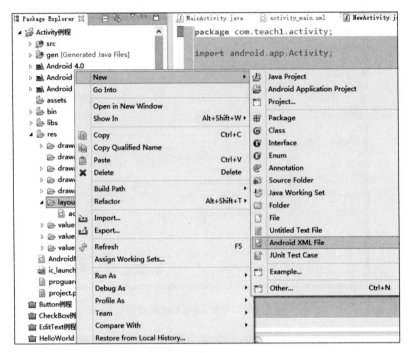

图 4.60　创建 XML 布局文件

(4) 在新创建的 NewActivity 类中绑定布局文件 activity_new.xml。先要重写 Activity 类中的 onCreate 方法，然后用 setContentView 方法绑定布局文件。

NewActivity.java 文件代码如下。

```
package com.teach1.activity;

import android.app.Activity;
import android.os.Bundle;

public class NewActivity extends Activity {

@Override
Protected void onCreate(Bundle savedInstanceState) {
super.onCreate(savedInstanceState);
setContentView(R.layout.activity_new);
}

}
```

图 4.61　配置 XML 文件

（5）修改 AndroidManifest.xml 文件配置。在工程目录中找到 AndroidManifest.xml 文件，双击打开。在 </activity> 标签下面加入以下代码。

```
< activity
android:name = ".NewActivity" >
android:label = "@string/app_name" >
</activity >
```

（6）如果要将新建的 Activity 作为进入应用程序的第一个界面，只需将以下代码剪切复制到其上面新建的 activity 标签内部即可，如图 4.62 所示。

```
< intent - filter >
< action android:name = "android.intent.action.MAIN" / >
< category android:name = "android.intent.category.LAUNCHER"/ >
</intent - filter >
```

```xml
<?xml version="1.0" encoding="utf-8"?>
<manifest xmlns:android="http://schemas.android.com/apk/res/android"
    package="com.teach1.activity"
    android:versionCode="1"
    android:versionName="1.0" >

    <uses-sdk
        android:minSdkVersion="14"
        android:targetSdkVersion="14" />

    <application
        android:allowBackup="true"
        android:icon="@drawable/ic_launcher"
        android:label="@string/app_name"
        android:theme="@style/AppTheme" >
        <activity
            android:name=".MainActivity"
            android:label="@string/app_name" >
        </activity>
        <activity android:name=".NewActivity" >
            <intent-filter>
                <action android:name="android.intent.action.MAIN" />

                <category android:name="android.intent.category.LAUNCHER" />
            </intent-filter>
        </activity>
    </application>
```

图 4.62　配置 AndroidManifest.xml 文件

完成上述步骤，创建新的 Activity 并作为应用程序的第一个界面的工作已经完成，界面效果如图 4.63 所示。在本节中，我们新建了一个 Activity 作为主界面，原来的 MainActivity 并没有使用，在 4.11 节 Intent 组件的介绍中，我们会讲解 Activity 之间的跳转。

图 4.63　Activity 例程界面

4.10.2　Activity 的生命周期

在移动设备上大多数资源(如电量和内存)都是有限的,Android 提供了一些机制来保证这种资源得以高效利用,Activity 的生命周期就是这种机制的一种表现形式。生命周期描绘了一个 Activity 从创建到完成运行过程中的状态或事件,在 Android 编程开发中熟悉 Activity 的生命周期是非常重要的。

Activity 的生命周期如图 4.64 所示。

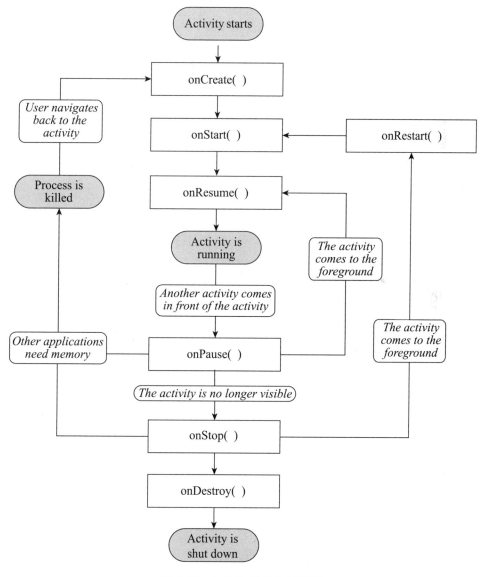

图 4.64　Activity 的生命周期图

（1）onCreate：创建界面，做一些数据的初始化工作。

（2）onStart：到这一步变成"用户可见不可交互"的状态。

（3）onResume：变成和用户可交互的状态（在 Activity 栈系统通过栈的方式管理这些 Activity，即当前 Activity 在栈的最上端，运行完弹出栈，则回到上一个 Activity）。

（4）onPause：到这一步是可见但不可交互的，系统会停止一些消耗内存的程序的事情。从上文的描述已经知道，应该在这里保存一些数据，因为这个时候程序的优先级降低，有可能被系统收回。在这里保存的数据，应该在 onResume 里读出来。

（5）onStop：变得不可见，被下一个 Activity 覆盖了。

（6）onDestroy：这是 Activity 被杀掉前最后一个被调用的方法了，可能是其他类调用 finish 方法或是系统为了节省空间将它暂时性地杀掉，可以用 isFinishing( ) 来判断它。在 onPause、onStop、onDestroy 这三种状态下 Activity 都有可能被系统杀掉。

4.10.3 Activity 的启动模式

Activity 的启动模式设置在 AndroidManifest.xml 文件中，通过配置 Activity 的属性 android:launchMode = " "，设置启动模式。

1. Standard 模式（默认）

我们平时直接创建的 Activity 都是这种模式的 Activity，这种模式的 Activity 的特点是只要创建了 Activity 实例，一旦激活该 Activity，就会向任务栈中加入新创建的实例，退出 Activity 则会在任务栈中销毁该实例。

2. SingleTop 模式

这种模式会考虑当前要激活的 Activity 实例在任务栈中是否正处于栈顶，如果处于栈顶则无需重新创建新的实例，而会重用已存在的实例调用 onNewIntent，否则会在任务栈中创建新的实例。

3. SingleTask 模式

如果任务栈中存在该模式的 Activity 实例，则把栈中该实例以上的 Activity 实例全部移除，调用该实例的 onNewIntent 方法重用该 Activity，使该实例处于栈顶位置，否则就重新创建一个新的 Activity 实例。

4. SingleInstance 模式

这种启动模式比较特殊，因为它会启用一个新的栈结构，将 Acitvity 放置于这个新的栈结构中，并保证不再有其他 Activity 实例进入。

4.11　Intent 介绍

Intent 的中文意思是意图。在 Android 中，Intent 是一个将要执行的动作的抽象描述，一般作为参数来使用，由 Intent 协助完成 Android 各个组件之间的通信。它能在程序运行过程中连接两个不同的组件。通过使用 Intent，程序可以向 Android 表达某种请求或意愿，Android 会根据意愿的内容选择适当的组件来完成请求。例如，Activity 之间的跳转，启动后台 Service 及发送广播等。Intent 负责对应用中一次操作的动作、动作涉及数据、附加数据进行描述，Android 则根据此 Intent 的描述，负责找到对应的组件，将 Intent 传递给调用的组件，并完成组件的调用。Intent 不仅可用于应用程序之间，也可用于应用程序内部的 Activity/Service 之间的交互。因此，Intent 在这里起着一个媒体中介的作用，专门提供组件互相调用的相关信息，实现调用者与被调用者之间的解耦。

4.11.1　用 Intent 启动 Activity，并在 Activity 之间传递数据

完整源码路径：Android 基础篇例程\ Intent 例程 1。

用 Intent 方法实现 Activity 之间的跳转需要先创建一个新的 Activity，并为其绑定布局文件，并且在 AndroidManifest.xml 文件中注册，这个过程在上 4.10 节中的建立、配置 Activity 已经完整介绍过，在此不再赘述。本节我们只介绍创建 Intent 实现 Activity 跳转并传递数据的过程。

通过 startActivity 启动一个 Activity 的主要代码如下。

```
Intent intent = new Intent(this, NewActivity.class);
startActivity(intent);
```

第一行代码创建了 Intent 实例，第一个参数 this 即为当前所处的上下文环境，第二个参数 NewActivity.class，即为跳转到的 Activity 类（此处跳转到 NewActivity）。

第二行代码的作用是调用 startActivity 方法实现跳转。

如果需要在 Activity 之间传递数据，一般使用 putExtra 方法，可以传递 String、int、Boolean 等类型的简单数据。传递复杂类型的数据必须是可序列化的，需要创建一个类来实现 java.io.Serializable 接口。在本例中需要传递的是 Data 类，其中定义了一个 int 类型值和 String 类型数组，主要代码如下。

```
public class Data implements Serializable {
public int count = 3;
public String [] hobby = new String [] {"网球","游戏","唱歌"};
}
```

通过 startActivity 启动一个 Activity，并传递数值的主要代码如下。

```
//创建 Intent 实例，第一个参数 MainActivity.this，即为当前 Activity 所处的上下文环境
//第二个参数 NewActivity.class，即为跳转到的 Activity 类
Intent intent = new Intent(this, NewActivity.class);
//将需要传递的数据压入 intent 中，可以传递 String、int、Boolean 等类型的简单数据
intent.putExtra("name", "王小明");
intent.putExtra("man", true);
Data data = new Data();
intent.putExtra("data", data);
//用 startActivity 方法实现跳转
startActivity(intent);
```

在新的 Activity 中的 onCreate 方法中通过 Bundle 对象获得传来的数据，主要代码如下。

```
//获得 Bundle 对象
Bundle bundle = getIntent().getExtras();
//通过 getString、getBoolean、getInt、getSerializable 等方法获得传来的值
String str_name = bundle.getString("name");
Boolean str_man = bundle.getBoolean("man");
int age = bundle.getInt("age");
Data data = (Data) bundle.getSerializable("data");
int count = data.count;
String [] hobby = data.hobby;
```

activity_main.xml 文件代码如下。

```
<LinearLayout xmlns:android = "http://schemas.android.com/apk/res/android"
xmlns:tools = "http://schemas.android.com/tools"
android:layout_width = "match_parent"
android:layout_height = "match_parent"
android:orientation = "vertical" >

<Buttonandroid:layout_width = "wrap_content"
android:layout_height = "wrap_content"
android:id = "@+id/btn"
android:text = "单击跳转到新的 Activity"/ >

</LinearLayout >
```

activity_new.xml 文件代码如下。

```
<?xmlversion = "1.0"encoding = "utf-8"? >
<LinearLayoutxmlns:android = "http://schemas.android.com/apk/res/android"
android:layout_width = "match_parent"
android:layout_height = "match_parent"
android:orientation = "vertical" >

<TextViewandroid:layout_width = "wrap_content"
```

```xml
android:layout_height="wrap_content"
android:text="我是由原来的Activity跳转过来的"/>
<TextViewandroid:layout_width="fill_parent"
android:layout_height="wrap_content"
android:id="@+id/tv"/>
</LinearLayout>
```

MainActivity.java 文件代码：

```java
package com.teach1.intent1;

import android.app.Activity;
import android.content.Intent;
import android.os.Bundle;
import android.view.View;
import android.view.View.OnClickListener;
import android.widget.Button;

public class MainActivity extends Activity {

private Button btn;

@Override
protected void onCreate(Bundle savedInstanceState) {
super.onCreate(savedInstanceState);
    setContentView(R.layout.activity_main);
//创建一个按钮实例，为其绑定监听器实现单击按钮跳转到新的Activity
    btn = (Button) findViewById(R.id.btn);
    btn.setOnClickListener(new OnClickListener() {

@Override
public void onClick(View v) {
//创建Intent实例，第一个参数MainActivity.this，即为当前Activity所处的上下文环境
//第二个参数NewActivity.class，即为跳转到的Activity类
Intent intent =new Intent(MainActivity.this, NewActivity.class);
//将需要传递的数据压入intent中，可以传递String、int、Boolean等类型的简单数据
intent.putExtra("name", "王小明");
intent.putExtra("man", true);
intent.putExtra("age", 24);
//传递复杂类型数据必须是可序列化的,需要创建一个类来实现java.io.Serializable接口,见Data.class文件
Data data =new Data();
intent.putExtra("data", data);
//用startActivity方法实现跳转
startActivity(intent);
}
});
    }
}
```

NewActivity.java 文件代码如下。

```java
package com.teach1.intent1;

import android.app.Activity;
import android.os.Bundle;

public class NewActivity extends Activity {

@Override
protected void onCreate(Bundle savedInstanceState) {
super.onCreate(savedInstanceState);
setContentView(R.layout.activity_new);
}

}
```

AndroidManifest.xml 文件代码如下。

```xml
<?xml version="1.0" encoding="utf-8"?>
<manifest xmlns:android="http://schemas.android.com/apk/res/android"
    package="com.teach1.intent1"
    android:versionCode="1"
    android:versionName="1.0" >

    <uses-sdk
        android:minSdkVersion="14"
        android:targetSdkVersion="14"/>

    <application
        android:allowBackup="true"
        android:icon="@drawable/ic_launcher"
        android:label="@string/app_name"
        android:theme="@style/AppTheme" >
        <activity
            android:name=".MainActivity"
            android:label="@string/app_name" >
            <intent-filter>
                <action android:name="android.intent.action.MAIN"/>

                <category android:name="android.intent.category.LAUNCHER"/>
            </intent-filter>
        </activity>

        <activity
            android:name=".NewActivity"
            android:label="@string/app_name" >
```

```
</activity>
</application>

</manifest>
```

例程中，在 MainActivity.java 中创建了一个 Button，为其绑定监听器实现单击按钮跳转到新的 Activity，在其中创建了 Intent 实例，第一个参数 MainActivity.this，即为当前 Activity 所处的上下文环境，第二个参数 NewActivity.class，即为跳转到的 Activity 类，然后用 startActivity 方法实现跳转，新创建的 Activity 需要在 AndroidManifest.xml 文件中注册。Activity 跳转前后的效果如图 4.65 和图 4.66 所示。

图 4.65 Activity 跳转前

图 4.66 Activity 跳转后

4.11.2 用 Intent 启动其他应用程序的 Activity

完整源码路径：Android 基础篇例程 \ Intent 例程 2。

在下面的例程中，使用 Intent 调用系统 Action，进入主界面、拨号界面、通话记录界面和浏览器界面，效果如图 4.67 至图 4.70 所示。

图4.67 主界面

图4.68 拨号界面

图4.69 通话记录界面

图4.70 浏览器界面

activity_main.xml 文件代码如下。

```
<LinearLayoutxmlns:android = "http://schemas.android.com/apk/res/android"
xmlns:tools = "http://schemas.android.com/tools"
android:layout_width = "match_parent"
android:layout_height = "match_parent"
```

```xml
android:orientation = "vertical" >

 < Button android:layout_width = "wrap_content"
android:layout_height = "wrap_content"
android:id = "@+id/btn_call"
android:text = "拨号"/ >
 < Buttonandroid:layout_width = "wrap_content"
android:layout_height = "wrap_content"
android:id = "@+id/btn_callrecord"
android:text = "通话记录"/ >
 < Buttonandroid:layout_width = "wrap_content"
android:layout_height = "wrap_content"
android:id = "@+id/btn_internet"
android:text = "浏览网页"/ >

 </LinearLayout >
```

MainActivity.java 文件代码如下。

```java
package com.teach1.intent2;

import android.app.Activity;
import android.content.Intent;
import android.net.Uri;
import android.os.Bundle;
import android.view.View;
import android.view.View.OnClickListener;
import android.widget.Button;

public class MainActivity extends Activity {
private Button btn1;
private Button btn2;
private Button btn3;

@Override
protected void onCreate(Bundle savedInstanceState) {
super.onCreate(savedInstanceState);
setContentView(R.layout.activity_main);
btn1 = (Button) findViewById(R.id.btn_call);
btn2 = (Button) findViewById(R.id.btn_callrecord);
btn3 = (Button) findViewById(R.id.btn_internet);

btn1.setOnClickListener(new OnClickListener( ) {

@Override
public void onClick(View v) {
Intent intent1 = new Intent(Intent.ACTION_DIAL);
```

```
        startActivity(intent1);
    }
});

btn2.setOnClickListener(new OnClickListener() {

@Override
public void onClick(View v) {
    Intent intent2 = new Intent(Intent.ACTION_CALL_BUTTON);
    startActivity(intent2);
    }
});

btn3.setOnClickListener(new OnClickListener() {

@Override
public void onClick(View v) {
    Intent intent3 = new Intent(Intent.ACTION_VIEW, Uri.parse("http://www.baidu.com"));
    startActivity(intent3);
    }
});

    }
}
```

【拓展文本】

4.12　Service 介绍

　　Service(服务)是 Android 系统中的四大组件之一,在每一个应用程序中都扮演着非常重要的角色。它是一种长生命周期的、没有可视化界面的、运行于后台的一种服务程序。Service 主要用于两个目的:后台运行和跨进程访问。通过启动一个服务,可以在不显示界面的前提下在后台运行指定的任务,在后台处理一些耗时的逻辑,或者去执行某些需要长期运行的任务。必要的时候甚至可以在程序退出的情况下,让 Service 在后台继续保持运行状态。例如,在网络下载文件、控制 Video 播放器等。

4.12.1　Service 的生命周期

　　Service 从创建到销毁的过程会经历以下三个阶段。
　　(1) 创建服务:onCreate( )。
　　(2) 开始服务:onStart( )。
　　(3) 销毁服务:onDestroy( )

一个服务只会创建一次、销毁一次，但可以开始多次，因此 onCreate( )和 onDestroy( )方法只会被调用一次，而 onStart( )可能会被调用多次。

Service 对象不能自己启动，需要通过某个 Activity、Service 或其他 Context 对象来启动。启动的方法有两种，分别是 Context. startService( )和 Context. bindService( )，这两种方式的生命周期是不同的。

Context. startService 方式的生命周期如下。

（1）启动时，startService→onCreate( )→onStart( )

（2）停止时，stopService→onDestroy( )

Context. bindService 方式的生命周期如下。

（1）绑定时，bindService→onCreate( )→onBind( )

（2）解绑定时，unbindService→onUnbind( )→onDestory( )

Android Service 两种启动方式的区别：使用 startService( )方法启用服务，调用者与服务之间没有关联，即使调用者退出了，服务仍然运行。使用 bindService( )方法启用服务，调用者与服务绑定在了一起，调用者一旦退出，服务也就终止。

4.12.2 Service 应用实例

完整源码路径：Android 基础篇例程 \ MusicServiceDemo。

下面我们通过一个可以控制在后台播放音乐的例程来介绍 Service 的用法，读者通过该例程可以明显地看到通过绑定方式运行的 Service 的生命周期。

（1）创建一个 Android 应用程序，在 src 目录下创建一个 MainActivity. java、一个继承自 Service 类的服务类 MusicService. java；同时在资源文件夹 res 目录下创建一个 raw 的文件夹存放音频文件，如把 music. mp3 音乐文件放在该目录下，如图 4.71 所示。该程序的主界面如图 4.72 所示。

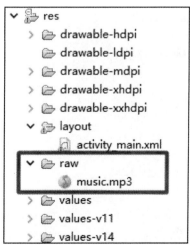

图 4.71　在创建的 raw 文件夹中放入 mp3 文件

图 4.72　程序主界面

（2）layout 目录下的 main.xml 文件代码如下。

```xml
<?xml version = "1.0" encoding = "utf-8"?>
<LinearLayout xmlns:android = "http://schemas.android.com/apk/res/android"
android:layout_width = "fill_parent"
    android:layout_height = "fill_parent"
    android:orientation = "vertical" >

<TextView
        android:layout_width = "fill_parent"
        android:layout_height = "wrap_content"
        android:paddingTop = "10dp"
        android:text = "音乐播放服务"
        android:textSize = "25sp" />

<Button
        android:id = "@+id/Button01"
        android:layout_width = "wrap_content"
        android:layout_height = "wrap_content"
        android:paddingTop = "10dp"
        android:text = "开启音乐播放服务"
        android:textSize = "20sp" >
</Button>

<Button
        android:id = "@+id/Button02"
```

```xml
        android:layout_width = "wrap_content"
        android:layout_height = "wrap_content"
        android:paddingTop = "10dp"
        android:text = "停止音乐播放服务"
        android:textSize = "20sp" >
</Button>
<Button
        android:id = "@+id/Button03"
        android:layout_width = "wrap_content"
        android:layout_height = "wrap_content"
        android:paddingTop = "10dp"
        android:text = "绑定音乐播放服务"
        android:textSize = "20sp" >
</Button>
<Button
        android:id = "@+id/Button04"
        android:layout_width = "wrap_content"
        android:layout_height = "wrap_content"
        android:paddingTop = "10dp"
        android:text = "解绑定音乐播放服务"
        android:textSize = "20sp" >
</Button>
</LinearLayout>
```

(3) src 目录下 MusicService.java 代码如下。

```java
package com.example.musicservice;

import android.app.Service;
import android.content.Intent;
import android.media.MediaPlayer;
import android.os.IBinder;
import android.util.Log;
import android.widget.Toast;

public class MusicService extends Service {

    //为日志工具设置标签
    String tag = "MusicService";
    //定义音乐播放器变量
    MediaPlayer mPlayer;

@Override
public IBinder onBind(Intent intent) {
 Toast.makeText(this,"MusicService onBind()",Toast.LENGTH_SHORT).show();
```

```java
            Log.i(tag, "MusicService onBind()");
            mPlayer.start();
            return null;
    }

        //其他对象通过 unbindService 方法通知该 Service 时该方法会被调用
    @Override
    public boolean onUnbind(Intent intent){
            Toast.makeText (this, " MusicService onUnbind ( )", Toast. LENGTH_SHORT).show();
            Log.i(tag, "MusicService onUnbind()");
            mPlayer.stop();
            return false;
    }

        //该服务不存在需要被创建时被调用,不管 startService()还是 bindService()都会在启动时调用该方法
    @Override
    public void onCreate(){
            Toast.makeText (this, " MusicService onCreate ( )", Toast. LENGTH_SHORT).show();
        //创建一个音乐播放器对象
            mPlayer =MediaPlayer.create(getApplicationContext(), R.raw.music);
        //设置可以重复播放
            mPlayer.setLooping(true);
            Log.i(tag, "MusicService onCreate()");
    }

        //用 startService 方法调用该服务时,在 onCreate()方法调用之后,会调用该方法
    @Override
    public void onStart(Intent intent,int startid){
            Toast.makeText (this,"MusicService onStart",Toast.LENGTH_SHORT).show();
            Log.i(tag, "MusicService onStart()");
            mPlayer.start();
    }

        //该服务被销毁时调用该方法
    @Override
    public void onDestroy(){
            Toast.makeText (this, "MusicService onDestroy ( )", Toast. LENGTH_SHORT).show();
            mPlayer.stop();
            Log.i(tag, "MusicService onDestroy()");
    }

}
```

(4) src 目录下 MainActivity 代码如下。

```java
package com.example.musicservice;

import android.app.Activity;
import android.content.ComponentName;
import android.content.Context;
import android.content.Intent;
import android.content.ServiceConnection;
import android.os.Bundle;
import android.os.IBinder;
import android.util.Log;
import android.view.View;
import android.view.View.OnClickListener;
import android.widget.Button;
import android.widget.Toast;

public class MainActivity extends Activity {

    // 为日志工具设置标签
    String tag = "MusicService";

    @Override
    protected void onCreate(Bundle savedInstanceState) {
        super.onCreate(savedInstanceState);
        setContentView(R.layout.activity_main);
        // 输出 Toast 消息和日志记录
        Toast.makeText(MainActivity.this, "MainActivity onCreate",
        Toast.LENGTH_SHORT).show();
        Log.i(tag, "MainActivity onCreate");

        // 定义组件对象
        Button b1 = (Button) findViewById(R.id.Button01);
        Button b2 = (Button) findViewById(R.id.Button02);
        Button b3 = (Button) findViewById(R.id.Button03);
        Button b4 = (Button) findViewById(R.id.Button04);

        // 定义服务链接对象
        final ServiceConnection conn = new ServiceConnection() {

            @Override
            public void onServiceConnected(ComponentName name, IBinder service) {
                Toast.makeText(MainActivity.this,
                "ServiceConnection onServiceConnected",
                Toast.LENGTH_SHORT).show();
                Log.i(tag, "ServiceConnection onServiceConnected");
            }
```

```java
@Override
public void onServiceDisconnected(ComponentName name) {
Toast.makeText(MainActivity.this,
"ServiceConnection onServiceDisconnected",
Toast.LENGTH_SHORT).show();
Log.i(tag, "ServiceConnection onServiceDisconnected");
}
};

// 定义单击监听器
OnClickListener ocl = new OnClickListener() {

@Override
public void onClick(View v) {
// 显示指定 intent 所指的对象是 Service
Intent intent = new Intent(MainActivity.this,MusicService.class);
switch (v.getId()) {
case R.id.Button01:
// 开始服务
startService(intent);
break;
case R.id.Button02:
// 停止服务
stopService(intent);
break;
case R.id.Button03:
// 绑定服务
bindService(intent, conn, Context.BIND_AUTO_CREATE);
break;
case R.id.Button04:
// 解除绑定
unbindService(conn);
break;
}
}
};

// 绑定单击监听器
b1.setOnClickListener(ocl);
b2.setOnClickListener(ocl);
b3.setOnClickListener(ocl);
b4.setOnClickListener(ocl);
}

@Override
```

```
public void onDestroy() {
super.onDestroy();
Toast.makeText(MainActivity.this, "MainActivity onDestroy",
Toast.LENGTH_SHORT).show();
Log.i(tag, "MainActivity onDestroy");
}
}
```

（5）最后需要在 AndroidManifest.xml 配置文件中添加对 Service 进行注册，即在 application 节点中添加 <service android:name = ".MusicService"/> 进行注册，如图 4.73 所示。

```
<application
    android:allowBackup="true"
    android:icon="@drawable/ic_launcher"
    android:label="@string/app_name"
    android:theme="@style/AppTheme" >
    <activity
        android:name=".MainActivity"
        android:label="@string/app_name" >
        <intent-filter>
            <action android:name="android.intent.action.MAIN" />

            <category android:name="android.intent.category.LAUNCHER" />
        </intent-filter>
    </activity>
    <service android:name=".MusicService"/>
</application>
```

图 4.73　在 AndroidManifest 文件中对 Service 进行注册

（6）程序运行后按照顺序单击四个按钮，Log.e 中显示的 Service 生命周期如图 4.74 所示。

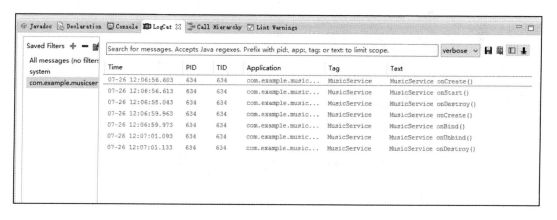

图 4.74　Log.e 中显示的 Service 生命周期

4.13 BroadcastReceiver 介绍

BroadcastReceiver(广播接收器)只能接收广播,对广播的通知做出反应。很多广播都产生于系统代码,如时区改变的通知、电池电量不足、照了一张相片,或者用户改变了语言偏好。应用也可以发出广播,如让其他应用知道已从网上下载了一些数据,并且它们可以使用这些数据。一个应用可以有很多广播接收器来对它认为重要的通知做出反应,所有的接收器继承于 BroadcastReceiver 基类。广播接收器不展示一个用户界面。但是,可以为它们接收到的信息启动一个活动(Activity),或者可以使用 NotificationManager 来通知用户。通知可以以不同形式得到用户的注意,如闪烁背景灯、震动手机、发出声音等。它们通常在状态栏上放置一个暂时的图标,用户可以通过打开这个图标来获取信息。

4.13.1 BroadcastReceiver 的生命周期

BroadcastReceiver 在 onReceive 函数执行结束后即表示生命周期结束,所以不适合在 onReceive 中做绑定服务操作,结束后若某个进程只含有该 BroadcastReceiver,则优先级将降低可能被系统回收,所以 BroadcastReceiver 中不适合做一些异步操作,如新建线程下载数据,BroadcastReceiver 结束后可能在异步操作完成前进程已经被系统杀掉。

由于 ANR 限制 BroadcastReceiver 的 onReceive 方法,所以必须在 10s 内完成,而且 onReceive 默认会在主线程中执行,所以 BroadcastReceiver 中不适合做一些耗时操作,对于耗时操作需要交给 Service 处理,如网络或数据库耗时操作、对话框的显示(因为现实时间可能超时,用 Notification 代替)。

4.13.2 注册广播地址

1. 静态注册

静态注册是在 AndroidManifest.xml 文件中配置的,首先为 MyReceiver 注册一个广播地址,代码如下。

```
< receiver android:name = ".MyReceiver" >
< intent - filter >
< action android:name = "android.intent.action.MY_BROADCAST"/ >
< category android:name = "android.intent.category.DEFAULT" / >
</intent - filter >
</receiver >
```

配置了以上信息之后，只要是 android. intent. action. MY_BROADCAST 这个地址的广播，MyReceiver 都能够接收到。注意，这种方式的注册是常驻型的，也就是说当应用关闭后，如果有广播信息传来，MyReceiver 也会被系统调用而自动运行。

2. 动态注册

动态注册需要在代码中动态地指定广播地址并注册，通常是在 Activity 或 Service 中注册一个广播，注册代码如下。

```
MyReceiver receiver = new MyReceiver();
IntentFilter filter = new IntentFilter();
filter.addAction("android.intent.action.MY_BROADCAST");
registerReceiver(receiver, filter);
```

注意，registerReceiver 是 android. content. ContextWrapper 类中的方法，Activity 和 Service 都继承了 ContextWrapper，所以可以直接调用。在实际应用中，我们在 Activity 或 Service 中注册了一个 BroadcastReceiver，当这个 Activity 或 Service 被销毁时如果没有解除注册，系统会报一个异常，提示开发者是否忘记解除注册了。所以，记得在特定的地方执行解除注册操作。

```
@Override
protected void onDestroy() {
    super.onDestroy();
    unregisterReceiver(receiver);
}
```

执行这两行代码就可以解决问题了。注意，这种注册方式与静态注册相反，不是常驻型的，也就是说广播会跟随程序的生命周期。

4.13.3 广播的分类

Android 中的广播机制可以分为标准广播和有序广播两种类型。

标准广播是一种完全异步执行的广播，在广播发出去之后，所有的广播接收器几乎同时接收到这条广播消息，它们之间没有任何项目顺序可言。这种广播的效率比较高，但也意味着它是无法被截断的。工作流程如图 4.75 所示。

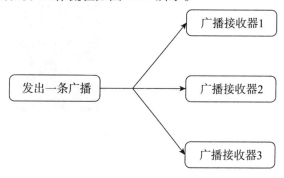

图 4.75　标准广播的工作流程

有序广播是一种同步执行的广播,在广播发出之后,同一时刻只会有一个广播接收器能够收到这条广播消息,当这个广播接收器中的逻辑执行完毕后,广播才会继续传递。此时的广播接收器是有先后顺序,优先级高的广播接收器就可以先收到广播消息,并且前面的广播接收器还可以截断正在传递的广播,这样后面的广播接收器就无法收到广播消息了。工作流程如图 4.76 所示。

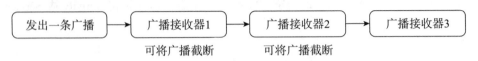

图 4.76　有序广播的工作流程

4.13.4　BroadcastReceiver 应用实例

1. 向状态栏发送广播

完整源码路径:Android 基础篇例程 \ BroadcastReceiverDemo1。

下面我们通过一个可以向状态通知栏发送广播的例程来介绍 BroadcastReceiver 的用法,该例程主要是通过在 TextView 中输入文字然后单击"Send"按钮,即可将输入的文字发送到状态通知栏中显示。

(1) 创建一个 Android 应用程序,在 src 目录下创建一个 MainActivity.java,一个继承自 BroadcastReceiver 类的 MyBroadcastReceiver.java。该程序的主界面如图 4.77 所示。

图 4.77　程序主界面

(2) layout 目录下的 activity_main.xml 文件代码如下。

```xml
<LinearLayout xmlns:android = "http://schemas.android.com/apk/res/android"
    xmlns:tools = "http://schemas.android.com/tools"
    android:layout_width = "match_parent"
    android:layout_height = "match_parent"
    android:orientation = "vertical" >

<EditText
        android:id = "@+id/et_info"
        android:layout_width = "match_parent"
        android:layout_height = "wrap_content"
        android:hint = "输入广播消息"/>

<Button
        android:id = "@+id/btn_send"
        android:layout_below = "@id/et_info"
        android:layout_width = "match_parent"
        android:layout_height = "wrap_content"
        android:text = "Send"/>

</LinearLayout>
```

(3) src 目录下 MyBroadcastReceiver.java 代码如下。

```java
package com.example.broadcastreceiverdemo1;

import android.app.Notification;
import android.app.NotificationManager;
import android.app.PendingIntent;
import android.content.BroadcastReceiver;
import android.content.Context;
import android.content.Intent;

public class MyBroadcastReceiver extends BroadcastReceiver {

private Context context ;

@Override
public void onReceive(Context context, Intent intent) {
this.context = context;
showNotification(intent);
}

// 在状态栏显示接收到的广播内容
private void showNotification(Intent intent) {
// 获取到 Intent 中 info 中的信息
String info = intent.getExtras().getString("info");
// 创建状态栏通知
NotificationManager nm = (NotificationManager) context.getSystemService (Context.NOTIFICATION_SERVICE);
```

```
Notification n = new Notification(R.drawable.ic_launcher, info,System.current-
TimeMillis());
    PendingIntent pi = PendingIntent.getActivity(context, 0, new Intent(context, Ma-
inActivity.class), 0);

    // setLatestEventInfo 表示设置单击该通知的事件
    n.setLatestEventInfo(context, info, null, pi);
    nm.notify(R.layout.activity_main, n);
    }

}
```

（4）src 目录下 MainActivity 代码如下。

```
package com.example.broadcastreceiverdemo1;

import android.app.Activity;
import android.content.Intent;
import android.os.Bundle;
import android.view.Menu;
import android.view.MenuItem;
import android.view.View;
import android.view.View.OnClickListener;
import android.widget.Button;
import android.widget.EditText;

public class MainActivity extends Activity {

    private EditText etInfo = null;
    private Button btnSend = null;

    @Override
    protected void onCreate(Bundle savedInstanceState) {
        super.onCreate(savedInstanceState);
        setContentView(R.layout.activity_main);
        etInfo = (EditText) findViewById(R.id.et_info);
        btnSend = (Button) findViewById(R.id.btn_send);

        btnSend.setOnClickListener(new OnClickListener() {

            @Override
            public void onClick(View v) {
                String info = etInfo.getText().toString();
                Intent intent = new Intent();
                // setAction()中字符串的值与 AndroidManifest.xml 中 receiver->action 中的值相同
                intent.setAction("com.example.broadcastreceiverdemo1.MyBroadcastReceiver");
                intent.putExtra("info", info);
                sendBroadcast(intent);
            }
```

```
});
    }
}
```

（5）最后需要在 AndroidManifest.xml 配置文件中添加对 BroadcastReceiver 进行注册，如图 4.78 所示。

```xml
<application
    android:allowBackup="true"
    android:icon="@drawable/ic_launcher"
    android:label="@string/app_name"
    android:theme="@style/AppTheme" >
    <activity
        android:name=".MainActivity"
        android:label="@string/app_name" >
        <intent-filter>
            <action android:name="android.intent.action.MAIN" />

            <category android:name="android.intent.category.LAUNCHER" />
        </intent-filter>
    </activity>
    <receiver android:name=".MyBroadcastReceiver">
        <intent-filter>
            <action android:name="com.example.broadcastreceiverdemo1.MyBroadcastReceiver"/>
        </intent-filter>
    </receiver>
</application>
```

图 4.78　对 BroadcastReceiver 进行注册

（6）程序运行后在 TextView 中输入文字，单击 Send 按钮后就会在状态栏中显示输入的文字，如图 4.79 所示。

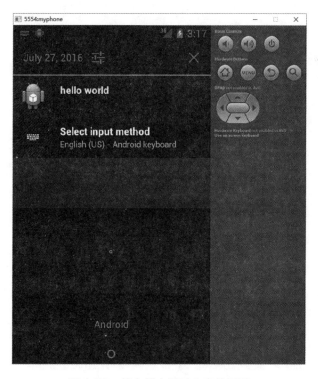

图 4.79　状态栏中显示文字效果图

2. 网络状态变化的提示广播

完整源码路径：Android 基础篇例程 \ BroadcastReceiverDemo2。

在某些场合，如用户浏览网络信息时，网络突然断开，系统要及时地提醒用户网络已断开。要实现这项功能，可以接收网络状态改变这样一条广播，当由连接状态变为断开状态时，系统就会发送一条广播，应用接收到之后，再通过网络的状态做出相应的操作。下面就来实现这项功能。

（1）创建一个 Android 应用程序，在 src 目录下创建一个继承自 BroadcastReceiver 类的 NetworkStateReceiver.java。

（2）src 目录下 NetworkStateReceiver.java 代码如下。

```java
package com.example.broadcastreceiverdemo2;

import android.content.BroadcastReceiver;
import android.content.Context;
import android.content.Intent;
import android.net.ConnectivityManager;
import android.net.NetworkInfo;
import android.util.Log;
import android.widget.Toast;

public class NetworkStateReceiver extends BroadcastReceiver {

    private static final String TAG = "NetworkStateReceiver";
    @Override
    public void onReceive(Context context, Intent intent) {
        Log.i(TAG, "network state changed.");
        if (!isNetworkAvailable(context)) {
            Toast.makeText(context, "network disconnected!", Toast.LENGTH_LONG).show();
        }

    }

    /*
     网络是否可用

     @param context
     @return
     */
    public static boolean isNetworkAvailable(Context context) {
        ConnectivityManager mgr =
                (ConnectivityManager) context.getSystemService(Context.CONNECTIVITY_SERVICE);
        NetworkInfo[] info = mgr.getAllNetworkInfo();
```

```
            if (info! = null) {
                for (int i = 0; i < info.length; i + +) {
                    if (info[i].getState() = = NetworkInfo.State.CONNECTED) {
                        return true;
                    }
                }
            }
            return false;
        }
    }
}
```

（3）最后需要在 AndroidManifest.xml 配置文件中对 BroadcastReceiver 进行注册，并且需要声明相关的权限，如图 4.80 所示。

```
<uses-permission android:name="android.permission.ACCESS_NETWORK_STATE"/>
<application
    android:allowBackup="true"
    android:icon="@drawable/ic_launcher"
    android:label="@string/app_name"
    android:theme="@style/AppTheme" >
    <activity
        android:name=".MainActivity"
        android:label="@string/app_name" >
        <intent-filter>
            <action android:name="android.intent.action.MAIN" />

            <category android:name="android.intent.category.LAUNCHER" />
        </intent-filter>
    </activity>

    <receiver android:name=".NetworkStateReceiver" >
        <intent-filter>
            <action android:name="android.net.conn.CONNECTIVITY_CHANGE" />

            <category android:name="android.intent.category.DEFAULT" />
        </intent-filter>
    </receiver>
</application>
```

图 4.80　注册 BroadcastReceiver 并声明权限

（4）运行 APP，当改变当前的网络状态，如关闭 WiFi、LogCat 中的显示的日志如图 4.81所示。

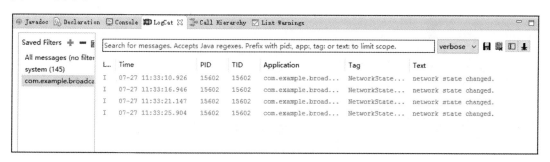

图 4.81　LogCat 中的日志

3. 使用广播开机启动服务

完整源码路径：Android 基础篇例程 \ BroadcastReceiverDemo3。

经常会有这样的应用场合，如消息推送服务，需要实现开机启动的功能。要实现这个功能，就可以订阅系统"启动完成"这条广播，接收到这条广播后就可以启动自己的服务。下面介绍使用广播开机启动服务的具体实现。

（1）创建一个 Android 应用程序，在 src 目录下创建一个继承自 BroadcastReceiver 类的 BootCompleteReceiver.java，然后创建一个继承自 Service 类的 MsgPushService.java。

（2）src 目录下 NetworkStateReceiver.java 代码如下。

```java
package com.example.broadcastreceiverdemo3;

import android.app.Service;
import android.content.Intent;
import android.os.IBinder;
import android.util.Log;

public class MsgPushService extends Service {

    private static final String TAG = "MsgPushService";

    @Override
    public void onCreate() {
        super.onCreate();
        Log.i(TAG, "onCreate called.");
    }

    @Override
    public int onStartCommand(Intent intent, int flags, int startId) {
        Log.i(TAG, "onStartCommand called.");
        return super.onStartCommand(intent, flags, startId);
    }

    @Override
    public IBinder onBind(Intent intent) {
        return null;
    }

}
```

(3) src 目录下 MsgPushService.java 代码如下。

```java
package com.example.broadcastreceiverdemo3;

import android.content.BroadcastReceiver;
import android.content.Context;
import android.content.Intent;
import android.util.Log;

public class BootCompleteReceiver extends BroadcastReceiver {

private static final String TAG = "BootCompleteReceiver";

@Override
public void onReceive(Context context, Intent intent) {
Intent service = new Intent(context, MsgPushService.class);
context.startService(service);
Log.i(TAG, "Boot Complete. Starting MsgPushService...");
}

}
```

(4) 最后需要在 AndroidManifest.xml 配置文件中对 BroadcastReceiver、Service 进行注册，并且需要声明相关的权限，如图 4.82 所示。

```xml
<uses-permission android:name="android.permission.RECEIVE_BOOT_COMPLETED" />
<application
    android:allowBackup="true"
    android:icon="@drawable/ic_launcher"
    android:label="@string/app_name"
    android:theme="@style/AppTheme" >
    <activity
        android:name=".MainActivity"
        android:label="@string/app_name" >
        <intent-filter>
            <action android:name="android.intent.action.MAIN" />

            <category android:name="android.intent.category.LAUNCHER" />
        </intent-filter>
    </activity>
    <!-- 开机广播接受者 -->
    <receiver android:name=".BootCompleteReceiver">
        <intent-filter>
            <!-- 注册开机广播地址 -->
            <action android:name="android.intent.action.BOOT_COMPLETED"/>
            <category android:name="android.intent.category.DEFAULT" />
        </intent-filter>
    </receiver>
    <!-- 消息推送服务 -->
    <service android:name=".MsgPushService"/>
</application>
```

图 4.82　注册 BroadcastReceiver、Service 并声明权限

(5) 经过上面的几个步骤之后，创建的工程就完成了开机启动的功能，将应用运行在模拟器上，然后重启模拟器，LogCat 中的显示的日志如图 4.83 所示。

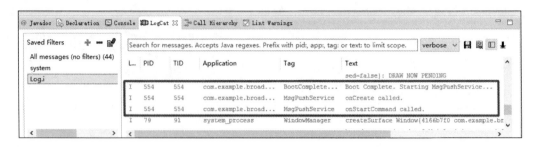

图4.83 LogCat中的日志

4. 使用广播获取电量信息

完整源码路径：Android 基础篇例程 \ BroadcastReceiverDemo4。

在很多全屏状态下的应用中，用户看不到剩余的电量，所以需要为用户提供电量的信息。要想做到这一点，需要接收一条电量变化的广播，然后获取百分比信息，下面介绍使用广播获取电量信息的具体实现。

（1）创建一个 Android 应用程序，在 src 目录下创建一个继承自 BroadcastReceiver 类的 BatteryChangedReceiver.java。

（2）src 目录下 BatteryChangedReceiver.java 代码如下。

```java
package com.example.broadcastreceiverdemo4;

import android.content.BroadcastReceiver;
import android.content.Context;
import android.content.Intent;
import android.os.BatteryManager;
import android.util.Log;

public class BatteryChangedReceiver extends BroadcastReceiver{

    private static final String TAG = "BatteryChangedReceiver";
    @Override
    public void onReceive(Context context, Intent intent) {
        int currLevel = intent.getIntExtra(BatteryManager.EXTRA_LEVEL, 0);
//当前电量
        int total = intent.getIntExtra(BatteryManager.EXTRA_SCALE, 1);
//总电量
        int percent = currLevel * 100 / total;
        Log.i(TAG, "battery: " + percent + "% ");
    }

}
```

（3）最后需要在 AndroidManifest.xml 配置文件中对 BroadcastReceiver 进行注册，如图4.84所示。

```xml
<application
    android:allowBackup="true"
    android:icon="@drawable/ic_launcher"
    android:label="@string/app_name"
    android:theme="@style/AppTheme" >
    <activity
        android:name=".MainActivity"
        android:label="@string/app_name" >
        <intent-filter>
            <action android:name="android.intent.action.MAIN" />

            <category android:name="android.intent.category.LAUNCHER" />
        </intent-filter>
    </activity>

    <receiver android:name=".BatteryChangedReceiver" >
        <intent-filter>
            <action android:name="android.intent.action.BATTERY_CHANGED" />
            <category android:name="android.intent.category.DEFAULT" />
        </intent-filter>
    </receiver>
</application>
```

图 4.84　注册 BroadcastReceiver

4.14　ContentProvider 介绍

ContentProvider(内容提供者)属于 Android 应用程序的组件之一，作为应用程序之间唯一的共享数据的途径，ContentProvider 主要的功能就是存储并检索数据，以及向其他应用程序提供访问数据的接口。

Android 系统为一些常见的数据类型(如音乐、视频、图像、手机通讯录联系人信息等)内置了一系列的 ContentProvider，这些都位于 android.provider 包下。持有特定的许可，可以在自己开发的应用程序中访问这些 ContentProvider。

让自己的数据和其他应用程序共享有两种方式：创建自己的 ContentProvider(即继承自 ContentProvider 的子类)或是将自己的数据添加到已有的 ContentProvider 中去，后者需要保证现有的 ContentProvider 和自己的数据类型相同且具有该 ContentProvider 的写入权限。

4.14.1　ContentProvider 基础

所有 ContentProvider 都需要实现相同的接口用于查询 ContentProvider 并返回数据，也包括增加、修改和删除数据。

首先需要获得一个 ContentResolver 实例，可通过 Activity 的成员方法 getContentResovler() 获取到 ContentResolver 的实例。

```
ContentResolver cr = getContentResolver();
```

ContentResolver 实例中的方法可实现找到指定的 ContentProvider 并获取 ContentProvider 的数据。

ContentResolver 查询过程开始，Android 系统将确定查询所需的具体 ContentProvider，确认它是否启动并运行它。Android 系统负责初始化所有的 ContentProvider，不需要用户自己去创建。实际上，ContentProvider 的用户都不可能直接访问到 ContentProvider 实例，只能通过 ContentResolver 在中间代理。

4.14.2 数据模型

ContentProvider 展示数据类似于单个数据库表。其中，每行有一个带唯一值的数字字段，名为_ID，可用于对表中指定记录的定位。Content Provider 返回的数据结构，是类似 JDBC 的 ResultSet，在 Android 中，是 Cursor 对象。

每个 ContentProvider 定义一个唯一公开的 URI，用于指定到它的数据集。一个 ContentProvider 可以包含多个数据集（可以看作多张表），这样，就需要有多个 URI 与每个数据集对应。这些 URI 要以固定的格式开头：

```
content://
```

表示这个 URI 指定一个 ContentProvider。

如果想要创建自己的 ContentProvider，最好把自定义的 URI 设置为类的常量，这样简化别人的调用，并且以后更新 URI 也很容易。Android 定义了 CONTENT_URI 常量用于 URI，代码如下。

```
android.provider.Contacts.Phones.CONTENT_URI
android.provider.Contacts.Photos.CONTENT_URI
```

要注意的是上面代码中的 Contacts，它已经在 Android 2.0 及以上版本中不赞成使用。

如果想要使用一个 ContentProvider，需要以下信息：定义这个 ContentProvider 的 URI 返回结果的字段名称和这些字段的数据类型；如果需要查询 ContentProvider 数据集的特定记录（行），还需要知道该记录的 ID 值。

4.14.3 构建查询

查询就是输入 URI 等参数，其中 URI 是必需的，其他是可选的，如果系统能找到 URI 对应的 ContentProvider 将返回一个 Cursor 对象。

可以通过 ContentResolver. query( ) 或 Activity. managedQuery( ) 方法查询。两者的方法参数完全一样，查询过程和返回值也是相同的。区别是，通过 Activity. managedQuery( ) 方法，不但获取到 Cursor 对象，而且能够管理 Cursor 对象的生命周期，如当 Activity 暂停(pause)的时候，卸载该 Cursor 对象，当 Activity restart 的时候重新查询。另外，也可以对一个没有处于 Activity 管理的 Cursor 对象通过调用 Activity. startManaginCursor( ) 方法做成被 Activity 管理的。

```
Cursor cur = managedQuery(myPerson, null, null, null, null);
```

其中第一个参数 myPerson 是 URI 类型实例。如果需要查询的是指定行的记录，需要用到_ID 值，如 ID 值为 23，URI 将是：

```
content://.../23
```

Android 提供了方便的方法，让开发者不需要自己拼接类似上面的 URI，如：

URI myPerson = ContentURIs.withAppendedId(People.CONTENT_URI, 23);

或者：

URI myPerson = URI.withAppendedPath(People.CONTENT_URI, "23");

二者的区别是一个接收整数类型的 ID 值，一个接收字符串类型的 ID 值。

其他几个参数：names 可以为 null，表示取数据集的全部列，或者声明一个 String 数组，数组中存放列名称，如 People._ID。一般列名都在该 ContentProvider 中有常量对应；针对返回结果的过滤器，格式类似于 SQL 中的 WHERE 子句，区别是不带 WHERE 关键字，如果返回 null 表示不过滤，如 name = ?；前面过滤器的参数是 String 数组，是针对前面条件中？占位符的值；排序参数，类似 SQL 的 ORDER BY 子句，不过不需要写 ORDER BY 部分，如 name desc，如果不排序，可输入 null。

返回值是 Cursor 对象，游标位置在第一条记录之前。

下面实例适用于 Android 2.0 及以上版本，从 Android 通讯录中得到姓名字段，返回值如图 4.85 所示。

```
Cursor cursor = getContentResolver().query(
    ContactsContract.CommonDataKinds.Phone.CONTENT_URI, null, null, null,
null);
```

_ID	_COUNT	NAME	NUMBER
44	3	Alan Vain	212 555 1234
13	3	Bully Pulpit	425 555 6677
53	3	Rex Cars	201 555 4433

图 4.85 返回值

返回值的内容类似图 4.85，不同的 ContentProvider 会有不同的列和名称，但是会有两个相同的列，上面提到过的一个是_ID，用于唯一标识记录，还有一个_COUNT，用于记录整个结果集的大小，可以看到上面图 4.85 中的_COUNT 的值是相同的。

如果在查询的时候使用到 ID，那么返回的数据只有一条记录。在其他情况下，一般会有多条记录。和 JDBC 的 ResultSet 类似，需要操作游标遍历结果集，在每行，通过列名获取到列的值，可以通过 getString()、getInt()、getFloat()等方法获取值。例如，下面的代码。

```
        while (cursor.moveToNext()) {
            builder.append(cursor.getString(cursor.getColumnIndex(
                    ContactsContract.CommonDataKinds.Phone.DISPLAY_NAME))).append
("-");
        }
```

和 JDBC 中不同，它没有直接通过列名获取列值，而是先通过列名获取到列的整型索引值，然后通过该索引值定位获取列的值。

4.14.4 编辑数据

可以通过 ContentProvider 实现以下编辑功能：增加新的记录；在已经存在的记录中增加新的值；批量更新已经存在的多个记录；删除记录。

所有的编辑功能都是通过 ContentResolver 的方法实现的。一些 ContentProvider 对权限要求更严格一些，需要写的权限，如果没有会报错。

1. 增加记录

要想增加记录到 ContentProvider，首先，要在 ContentValues 对象中设置类似 map 的键值对，在这里，键的值对应 ContentProvider 中列的名字，键值对的值对应列希望的类型。然后，调用 ContentResolver.insert( )方法，传入这个 ContentValues 对象和对应 ContentProvider 的 URI 即可。返回值是这个新记录的 URI 对象。这样就可通过这个 URI 获得包含这条记录的 Cursor 对象。

```
ContentValues values = new ContentValues();
values.put(People.NAME, "Abraham Lincoln");
URI uri = getContentResolver().insert(People.CONTENT_URI, values);
```

如果记录已经存在，可在记录上增加新的值或编辑已经存在的值。首先要获取到原来的值对象，然后清除原有的值，最后再增加记录即可。

```
URI uri = URI.withAppendedPath(People.CONTENT_URI, "23");
URI phoneURI = URI.withAppendedPath(uri, People.Phones.CONTENT_DIRECTORY);
values.clear();
values.put(People.Phones.TYPE, People.Phones.TYPE_MOBILE);
values.put(People.Phones.NUMBER, "1233214567");
getContentResolver().insert(phoneURI, values);
```

2. 批量更新值

批量更新一组记录的值，如 NY 改名为 Eew York。可调用 ContenResolver.update( )方法。

3. 删除记录

如果是删除单个记录，调用 ContentResolver.delete( )方法、URI 参数指定到具体行即可。如果是删除多个记录，调用 ContentResolver.delete() 方法、URI 参数指定到 Content-Provider，并带一个类似 SQL 的 WHERE 子句条件，且不带 WHERE 关键字。

4.14.5　创建自己的 ContentProvider

创建 ContentProvider，需要以下几个步骤。

（1）设置存储系统。大多数 ContentProvider 使用文件或 SQLite 数据库，不过可以用任何方式存储数据。Android 提供 SQLiteOpenHelper 帮助开发者创建和管理 SQLiteDatabase。

（2）继承 ContentProvider，提供对数据的访问。继承 ContentProvider 类，必须定义 ContentProvider 类的子类，需要实现以下方法。

```
query()
insert()
update()
delete()
getType()
onCreate()
```

query() 方法，返回值是 Cursor 实例，用于迭代请求的数据。Cursor 是一个接口，Android 为该接口提供了一些只读的（和 JDBC 的 ResultSet 不一样，后者还提供可写入和可选特性）Cursor 实现。例如，SQLiteCursor 可迭代 SQLite 数据库中的数据，可以通过 SQLite-Database 类的 query() 方法获取到该 Cursor 实例。还有其他的 Cursor 实现，如 MatrixCursor，用于数据不是存储在数据库的情况下。

因为 ContentProvider 可被多个 ContentResolver 对象在不同的进程和线程中调用，因此实现 ContentProvider 必须考虑线程安全问题。

要养成良好的习惯，在实现编辑数据的代码中，要调用 ContentResolver.notifyChange() 方法，并通知那些监听数据变化的监听器。

在实现子类的时候，还有一些步骤可以简化 ContentProvider 客户端的使用，如定义 public static final Uri 常量，名称为 CONTENT_URI。

```
public static final Uri CONTENT_URI = Uri.parse("content://com.example.codelab.transportationprovider");
```

如果有多个表，它们也是使用相同的 CONTENT_URI，只是它们的路径部分不同，如图 4.86 所示，方框部分是一致的。

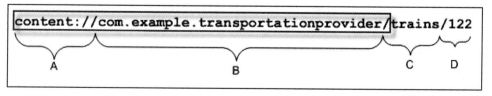

图 4.86　CONTENT_URI 结构

利用 public static final 定义返回的列名，如使用 SQLite 数据库作为存储，列名对应表的列名。

在文档中要写出各个列的数据类型，便于使用者读取。

如果需要处理新的 MIME 数据类型，如通过 Intent 的方式，并且带 data 的 mimeType，那么需要在 ContentProvider.getType( )方法中进行处理，参见编写完整的 ContentProvider 示例中编写的 getType 方法部分。

如果处理数据库表中超大的数据，如很大的位图文件，一般存在文件系统中，可以参照在 ContentProvider 中使用大型二进制文件，这样第三方的 ContentProvider 使用者，可以访问不属于它权限的文件，通过 ContentProvider 做代理。

（3）声明 Content Provider。创建 ContentProvider 后，需要在 Manifest 文件中声明，Android 系统才能知道它，当其他应用需要调用该 ContentProvider 时才能创建或调用它。

语法如下。

```
<provider android:name = "com.easymorse.cp.MyContentProvider"
          android:authorities = "com.easymorse.cp.mycp" >
</provider>
```

其中，android:name 要写 ContentProvider 继承类的全名，android：authorities 要写和 CONTENT_URI 常量的 B 部分（图 4.86）。

注意不要把图 4.86 中的 C 和 D 部分加到 authorities 中去。authorities 是用来识别 ContentProvider 的，C 和 D 部分实际上是 ContentProvider 内部使用的。

4.15　访问 HTTP 资源

HTTP(Hypertext Transfer Protocol)超文本传输协议，是 Web 联网的基础，也是手机联网常用的协议之一，HTTP 协议是建立在 TCP 之上的一种协议。

HTTP 连接最显著的特点是客户端每次发送的请求都需要服务器回送响应，在请求结束后，会主动释放连接。从建立连接到关闭连接的过程称为"一次连接"。

由于 HTTP 在每次请求结束后都会主动释放连接，因此 HTTP 连接是一种"短连接"，"无状态"，要保持客户端程序的在线状态，需要不断地向服务器发起连接请求。通常的做法是即使不需要获得任何数据，客户端也保持每隔一段固定的时间向服务器发送一次"保持连接"的请求，服务器在收到该请求后对客户端进行回复，表明知道客户端"在线"。若服务器长时间无法收到客户端的请求，则认为客户端"下线"，若客户端长时间无法收到服务器的回复，则认为网络已经断开。

HTTP 连接使用的是"请求—响应"的方式(2 次握手)，不仅在请求时需要先建立连接，而且需要客户端向服务器发出请求后，服务器端才能回复。而 Socket 连接在双方建立起连接后就可以直接进行数据的传输。

1. HTTP 协议的特点

（1）支持 B/S 及 C/S 模式。

（2）简单快速：客户向服务器请求服务时，只需传送请求方法和路径。常用的请求方法有 GET、HEAD、POST。

（3）灵活：HTTP 允许传输任意类型的数据对象。正在传输的类型由 Content–Type 加以标记。

（4）无状态：HTTP 协议是无状态协议。无状态是指协议对于事务处理没有记忆能力。缺少状态意味着如果后续处理需要前面的信息，则它必须重传，这样可能导致每次连接传送的数据量增大。

2. HTTP GET 请求方式

```
// 建立 URL 路径
String urlPath = "http://192.168.5.10:8080/querybooks/QueryServlet? /bookname
= Android 讲义";
// 建立 HttpGet 对象,将要请求的 URL 通过构造方法传入 HttpGet 对象
HttpGet httpGet = new HttpGet(urlPath);
// 通过 DefaultHttpClient 接口的 execute 方法发送 HTTP GET 请求,并返回 HttpResponse
对象
HttpResponse response = null;
try {
response = new DefaultHttpClient().execute(httpGet);
// 判断请求响应状态码,状态码为 200 表示服务器成功响应了客户端请求
if (response.getStatusLine().getStatusCode() == 200) {
// 通过 HttpResponse 接口的 getEntity 方法返回响应信息
String result = EntityUtils.toString(response.getEntity());
}
} catch (Exception e) {
e.printStackTrace();
}
```

3. HTTP POST 请求方式

```
// 建立 URL 路径,注意此处 URL 与 GET 方式 URL 不同
String urlPath = "http://192.168.17.156:8080/querybooks/QueryServlet";
HttpResponse response = null;
try {
// 建立 HttpPost 对象,将要请求的 URL 通过构造方法传入 HttpPost 对象
HttpPost httpPost = new HttpPost(urlPath);
// 设置 HTTP POST 请求参数必须 NameValuePair 对象
List <NameValuePair> params = new ArrayList <NameValuePair>();
params.add(new BasicNameValuePair("bookname", "Android 讲义"));
// 设置 HTTP POST 请求参数
```

```
httpPost.setEntity(new UrlEncodedFormEntity(params, HTTP.UTF_8));
// 通过 DefaultHttpClient 接口的 execute 方法发送 HTTP POST 请求,并返回 HttpResponse
对象
response = new DefaultHttpClient().execute(httpPost);
if (response.getStatusLine().getStatusCode() = = 200) {
// 通过 HttpResponse 接口的 getEntity 方法返回响应信息
String result = EntityUtils.toString(response.getEntity());
}
} catch (Exception e) {
e.printStackTrace();
}
```

4.16　JSON 解析

4.16.1　JSON 简介

　　JSON 即 JavaScript Object Natation,它是一种轻量级的数据交换格式,与 XML 一样,是被广泛采用的客户端和服务端交互的解决方案。

　　JSON 对象:JSON 中对象(Object)以"{"开始,以"}"结束。对象中的每一个 item 都是一个 key-value 对,表现为"key:value"的形式,key-value 对之间使用逗号分隔,如{"name":"coolxing","age" = 24,"male":true,"address":{"street":"huiLongGuan","city":"beijing","country":"china"}}。JSON 对象的 key 只能是 String 类型的,而 value 可以是 String、number、false、true、null、Object 对象甚至是 array 数组,也就是说可以存在嵌套的情况。

4.16.2　JSON 解析详解

　　完整源码路径:Android 基础篇例程 \ JSON 解析例程。
　　采用 Android 内置的 org.json 包解析 JSON 对象。假设待解析的 JSON 数据为

```
String json = "{\"name \":\"xiaoming \", \"age \" =25, \"sex \":\"male \",
\"tel \" = \"12310001234 \"}";
```

　　其中"\"用于转义表达式中的双引号。

```
public class Person {
private String name;
private int age;
private String sex;
private String tel;
```

```java
public Person() {
super();
}

public Person(String name, int age, String sex, String tel) {
super();
this.name = name;
this.age = age;
this.sex = sex;
this.tel = tel;
}

public String getName() {
return name;
}

public void setName(String name) {
this.name = name;
}

public int getAge() {
return age;
}

public void setAge(int age) {
this.age = age;
}

public String getSex() {
return sex;
}

public void setSex(String sex) {
this.sex = sex;
}

public String getTel() {
return tel;
}

public void setTel(String tel) {
this.tel = tel;
}

@Override
public String toString() {
return "Person [name=" + name + ", age=" + age + ", sex=" + sex
+ ", tel=" + tel + "] ";
}

}
```

具体解析代码如下。

```java
String json = "{\"name \":\"xiaoming \", \"age \" = 25, \"sex \":\"male \", \"tel \" = \"12310001234 \"}";
try {
    JSONObject jsonObject = new JSONObject(json);
    String name = jsonObject.optString("name");
    int age = jsonObject.optInt("age");
    String sex = jsonObject.optString("sex");
    String tel = jsonObject.optString("tel");
    Person person = new Person(name, age, sex, tel);
    System.out.println(person.toString());
} catch (Exception e) {
    e.printStackTrace();
}
```

LogCat 的输出为 Person [name = xiaoming, age = 25, sex = male, tel = 12310001234],这说明已经正确解析了 JSON 对象。

4.16.3 Gson 开源库

Gson 是谷歌推出的解析 JSON 数据及将对象转换成 JSON 数据的一个开源框架。本节将着重介绍 Gson 的使用。

1. POJO[①] 类的生成与解析

定义一个 Person 类：

```java
public class Person {

    public String name;
    public int age;
    public String email;
    public String phoneNo;
    /* 此处省略 getter 与 setter 方法 */
}
```

JSON 解析成 Pojo 类：

```java
/*
json 解析成 Pojo 类
@author Mahc
*/
public class PojoParse {
```

---

① POJO：Plain Old Java Object 的缩写，是指简单的 Java 对象，实际就是普通的 JavaBeans。

```
public static void main(String[] args) {
Gson gson = new Gson();
String jsonString =
"{\"name \":\"HokingMa \",\"age \":28,\"email \":\"it***@126.com \",\"phoneNo
\":\"137***8888 \"}";
Person person = gson.fromJson(jsonString, Person.class);
System.out.println(person);
}
}
```

2. Gson 中泛型的使用

泛型的使用主要是处理数组和集合。而 List 对于增删都是比较方便的,所以实际使用的还是 List 比较多。

Gson 为我们提供了 TypeToken 来实现对泛型的支持。

注:TypeToken 的构造方法是 protected 修饰的,所以创建的方式会写成 new TypeToken<List<Person>>(){}.getType()而不是 new TypeToken<List<Person>>().getType()。

定义一个 Person 类:

```
public class Person {

public String name;
public int age;
/* 此处省略 getter 与 setter 方法 */
}
```

JSON 解析成 List:

```
private static final String jsonstr =
" [{\"name \":\"name0 \",\"age \":0},{\"name \":\"name1 \",\"age \":5},
{\"name \":\"name2 \",\"age \":10},{\"name \":\"name3 \",\"age \":15},
{\"name \":\"name4 \",\"age \":20},{\"name \":\"name5 \",\"age \":25},
{\"name \":\"name6 \",\"age \":30},{\"name \":\"name7 \",\"age \":35},
{\"name \":\"name8 \",\"age \":40},{\"name \":\"name9 \",\"age \":45}] ";
Gson gson = new Gson();
Type type = new TypeToken<List<Person>>(){}.getType();
List<Person> persons = gson.fromJson(jsonstr, type);
for (Person person : persons) {
    System.out.println(person.toString());
    }
}
```

4.17　Handler 机制

4.17.1　Handler 机制简介

Handler 机制是一种消息处理机制,它是通过 Handler、Looper 及 MessageQueue 共同完成的。Handler 负责发送及处理消息,Looper 负责创建消息队列并不断从队列中取出消息交给 Handler,MessageQueue 则用于保存消息。

MessageQueue 的作用:在得到 Handler 之后,又获取了它的内部变量 mQueue,这是 MessageQueue 对象,也就是消息队列,用于保存 Handler 发送的消息。

Looper 的作用:Looper 开启消息循环系统,不断从消息队列 MessageQueue 中取出消息并交给 Handler 处理。

1. Handler 的主要用途

Handler 的主要用途是接受子线程发送的数据,并用此数据配合主线程更新 UI。

当应用程序启动时,Android 首先会开启一个主线程(也就是 UI 线程),主线程主要管理界面中的 UI 控件,并进行事件分发。例如,用户单击一个 Button,Android 会分发事件到 Button 上,来响应用户的操作。如果此时需要一个耗时的操作,如联网读取数据或读取本地较大的一个文件的时候,就不能把这些操作放在主线程中,如果把它放在主线程中,界面会出现假死现象,如果 5 秒钟内还没有完成的话,就会收到 Android 系统的一个错误提示"强制关闭"。此时需要把这些耗时的操作,放在一个子线程中,因为子线程涉及 UI 更新,Android 的子线程是不安全的,也就是说,更新 UI 只能在主线程中更新,而在子线程中操作是危险的。Handler 的主要作用是为了解决这个复杂的问题,由于 Handler 运行在主线程中(UI 线程中),它与子线程可以通过 Message 对象来传递数据,这个时候,Handler 就承担着接受子线程传过来的(子线程用 sendMessage()方法传递)Message 对象(里面包含数据),把这些消息放入主线程队列中,配合主线程进行更新 UI。

2. Handler 的特点

Handler 可以分发 Message 对象和 Runnable 对象到主线程中,每个 Handler 实例,都会绑定到创建它的线程中(一般是位于主线程),它有以下两个作用。

(1) 安排消息或 Runnable 在某个主线程中的某个地方执行。
(2) 安排一个动作在不同的线程中执行。

Handler 中分发消息的方法有以下几种。

(1) post(Runnable)。
(2) postAtTime(Runnable,long)。

（3）postDelayed(Runnable long)。
（4）sendEmptyMessage(int)。
（5）sendMessage(Message)。
（6）sendMessageAtTime(Message,long)。
（7）sendMessageDelayed(Message,long)。

以上 post 类方法允许排列一个 Runnable 对象到主线程队列中，sendMessage 类方法，允许安排一个带数据的 Message 对象到队列中，等待更新。

4.17.2 Handler 应用实例

完整源码路径：Android 基础篇例程 \ HandlerDemo。

下面通过一个 Handler 更新 UI 的例程来介绍使用 Handler 的用法，在该例程中用户通过单击按钮来改变 TextView 中的文字。

（1）layout 目录下的 activity_main.xml 文件代码如下。

```xml
<LinearLayout xmlns:android="http://schemas.android.com/apk/res/android"
    xmlns:tools="http://schemas.android.com/tools"
    android:layout_width="match_parent"
    android:layout_height="match_parent"
    android:orientation="vertical"
>

<TextView
        android:id="@+id/text"
        android:layout_width="wrap_content"
        android:layout_height="wrap_content"
        android:text="hello_world" />
<Button
        android:id="@+id/btn"
        android:layout_width="wrap_content"
        android:layout_height="wrap_content"
        android:text="Button" />

</LinearLayout>
```

（2）src 目录下的 MainActivity.java 文件代码如下。

```java
package com.example.handlerdemo;

import android.app.Activity;
import android.os.Bundle;
import android.os.Handler;
import android.os.Message;
import android.view.Menu;
import android.view.MenuItem;
```

```java
import android.view.View;
import android.view.View.OnClickListener;
import android.widget.Button;
import android.widget.TextView;

public class MainActivity extends Activity {

TextView tv;
Button btn;

Handler mHandler = new Handler( ) {
@Override
public void handleMessage(Message msg) {
if (msg.what = =1) {
tv.setText("update UI is success!");
btn.setText("update UI is success!");
}
super.handleMessage(msg);
}
};

@Override
protected void onCreate(Bundle savedInstanceState) {
super.onCreate(savedInstanceState);
setContentView(R.layout.activity_main);
System.out.println(Thread.currentThread( ).getName( ) + ": " + Thread.currentThread( ).getId( ));
 tv = (TextView) findViewById(R.id.text);
btn = (Button) findViewById(R.id.btn);
btn.setOnClickListener(new OnClickListener( ) {

@Override
public void onClick(View v) {
Thread thread = new Thread(new Runnable( ) {

@Override
public void run( ) {
System.out.println(Thread.currentThread( ).getName( ) + ": " + Thread.currentThread( ).getId( ));
Message msg = mHandler.obtainMessage( );
msg.what =1;
msg.sendToTarget( );
}
});
thread.start( );
}
});
}

}
```

点单按钮更新 UI 前后的效果如图 4.87 和图 4.88 所示。

图 4.87　更新 UI 前　　　　　　　　图 4.88　更新 UI 后

4.18　异步处理工具类 AsyncTask

在 Android 中实现异步任务机制有两种方式，Handler 和 AsyncTask。

Handler 模式需要为每一个任务创建一个新的线程，任务完成后通过 Handler 实例向 UI 线程发送消息，完成界面的更新，这种方式对于整个过程的控制比较精细，但也是有缺点的，如代码相对臃肿，在多个任务同时执行时，不易对线程进行精确的控制，为了解决该问题，Android 专门提供了一个 android.os.AsyncTask 类，可以通过此类完成非阻塞的操作类。该类的功能与 Handler 类似，可以在后台进行操作之后更新主线程 UI，但其使用方式要比 Handler 容易许多。

4.18.1　AsyncTask 简介

AsyncTask 的定义：

```
public abstract class AsyncTask< Params, Progress, Result >
```

AsyncTask 定义了三种泛型类型 Params、Progress 和 Result。
Params：启动任务执行的输入参数，如 HTTP 请求的 URL。

Progress：后台任务执行的百分比。

Result：后台执行任务最终返回的结果，如 String。

一个异步任务的执行一般包括以下几个步骤。

（1）execute(Params…params)，执行一个异步任务，需要我们在代码中调用此方法，触发异步任务的执行。

（2）onPreExecute( )，在 execute(Params…params)被调用后立即执行，一般用来在执行后台任务前对 UI 做一些标记。

（3）doInBackground(Params…params)，在 onPreExecute( )完成后立即执行，用于执行较为费时的操作，此方法将接收输入参数和返回计算结果。在执行过程中可以调用 publishProgress(Progress…values)来更新进度信息。

（4）onProgressUpdate(Progress…values)，在调用 publishProgress(Progress…values)时，此方法被执行，直接将进度信息更新到 UI 组件上。

（5）onPostExecute(Result result)，当后台操作结束时，此方法将会被调用，计算结果将作为参数传递到此方法中，直接将结果显示到 UI 组件上。

在使用的时候，有几点需要格外注意。

（1）异步任务的实例必须在 UI 线程中创建。

（2）execute(Params…params)方法必须在 UI 线程中调用。

（3）不要手动调用 onPreExecute( )、doInBackground(Params…params)、onProgressUpdate(Progress…values)和 onPostExecute(Result result)这几种方法。

（4）不能在 doInBackground(Params…params)中更改 UI 组件的信息。

（5）一个任务实例只能执行一次，如果执行第二次将会抛出异常。

4.18.2 AsyncTask 应用实例

完整源码路径：Android 基础篇例程 \ AsyncTaskDemo。

下面通过一个 AsyncTask 异步加载网页资源的例程来介绍使用 AsyncTask 的用法，在该例程中通过 AsyncTask 异步加载百度主页中的数据显示在 TextView 中，并且在加载的过程中实时显示加载进度。

（1）layout 目录下的 activity_main.xml 文件代码如下。

```xml
<LinearLayout xmlns:android = "http://schemas.android.com/apk/res/android"
    xmlns:tools = "http://schemas.android.com/tools"
    android:layout_width = "match_parent"
    android:layout_height = "match_parent"
    android:orientation = "vertical" >

<Button
        android:id = "@+id/execute"
        android:layout_width = "fill_parent"
        android:layout_height = "wrap_content"
```

```xml
        android:text = "execute" />
<Button
        android:id = "@+id/cancel"
        android:layout_width = "fill_parent"
        android:layout_height = "wrap_content"
        android:enabled = "false"
        android:text = "cancel" />

<ProgressBar
        android:id = "@+id/progress_bar"
        style = "?android:attr/progressBarStyleHorizontal"
        android:layout_width = "fill_parent"
        android:layout_height = "wrap_content"
        android:max = "100"
        android:progress = "0" />

<ScrollView
        android:layout_width = "fill_parent"
        android:layout_height = "wrap_content" >

<TextView
            android:id = "@+id/text_view"
            android:layout_width = "fill_parent"
            android:layout_height = "wrap_content" />
</ScrollView>

</LinearLayout>
```

(2) src 目录下 MainActivity.java 代码如下。

```java
package com.example.asynctaskdemo;

import java.io.ByteArrayOutputStream;
import java.io.InputStream;

import org.apache.http.HttpEntity;
import org.apache.http.HttpResponse;
import org.apache.http.HttpStatus;
import org.apache.http.client.HttpClient;
import org.apache.http.client.methods.HttpGet;
import org.apache.http.impl.client.DefaultHttpClient;

import android.app.Activity;
import android.os.AsyncTask;
import android.os.Bundle;
import android.util.Log;
import android.view.View;
```

```java
import android.widget.Button;
import android.widget.ProgressBar;
import android.widget.TextView;

public class MainActivity extends Activity {

    private static final String TAG = "ASYNC_TASK";

    private Button execute;
    private Button cancel;
    private ProgressBar progressBar;
    private TextView textView;

    private MyTask mTask;

    @Override
    public void onCreate(Bundle savedInstanceState) {
        super.onCreate(savedInstanceState);
        setContentView(R.layout.activity_main);

        execute = (Button) findViewById(R.id.execute);
        execute.setOnClickListener(new View.OnClickListener() {
            @Override
            public void onClick(View v) {
//注意每次都需要 new 一个实例,新建的任务只能执行一次,否则会出现异常
                mTask = new MyTask();
                mTask.execute("http://www.baidu.com");

                execute.setEnabled(false);
                cancel.setEnabled(true);
            }
        });
        cancel = (Button) findViewById(R.id.cancel);
        cancel.setOnClickListener(new View.OnClickListener() {
            @Override
            public void onClick(View v) {
//取消一个正在执行的任务,onCancelled 方法将会被调用
                mTask.cancel(true);
            }
        });
        progressBar = (ProgressBar) findViewById(R.id.progress_bar);
        textView = (TextView) findViewById(R.id.text_view);

    }

    private class MyTask extends AsyncTask<String, Integer, String> {
//onPreExecute 方法用于在执行后台任务前做一些 UI 操作
```

```java
    @Override
    protected void onPreExecute() {
        Log.i(TAG, "onPreExecute() called");
        textView.setText("loading...");
    }

//doInBackground 方法内部执行后台任务,不可在此方法内修改 UI
    @Override
    protected String doInBackground(String... params) {
        Log.i(TAG, "doInBackground(Params... params) called");
        try {
            HttpClient client = new DefaultHttpClient();
            HttpGet get = new HttpGet(params[0]);
            HttpResponse response = client.execute(get);
            if (response.getStatusLine().getStatusCode() == HttpStatus.SC_OK) {
                HttpEntity entity = response.getEntity();
                InputStream is = entity.getContent();
                long total = entity.getContentLength();
                ByteArrayOutputStream baos = new ByteArrayOutputStream();
                byte[] buf = new byte[1024];
                int count = 0;
                int length = -1;
                while ((length = is.read(buf)) != -1) {
                    baos.write(buf, 0, length);
                    count += length;
//调用 publishProgress 公布进度,最后 onProgressUpdate 方法将被执行
                    publishProgress((int) ((count / (float) total) * 100));
//为了演示进度,休眠 500ms
                    Thread.sleep(500);
                }
                return new String(baos.toByteArray(), "gb2312");
            }
        } catch (Exception e) {
            Log.e(TAG, e.getMessage());
        }
        return null;
    }

//onProgressUpdate 方法用于更新进度信息
    @Override
    protected void onProgressUpdate(Integer... progresses) {
        Log.i(TAG, "onProgressUpdate(Progress... progresses) called");
        progressBar.setProgress(progresses[0]);
        textView.setText("loading..." + progresses[0] + "%");
```

```java
        }

        //onPostExecute 方法用于在执行完后台任务后更新 UI,显示结果
        @Override
        protected void onPostExecute(String result) {
            Log.i(TAG, "onPostExecute(Result result) called");
            textView.setText(result);

            execute.setEnabled(true);
            cancel.setEnabled(false);
        }

        //onCancelled 方法用于在取消执行中的任务时更改 UI
        @Override
        protected void onCancelled() {
            Log.i(TAG, "onCancelled() called");
            textView.setText("cancelled");
            progressBar.setProgress(0);

            execute.setEnabled(true);
            cancel.setEnabled(false);
        }
    }
}
```

（3）因为需要访问网络，所以还需要在 AndroidManifest.xml 中加入访问网络的权限，如图 4.89 所示。

```xml
<uses-permission android:name="android.permission.INTERNET"/>
<application
    android:allowBackup="true"
    android:icon="@drawable/ic_launcher"
    android:label="@string/app_name"
    android:theme="@style/AppTheme" >
    <activity
        android:name=".MainActivity"
        android:label="@string/app_name" >
        <intent-filter>
            <action android:name="android.intent.action.MAIN" />

            <category android:name="android.intent.category.LAUNCHER" />
        </intent-filter>
    </activity>
</application>
```

图 4.89　AndroidManifest.xml 中加入访问网络的权限

应用程序运行的界面如图 4.90 至图 4.92 所示。

Android 基础 第4章

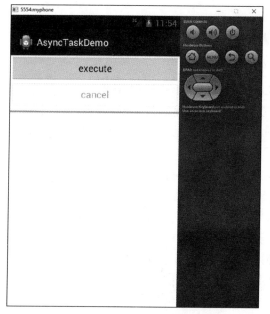

图 4.90 异步加载任务执行前

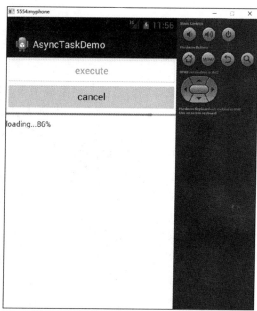

图 4.91 异步加载任务进行中

图 4.92 加载完毕

本章小结

Android 开发环境的搭建需要安装 JDK、Eclipse、Android SDK 和 ADT。对于刚开始接触 Android 编程开发的读者来说，搭建 Android 开发环境是比较复杂的，在这个过程中要保持足够的耐心和细心，按照书中介绍的 Android 开发环境搭建步骤进行搭建，就能够成功地搭建好 Android 开发环境。

掌握 Android 开发常用控件的使用方法是进行 Android 编程开发的基础，读者在学习使用 Android 常用控件的过程中需要多手写代码、多练习，尽量做到熟练掌握。

Android 开发四大组件：Activity、Service、Broadcast receivers 和 Content providers。

GET 方式和 POST 方式访问 HTTP 资源，在本章的实训中，我们推荐使用 POST 方法调用服务器 API，在实训开发的例程中也是使用 POST 方法调用服务器 API。

介绍 JSON 解析的主要目的是对服务器返回的 JSON 字符串进行解析。在本章实训开发中，调用服务器 API 成功后，服务器会返回 JSON 字符串信息，对该 JSON 解析后，才会获得有效的数据信息，然后对其进行显示。

Android 中实现异步任务机制两种方式：Handler 和 AsyncTask。在本章进行网络请求和刷新 UI 控件时需要用到异步加载。

关键术语

活动管理器(Activity Manager)　　　　　　　安卓配置文件(AndroidManifest)
窗口管理器(Window Manager)　　　　　　　活动(Activity)
资源管理器(Resource Manager)　　　　　　　服务(Service)
轻型数据库(SQLite)　　　　　　　　　　　　广播接收者(BroadcastReceiver)
Java 开发工具包(JDK)　　　　　　　　　　　内容提供者(ContentProvider)
安卓软件开发工具包(Android SDK)　　　　　异步处理框架(AsyncTask)
安卓虚拟设备(AVD)

习　题

一、判断题

1. Android 系统基于 Linux 内核。　　　　　　　　　　　　　　　　　　　　　(　　)
2. Android 系统中使用的数据库为 MySQL。　　　　　　　　　　　　　　　　(　　)
3. 开发 Android 应用程序只需安装 Eclipse 开发环境即可。　　　　　　　　　(　　)
4. AndroidManifest.xml 为配置文件，用于声明工程中的组件和指定用户权限。(　　)
5. Android 系统中所有的 UI 组件都继承了 ViewGroup 类。　　　　　　　　　(　　)

二、选择题

1. （　　）是所有 widget 类的基类。
   A. ViewGroup　　　　B. View　　　　C. ViewRoot　　　　D. DecoView
2. 在 LinearLayout 中需要将子 View 设置成垂直排布，orientation 属性应设为（　　）。
   A. horizontal　　　　B. center　　　　C. vertical-center　　　　D. vertical
3. 使用下列（　　）组件或控件时需要在 AndroidManifest.xml 中注册。
   A. View　　　　B. Button　　　　C. Activity　　　　D. TextView
4. 下列（　　）广播是同步执行的。
   A. 标准　　　　B. 有序　　　　C. 调频　　　　D. 无线
5. Handler 机制中，（　　）负责创建消息队列并不断从队列中取出消息。
   A. AsyncTask　　　　B. Handler　　　　C. MessageQueue　　　　D. Looper

三、简答题

1. Android 系统架构分为哪几层？分别是什么？
2. Android 完整的开发环境需要安装哪几种软件或插件？
3. Android 工程目录中都有哪些文件或文件夹？分别有什么作用？
4. Android 定义用户界面有哪几种方式？分别是什么？
5. Android 的四大组件是什么？分别用于实现怎样的功能？
6. Activity 的启动方式有哪些？它们之间有怎样的差异？
7. 简述 AsyncTask 的使用方法。
8. 参照例程深入理解 ListView 控件中 ArrayAdapter、SimpleAdapter 和 BaseAdapter 的使用条件和使用方法。

四、编程题

1. 使用线性布局（LinearLayout）将按钮放在屏幕的中心位置。
2. 使用相对布局（RelativeLayout）将按钮放在屏幕的最下方。
3. 使用 TextView、EditText、Button 控件实现一个简单的登录界面，并进行合理的布局。
4. 在一个 Activity 中添加一个 EditText 控件和一个 Button 控件，用户在 EditText 控件中输入一段文字，单击 Button 控件后会跳转到另一个 Activity，并在这个 Activity 中显示输入的文字。
5. 将 HTTP POST 方法封装在一个名为 doPost( ) 的方法中，这个方法中有两个参数，String url 为需要寻址的 URL，List < NameValuePair > params 为 POST 请求参数对象，最后请求服务器成功后返回的结果以 String 类型返回。

例如：

```
public String doPost(String url, List <NameValuePair> params){
String jsonstr = null;
try {
    //在这里添加需要执行的代码
} catch (Exception e) {

}
return jsonstr;
}
```

6. 请解析下面的 JSON 字符串。

{"msg": "OK", "body": {"count": 1, "is_paid": 0}, "code": 0}

第 5 章 快递柜 Android 客户端 APP 开发实训

【学习目标】
（1）了解智能快递柜移动端 APP 的系统架构。
（2）了解智能快递柜移动端 APP 的工作流程。
（3）开发智能快递柜移动端 APP 各功能模块。
（4）掌握访问服务器 API 的方法。
（5）掌握返回数据的解析处理方法。

【学习重点】
（1）开发智能快递柜移动端 APP 各功能模块。
（2）访问服务器 API 的方法。
（3）返回数据的解析处理方法。

【学习难点】
（1）开发智能快递柜移动端 APP 各功能模块。
（2）访问服务器 API 的方法。
（3）返回数据的解析处理方法。

5.1 实训目标

结合所学的 Android 编程相关知识，开发基于 HTTP 协议的客户端程序，控制智能快递柜实现快递员自助快件投递、投递记录查询、用户自助取快件和箱体格口信息查看的信息化物流过程。在此过程中熟悉前 4 章所学知识点，把分散的知识点结合在一起形成特定功能项目，做到融会贯通。

5.2 实训内容

智能快递柜自助体验应用程序的设计主要包含，用户登录模块设计、用户注册模块设计、用户密码重置模块设计、快递员投递模块设计、投递记录模块设计、用户取件模块设计、格口信息查看模块设计。

下面分别从系统架构、整体流程、功能模块等方面来说明软件的设计内容。

5.3 需求分析

1. 功能需求

智能快递柜移动端 APP 实现用户对智能快递柜的交互操作，用户通过注册登录后可以使用寄快件和取快件的功能。寄快件功能主要是面向快递员用户使用，快递员用户通过该应用程序使用智能快递柜的寄存功能，将快递包裹寄存到智能快递柜中，并录入收件人的信息，然后由智能快递柜后台管理系统自动通知收件人取件。取快件功能主要是面向收到后台管理系统未取件通知的用户，可以在该应用程序中获取开箱密码或通过一键开箱按钮打开智能快递柜中包裹对应格口取出快件。

2. 外部接口需求

（1）用户登录部分。用户登录接口(手机号+密码)。

（2）用户注册部分。用户请求注册时服务器短信返回验证码的接口，用户注册接口(手机号+密码+验证码)。

（3）快递员投递部分。柜体编号输入后返回该柜体剩余格口的接口，用户确认后服务器给该订单分配格口的接口，用户确认投递的接口。

（4）投递记录部分。向后台服务器请求投递记录列表的接口，向后台服务器请求快件详情的接口。

（5）用户取件部分。向后台服务器请求收件人未取件列表的接口，申请待取快件的一键开箱的接口，检查格口是否打开的接口。

（6）格口信息查看部分。向后台服务器请求各格口信息（格口编号、格口大小、状态）的接口。

5.4　系统架构

该系统基于C/S（客户端/服务器）架构，以WIFI/3G/4G网络作为通信平台的智能快递柜信息管理系统。该系统的整体框架结构如图5.1所示。

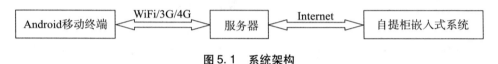

图5.1　系统架构

（1）Android移动终端，智能快递柜自助体验应用程序的载体，实现与用户的交互。主要用于将用户的操作信息转发给服务器，并且将服务器返回的信息展示给用户。

（2）服务器，主要承担数据的存储和转发工作。服务端是智能快递柜的管理平台，运行在服务器上面，直接通过Internet对外提供服务。

（3）智能快递柜嵌入式系统，管理智能快递柜自身的状态和操作信息，处理和执行服务器发送的相关指令。

5.5　整体流程

移动端APP工作流程简要描述如下，启动Android应用程序后进入用户登录主界面，输入用户名和密码登录服务器（初次登录的用户需要进行用户名和密码的注册）。用户登录成功后，进入一个功能选择界面。可以选择进入不同的功能界面。

1. 进入"投递快件"界面

首先输入柜体编号，单击"确定"按钮后进入下一个界面。在新的界面中需要输入运单号和接收人的手机号，并且选择使用当前柜体没有被占用的大、中、小格口中的一个，单击"确定"按钮智能快递柜打开格口，然后应用程序打开新窗口显示订单信息（包含订单ID、运单号、收件人手机号等），下方有"确定"和"取消"两个按钮。单击"确定"按钮后就会反馈给服务器将订单信息标识为正常，单击"取消"按钮会反馈给服务器订单取消的信息。

2. 进入"取快件"界面

首先在界面上会呈现该登录用户的未取快件的列表，列表信息中包含运单号、取件地址、投递时间、取件密码和"一键取件"按钮。单击"一键取件"按钮，即可打开对应柜体格口，不需密码即可取出快件。

3. 进入"投递记录"界面

首先在界面上会呈现该账号使用者投递的所有快件的列表，列表信息中包含运单号、投递时间和快件状态，单击列表中的其中一项，可以跳转到快件详情界面，可以查看运单编号、收件人手机号、存放位置、投递时间、取件时间等各种信息，也可以取回快件。

4. 进入"格口信息"界面

首先输入柜体编号，单击"确定"按钮后进入下个界面。在新的界面中会呈现该柜体的所有格口的大小信息和状态信息。

移动端 APP 工作流程如图 5.2 所示。

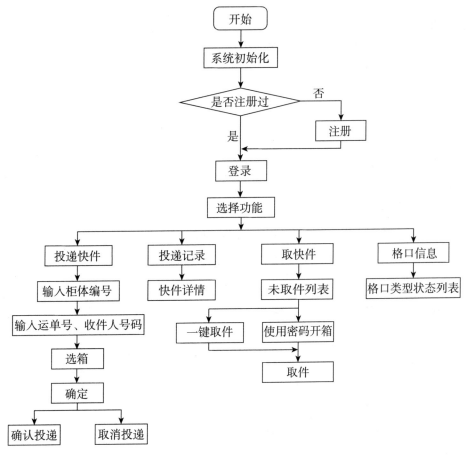

图 5.2　移动端 APP 工作流程

5.6 数据表结构

在 APP 调用 API 接口与服务端通信时,需要了解云平台系统中的相关数据表的结构,在本节中将对用户表、柜体信息表、柜体格口表、订单表的结构进行详细的介绍。

1. 用户表

用户表主要用来保存用户信息,表 user 的结构见表 5-1。

表 5-1 用户表 user

字段名称	字段	类型	长度	允许为空	主外键
user					
ID	id	bigint	20	N	主
用户类型	role_mask	int	11	N	
登录名	name	varchar	32	N	
密码	password	varchar	64	N	
性别	gender	int	11	N	
手机号	phone	varchar	16	N	
状态	status	int	11	N	
注册时间	create_time	datetime		N	
name:唯一索引					

2. 柜体信息表

柜体信息表主要用来保存柜体信息,表 cabinet 的结构见表 5-2。

表 5-2 柜体信息表 cabinet

字段名称	字段	类型	长度	允许为空	主外键
cabinet					
ID	id	bigint	20	N	主
柜体名称	name	varchar	128	N	
柜体编号	code	varchar	128	N	
区域 ID	garden_id	int	11	N	外
柜体地址	addr	varchar	256	N	
柜体负责人	manager_uid	int	11	N	
经度	longitude	varchar	64	N	

续表

cabinet					
字段名称	字段	类型	长度	允许为空	主外键
纬度	latitude	varchar	22	N	
布局	layout	varchar	32	N	
状态	status	int	11	N	
创建人	create_user	int	11	N	
注册时间	create_time	datetime		N	
code：唯一索引					

3. 柜体格口表

柜体格口表主要用来保存柜体格口信息，表 cell 的结构见表 5-3。

表 5-3 柜体格口表 cell

cell					
字段名称	字段	类型	长度	允许为空	主外键
ID	id	bigint	20	N	主
柜体 ID	cabinet_id	varchar	128	N	外
格口编号	code	int	11	N	
格口类型	type	int	11	N	
描述	desc	varchar	128	N	
长	length	double		N	
宽	width	double		N	
高	height	double		N	
状态	status	int	11	N	

4. 订单表

订单表主要用来保存订单信息，表 order 的结构见表 5-4。

表 5-4 订单表 order

order					
字段名称	字段	类型	长度	允许为空	主外键
ID	id	bigint	20	N	主
运单号	exp_code	varchar	32	N	
开箱密码	open_code	varchar	32	N	
收件人手机号	consignee_phone	varchar	32	N	

续表

字段名称	字段	类型	长度	允许为空	主外键
投递员ID	courier_uid	int	11	N	外
格口ID	storage_id	int	11	N	外
柜体ID	storage_pid	int	11	N	外
入箱时间	in_time	datetime		N	
出箱时间	out_time	datetime		Y	
状态	status	int	11	N	

表头：order

5.7 服务端 API 接口说明

1. 用户登录

URL:http://101.200.89.170:9000/capp/login/normal

参数如下。
name［必选］：手机号，String 类型，如"13200000000"。
password［必选］：密码，String 类型，如"aaa111"。
返回的 JSON 字符串如下。

```
{
    "body": {
        "id": "100361",String 类型
        "name": "13200000000", String 类型
        "phone": "13200000000", String 类型
        "session": {
            "sid": "8479fe67be6010fb60bd54e580fef5d8", String 类型
        },
    },
"code": 0，int 类型
        0：登录成功
20000：登录被锁定，失败次数过多
        20001：用户不存在
        20005：密码验证错误
20016：该账户已被禁用
    "msg": "OK", String 类型
}
```

2. 获取注册时手机验证码

URL: http://101.200.89.170:9000 /capp/register/send_pcode

参数如下。

  phone [必选]：手机号，String 类型，如"13200000000"。

返回的 JSON 字符串如下。

```
{
    "code": 0, int 类型
        0：成功
20002：该手机号已经是近邻宝用户
        20015：该手机号已经被注册
    "msg": "OK", String 类型
}
```

3. 用户注册

URL: http://101.200.89.170:9000/capp/register/phone

参数如下。

  phone [必选]：手机号，String 类型，如"13200000000"。
  pcode [必选]：验证码，String 类型，如"000000"。
  password [必选]：密码，String 类型，如"aaa111"。

返回的 JSON 字符串如下。

```
{
    "code": 0, int 类型
    "msg": "OK", String 类型
}
```

4. 通过柜体编号查询柜体信息

URL: http://101.200.89.170:9002/capp/cabinet/info

参数如下。

  uid [必选]：登录用户 ID，String 类型。
  cabinet_code [必选]：快件箱编号，String 类型。

返回的 JSON 字符串如下。

```
{
    "code": 状态码, int 类型
        0：成功
        20000：柜体不存在
    "msg": 错误信息, String 类型
    "body":{
        "name": 柜体名称, String 类型
```

```
            "addr":柜体地址,String 类型
            "avail_cells":[
                {
                    "type":格口类型,int 类型
                        10901:大
                        10902:中
                        10903:小
                        10904:超小
                    "idle_count":空闲数,int 类型
                },
                {
                    "type":"格口类型",int 类型
                        10901:大
                        10902:中
                        10903:小
                        10904:超小,
                    "idle_count":"空闲数",int 类型
                },
                {
                    "type":"格口类型", int 类型
                        10901:大
                        10902:中
                        10903:小
                        10904:超小
                    "idle_count":"空闲数", int 类型
                }...
            ],
        }
}
```

5. 通过格口类型打开单个格口

URL: http://101.200.89.170:9002/capp/delivery/allocate_cell

参数如下。

  uid［必选］：快递员 ID，String 类型。

  cabinet_code［必选］：快件箱编号，String 类型。

  cell_type［必选］：格口类型，String 类型。

  exp_code［必选］：单号，String 类型。

  express_id［必选］：快递公司 ID，String 类型。

  consignee_phone［必选］：收件人手机号，String 类型。

返回的 JSON 字符串如下。

```
{
    "code":状态码,int 类型
          0：成功
          30002：余额不足
          15100：单号已存在
    "msg": "错误信息", String 类型
    "body":{
        "id": 格口 ID, String 类型
        "code": 格口编号, String 类型
        "type": 格口类型, String 类型
        "desc": 格口描述, String 类型
        "order_id": 运单 ID, String 类型
    }
}
```

6. 投递完成

URL: http://101.200.89.170:9002/capp/delivery/confirm

参数如下。

uid [必选]：快递员 ID, String 类型。

order_id [必选]：运单 ID, String 类型。

返回的 JSON 字符串如下。

```
{
    "code":状态码, int 类型
          0：成功
          15100：订单已存在
          10001：柜体无效
          10002：格口无效
    "msg": "错误信息", String 类型
}
```

7. 获取收件人所有订单（未取件列表）

URI: http://101.200.89.170:9002/sexp/order/all_list

参数如下。

uid [必选]：收件人 id, String 类型。

status [必选]：订单状态，1 未完成，2 完成，String 类型。

sid [必选]：会话 ID, String 类型。

返回的 JSON 字符串如下。

```
{
    "code":状态码, int 类型
          0:成功,
```

```
    "msg": 错误信息, String 类型
    "body": {
        "count": "总数", int 类型
        "order_list": [
            {
                "id": 订单号, String 类型
                "in_time": 入箱时间, String 类型
                "addr": 取件地址, String 类型
                "status": 订单状态
                "addr_info":{
                    'type': '存储类型',
                    'code': '柜体编号',
                    'addr': '详细地址信息',
                    'desc': '柜体格口描述',
                },
            },...
        ]
    }
}
```

8. 取回申请

URL: http://101.200.89.170:9002/capp/retrieve/apply

参数如下。

　　uid［必选］：用户唯一标识，String 类型。
　　order_id［必选］：快件 id，String 类型。
返回的 JSON 字符串如下。

```
{
    "code":状态码,int 类型
          0:成功,
          20001:用户不存在,
          10001:柜体无效,
          10002:格口无效,
          15101:订单不存在,
    "msg": 错误信息,String 类型
}
```

9. 取回检查

URL: http://101.200.89.170:9002 /capp/retrieve/check

参数如下。

　　uid［必选］：用户唯一标识，String 类型。

order_id［必选］：快件 id，String 类型。

返回的 JSON 字符串如下。

```
{
    "code":状态码, int 类型
          0:'成功',
          15101:'订单不存在',
    "msg": "错误信息", String 类型
    "body": {
        "is_retrieve": true/false
    }
}
```

10. 投递记录查询

URL：http://101.200.89.170:9002/capp/order/list

参数如下。

uid［必选］：用户唯一标识，String 类型。

orderby［可选］：排序规则 desc/asc，String 类型。

status［可选］：按照订单状态筛选，String 类型。

1：'已取走'

2：'未取件'

4：'滞留件'

5：'异常件'

6：'已取回'

cabid［可选］：按照已投递柜体 id 筛选，String 类型。

返回的 JSON 字符串如下。

```
{
    "code":状态码, int 类型
          0:'成功',
    "msg": "错误信息", String 类型
    "body": {
        'count':'总条数', int 类型
        'list':[
                'exp_code':'运单编号', String 类型
                'in_time':'投递时间', String 类型
                'status':'状态描述', String 类型
                'out_time':'已取走,取回时间', String 类型
        ]
    }
}
```

11. 快件详情

URL：http://101.200.89.170:9002/capp/order/detail

参数如下。
  uid［必选］：用户唯一标识，String 类型。
  order_id［必选］：快件 id ，String 类型。
返回的 JSON 字符串如下。

```
{
    "code":状态码, int 类型
            0:'成功',
            15101:'订单不存在',
    "msg":"错误信息",
    "body": {
        'exp_code':'运单编号', String 类型
        'consignee_phone':'收件人手机号码', String 类型
        'address':'存储位置', String 类型
        'status':'状态', int 类型
        'status_desc':'状态描述', String 类型
        'in_time':'投递时间', String 类型
        'out_time':'取件时间', String 类型
        'end_time':'到期时间', String 类型
        'expire_time':'超时时间', String 类型
    }
}
```

12. 获取全部格口状态

URL：http://101.200.89.170:9002/capp/cabinet/allcell_list

参数如下。
cabinet_code［必选］：快件箱编号，String 类型。
返回的 JSON 字符串如下。

```
{
    "code":状态码, int 类型
            0:"成功",
    "msg":"错误信息", String 类型
    "body":[
        {
            "code":"格口编号", int 类型
            "status":"格口状态", int 类型
                    11101: 空闲
                    11104: 预定
```

```
            "type":"格口类型", int 类型
                10901: 大
                10902: 中
                10903: 小
                10904: 超小
        },...
    ]
}
```

5.8 功能模块

在本书中主要对用户登录模块、用户注册模块、功能选择模块、快递员投递模块、投递记录模块、用户取件模块和格口信息查看模块等功能模块进行详细介绍,在每个模块中分为模块的界面设计和模块的逻辑设计两部分。在模块的界面设计中,会对实现该界面的布局文件进行介绍,在模块的逻辑设计中会对实现该模块功能的类的代码进行详细讲解。

注:学习本章节时,为了便于查看代码,请将名为"library"和"快递柜快递员(开发版)"的工程导入到 Eclipse 中。在导入工程前,请确保已经安装 Android 4.0(API 14)和 Android 4.1.2(API 16),如果没有安装,请参照 4.2.3 节进行安装。因为开发实训中所开发的移动端 APP 需要用到 PullToRefresh 库中的模块,所以在导入工程时需要先将 library 工程导入到 Eclipse 中(具体过程请参考 4.4 节),再将"快递柜快递员(开发版)"工程导入到 Eclipse 中(具体过程请参考 4.4 节),此过程顺序不要颠倒。

5.8.1 用户登录模块设计

相关源码文件:

位于"快递柜快递员(开发版)"工程,

文件夹 src/com. autobupt. smartbox 中 LoginActivity. java,

文件夹 res/layout 中 activity_login. xml。

登录模块界面设计如图 5.3 所示,在登录界面上方是 ImageView 用来展示图片(ImageView 控件本身是矩形的,此处图片是圆形、背景透明的),下方的灰色横线是用 View 画出的,账号和密码的输入框是 EditView(属性 android:hint = "请输入手机号"EditText 控件在无文本输入时显示"请输入手机号"的提示),下方的"登录""快速注册""忘记密码"都是 Button 控件,只是"登录"按钮的背景设为了白色,"快速注册""忘记密码"按钮的背景设为了透明。登录界面布局及详细解释见 activity_login. xml 文件代码。

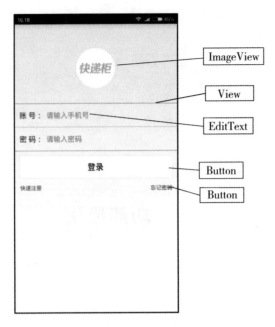

图5.3 登录模块界面

activity_login.xml 文件代码如下。

```xml
<LinearLayoutxmlns:android="http://schemas.android.com/apk/res/android"
xmlns:tools="http://schemas.android.com/tools"
android:layout_width="fill_parent"
android:layout_height="fill_parent"
android:orientation="vertical"
tools:context=".LoginActivity">

<!-- 定义一个LinearLayout 大小是100dp,作为界面上方的空白部分 -->

<LinearLayout
android:layout_width="match_parent"
android:layout_height="100dp">
</LinearLayout>
<!-- 定义一个横线颜色是#808080（深灰色），高度1dp -->

<View
android:layout_width="fill_parent"
android:layout_height="1dp"
android:background="#808080"/>

<LinearLayout
android:layout_width="fill_parent"
android:layout_height="50dp"
android:orientation="horizontal">
```

```xml
<!--
下方代码解释
        android:layout_gravity = "center_vertical" 控件位置为垂直居中（只对Lin-
earLayout 中
            水平布局中的控件有效）
        android:layout_marginLeft = "10dp" 该控件与左边有10dp 的间隔
        -->
<TextView
    android:layout_width = "wrap_content"
    android:layout_height = "wrap_content"
    android:layout_gravity = "center_vertical"
    android:layout_marginLeft = "10dp"
    android:text = "账号："
    android:textSize = "16sp"/>
<!--
下方代码解释
android:background = "@null" EditText 控件默认背景是有边框的，该代码设置EditText 控
件为无边框状态
android:hint = "请输入手机号" EditText 控件在无文本输入时显示"请输入手机号"的提示
        -->
<EditText
    android:id = "@+id/et_login_username"
    android:layout_width = "fill_parent"
    android:layout_height = "wrap_content"
    android:layout_gravity = "center_vertical"
    android:layout_marginLeft = "8dp"
    android:background = "@null"
    android:hint = "请输入手机号"
    android:textSize = "16sp"/>
</LinearLayout>
<!-- 定义一个横线颜色是#bfbfbf（浅灰色），高度1dp -->
<View
    android:layout_width = "fill_parent"
    android:layout_height = "1dp"
    android:background = "#bfbfbf"/>
<LinearLayout
    android:layout_width = "fill_parent"
    android:layout_height = "50dp"
    android:orientation = "horizontal" >
    <TextView
        android:layout_width = "wrap_content"
```

```xml
        android:layout_height = "wrap_content"
        android:layout_gravity = "center_vertical"
        android:layout_marginLeft = "10dp"
        android:text = "密码:"
        android:textSize = "16sp"/>
    <!--
    下方代码解释
             android:password = "true" 设置该文本框是一个密码框（以点代替字符）
        -->

    <EditText
        android:id = "@+id/et_login_password"
        android:layout_width = "fill_parent"
        android:layout_height = "wrap_content"
        android:layout_gravity = "center_vertical"
        android:layout_marginLeft = "8dp"
        android:background = "@null"
        android:hint = "请输入密码"
        android:password = "true"
        android:textSize = "16sp"/>
</LinearLayout>

<View
    android:layout_width = "fill_parent"
    android:layout_height = "1dp"
    android:background = "#808080"/>
<!--
下方代码解释
android:background = "@drawable/bigbtn_stroke" 设置该 Button 的背景属性为 bigbtn_stroke,
    bigbtn_stroke 是作者定义的 Button 样式, 为白色有边框的 Button
    详情请见工程目录 res\drawable-hdpi\bigbtn_stroke.xml 文件
    -->

<Button
    android:id = "@+id/btn_login_yes"
    android:layout_width = "fill_parent"
    android:layout_height = "wrap_content"
    android:layout_margin = "10dp"
    android:background = "@drawable/bigbtn_stroke"
    android:text = "登录"/>

<RelativeLayout
    android:layout_width = "fill_parent"
    android:layout_height = "20dp" >
```

```xml
<!--
    下方代码解释
    该 Button 是在 RelativeLayout 中
    android:layout_alignParentLeft = "true" 设置该 Button 位于父控件的左侧
    android:layout_margin = "3dp" 设置该 Button 周围边距为 3dp
    android:background = "@android:color/transparent" 设置该 Button 控件是透明的
    android:textColor = "#003399"设置该控件字体颜色为#003399（深蓝色）
-->

<Button
android:id = "@+id/btn_login_register"
android:layout_width = "wrap_content"
android:layout_height = "wrap_content"
android:layout_alignParentLeft = "true"
android:layout_margin = "3dp"
android:background = "@android:color/transparent"
android:text = "快速注册"
android:textColor = "#003399"
android:textSize = "10sp"/>
<!--
    下方代码解释
    该 Button 是在 RelativeLayout 中
    android:layout_alignParentRight = "true" 设置该 Button 位于父控件的右侧
    android:layout_margin = "3dp" 设置该 Button 周围边距为 3dp
    android:background = "@android:color/transparent" 设置该 Button 控件是透明的
    android:textColor = "#003399"设置该控件字体颜色为#003399（深蓝色）
-->

<Button
android:id = "@+id/btn_login_resetpwd"
android:layout_width = "wrap_content"
android:layout_height = "wrap_content"
android:layout_alignParentRight = "true"
android:layout_margin = "3dp"
android:background = "@android:color/transparent"
android:text = "忘记密码"
android:textColor = "#003399"
android:textSize = "10sp"/>
</RelativeLayout>

</LinearLayout>
```

用户登录时手机号和密码验证与界面跳转代码设计流程如图 5.4 所示。首先为"登录"按钮绑定单击监听器(OnClickListener)，当用户输入完手机号、密码后，单击"登录"按钮时，就会触发 onClick 方法。onClick 方法中需要先判断手机号格式是否正确(第一个数字为 1、长度为 11 位），如果不正确，弹出 Toast 提示；如果正确，判断当前网络是否可用，如果网络不可用，则弹出 Toast 提示当前网络不可用；如果网络可用，调用 invokeLoginAPI 方法，调用 API 与服务器交换数据，返回并解析 JSON 字符串，得到 code 状态码，如果 code 为 0，说明登录成功，同时创建 Intent 跳转到功能选择界面，如果 code 为其他的值，则弹出 Toast 提示相应的错误信息。

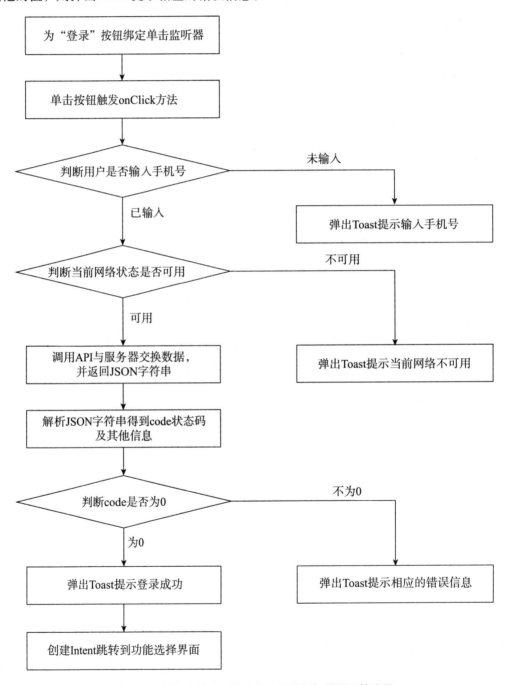

图 5.4　用户登录时手机号和密码验证与界面跳转流程

主要实现代码如下。

```java
// 在布局文件中捕获 Id 为 btn_login_yes 的 Button 控件,并创建 Button 控件实例
btn_login_yes = (Button) findViewById(R.id.btn_login_yes);
// 为 btn_login_yes（Button 控件）绑定单击监听器
btn_login_yes.setOnClickListener(new OnClickListener() {

    @Override
    public void onClick(View v) {
        str_name = et_login_username.getText().toString().trim();
        str_pwd = et_login_password.getText().toString().trim();
        // 提取输入手机号的第一位字符,并将其转成 String
        String s = str_name.charAt(0) + "";
        //验证手机号格式,要求首字母为1,长度11位
        if (str_name.length()! =11 ||! s.equals("1"))
        {Toast.makeText(LoginActivity.this, "手机号格式不正确,请重新输入", Toast.LENGTH_LONG).show();} else {
            if (! NetworkUtil.isNetworkAvailable(LoginActivity.this)) {
                // 网络不可用
                Toast.makeText(LoginActivity.this, "访问服务器失败,请检查网络", Toast.LENGTH_LONG).show();} else {
                // 用 MyJsonParser 类中的 parserForLoginNormal() 方法解析 JSON 字符串
                // 返回实体类 LoginInfo
                // parserForLoginNormal() 方法详情请见 MyJsonParser.class
                str_json = invokeLoginAPI();// 调用 LoginAPI,服务器返回 JSON 字符串
                loginInfo = new MyJsonParser(str_json).parserForLoginNormal();
                switch (loginInfo.getCode()) {
                case 0:
                    Toast.makeText(LoginActivity.this, "登录成功", Toast.LENGTH_LONG).show();
                    GlobalData.setUid(loginInfo.getId());
                    //创建一个 Intent 实例,该 Intent 主要实现从该 Activity 到 ChooseFunctionActivity 的跳转
                    Intent it_toChoFuncActivity = new Intent(LoginActivity.this, ChooseFunctionActivity.class);
                    // startActivity方法激活该 Intent 实现跳转
                    startActivity(it_toChoFuncActivity);
                    break;
                case 20000:
                    Toast.makeText(LoginActivity.this, "登录被锁定,失败次数过多", Toast.LENGTH_LONG).show();
                    break;
                case 20001:
                    Toast.makeText(LoginActivity.this, "用户不存在", Toast.LENGTH_LONG).show();
                    break;
                case 20005:
                    Toast.makeText(LoginActivity.this, "密码验证错误", Toast.LENGTH_LONG).show();
```

```
        break;
    case 20016:
        Toast.makeText(LoginActivity.this,"该账户已被禁用",Toast.LENGTH_LONG).show
();
        break;
    }
  }
 }
});
```

更多代码详情请见 LoginActivity.java 文件。

5.8.2　用户注册模块设计

相关源码文件:

位于"快递柜快递员（开发版）"工程,

文件夹 src/com. autobupt. smartbox 中 RegisterActivity. java,

文件夹 res/layout 中 activity_register. xml。

用户注册界面如图 5.5 所示。在用户注册界面中,灰色横线是用 View 画出的,手机号、验证码和密码的输入框是 EditView（属性 android:hint = "请输入手机号" EditText 控件在无文本输入时显示"请输入手机号"的提示）,"获取验证码""注册"按钮使用 Button 控件,"获取验证码"按钮背景设置为灰色,字体设为白色,"注册"按钮的背景设为白色。注册界面布局及详细解释见 activity_register. xml 文件代码。

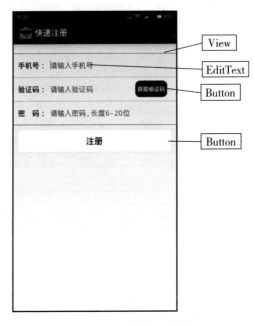

图 5.5　用户注册界面

activity_register.xml 文件代码如下。

```xml
<?xmlversion = "1.0"encoding = "utf-8"?>
<LinearLayoutxmlns:android = "http://schemas.android.com/apk/res/android"
android:layout_width = "match_parent"
android:layout_height = "match_parent"
android:orientation = "vertical" >

<!-- 创建一条横线高度为1dp、颜色为#808080（深灰色），且与顶部有20dp间隔 -->
<View
android:layout_width = "fill_parent"
android:layout_height = "1dp"
android:layout_marginTop = "20dp"
android:background = "#808080"/ >

<LinearLayout
android:layout_width = "fill_parent"
android:layout_height = "50dp"
android:orientation = "horizontal" >

<!--
下方代码解释
android:layout_gravity = "center_vertical" 控件位置为垂直居中（只对 LinearLayout 中的水平布局中的控件有效）
android:layout_marginLeft = "10dp" 该控件与左边有10dp 的间隔
      -->

<TextView
android:layout_width = "wrap_content"
android:layout_height = "wrap_content"
android:layout_gravity = "center_vertical"
android:layout_marginLeft = "10dp"
android:text = "手机号："
android:textSize = "16sp"/ >
<!--
     下方代码解释
android:digits = "1234567890" 设置该 EditView 控件编辑时只能输入0~9 的数字
android:background = "@null" EditText 控件默认背景是有边框的，该代码设置 EditText 控件为无边框状态
android:maxLength = "11" 设置该 EditView 控件编辑时最大输入位数为11，仅可以输入11个汉字/数字/英文字母
    android:hint = "请输入手机号" EditText 控件在无文本输入时显示"请输入手机号"的提示
      -->

<EditText
android:id = "@+id/et_register_tel"
android:layout_width = "fill_parent"
android:layout_height = "wrap_content"
```

```xml
            android:layout_gravity = "center_vertical"
            android:layout_marginLeft = "8dp"
            android:background = "@null"
            android:digits = "1234567890"
            android:hint = "请输入手机号"
            android:maxLength = "11"
            android:textSize = "16sp"/>
    </LinearLayout>

    <!-- 创建一条横线高度为1dp、颜色为#bfbfbf（浅灰色） -->

    <View
        android:layout_width = "fill_parent"
        android:layout_height = "1dp"
        android:background = "#bfbfbf"/>

    <LinearLayout
        android:layout_width = "fill_parent"
        android:layout_height = "50dp"
        android:orientation = "horizontal" >

        <TextView
            android:layout_width = "wrap_content"
            android:layout_height = "wrap_content"
            android:layout_gravity = "center_vertical"
            android:layout_marginLeft = "10dp"
            android:text = "验证码："
            android:textSize = "16sp"/>

        <EditText
            android:id = "@+id/et_register_vercode"
            android:layout_width = "wrap_content"
            android:layout_height = "wrap_content"
            android:layout_gravity = "center_vertical"
            android:layout_marginLeft = "8dp"
            android:background = "@null"
            android:digits = "1234567890"
            android:hint = "请输入验证码"
            android:maxLength = "6"
            android:textSize = "16sp"/>

        <RelativeLayout
            android:layout_width = "fill_parent"
            android:layout_height = "35dp"
            android:layout_gravity = "center_vertical" >

            <!--
                        下方代码解释
                        该Button控件位于RelativeLayout中
```

```
        android:layout_alignParentRight = "true" 设置该 Button 控件位于父控件的最右侧
        android:layout_marginRight = "20dp" 设置该 Button 控件与右侧有 10dp 距离
        android:textColor = "#ffffff" 设置字体颜色为白色
        android:background = "@drawable/btn_getvercode" 设置该 Button 控件背景属性为 btn_
getvercode,btn_getvercode 是作者定义的 Button 样式，为深灰色有边框圆角的 Button，详情请
见工程目录 res\drawable-hdpi\btn_getvercode.xml 文件
        -->

    <Button
    android:id = "@+id/btn_register_getvercode"
    android:layout_width = "70dp"
    android:layout_height = "fill_parent"
    android:layout_alignParentRight = "true"
    android:layout_marginRight = "20dp"
    android:background = "@drawable/btn_getvercode"
    android:text = "获取验证码"
    android:textColor = "#ffffff"
    android:textSize = "12sp"/ >
    </RelativeLayout >
</LinearLayout >

<View
android:layout_width = "fill_parent"
android:layout_height = "1dp"
android:background = "#bfbfbf"/ >

<LinearLayout
android:layout_width = "fill_parent"
android:layout_height = "50dp"
android:orientation = "horizontal" >

<TextView
android:layout_width = "wrap_content"
android:layout_height = "wrap_content"
android:layout_gravity = "center_vertical"
android:layout_marginLeft = "10dp"
android:text = "密码："
android:textSize = "16sp"/ >
<!--
        下方代码解释
android:password = "true" 设置该文本框是一个密码框（以点代替字符）
        -->

<EditText
android:id = "@+id/et_register_pwd"
android:layout_width = "fill_parent"
android:layout_height = "wrap_content"
android:layout_gravity = "center_vertical"
```

```xml
            android:layout_marginLeft = "8dp"
            android:background = "@null"
            android:hint = "请输入密码,长度6-20位"
            android:password = "true"
            android:textSize = "16sp"/>
    </LinearLayout>

    <View
        android:layout_width = "fill_parent"
        android:layout_height = "1dp"
        android:background = "#808080"/>

    <!--
    下方代码解释
    android:background = "@drawable/bigbtn_stroke" 设置该Button的背景属性bigbtn_stroke,bigbtn_stroke是作者定义的Button样式,为白色有边框的Button,详情请见工程目录res\drawable-hdpi\bigbtn_stroke.xml文件
    -->

    <Button
        android:id = "@+id/btn_register_yes"
        android:layout_width = "fill_parent"
        android:layout_height = "wrap_content"
        android:layout_margin = "10dp"
        android:background = "@drawable/btn_white"
        android:text = "注册"/>

</LinearLayout>
```

用户登录模块的逻辑设计重点详解如下。

1. 验证码按钮倒计时的实现

验证码倒计时效果如图 5.6 所示。在这里,我们自己设计一个工具类,将其命名 TimeCount.java,让它继承 CountDownTimer 类(由系统提供)。CountDownTimer 类中有两个非常重要的抽象方法用于帮助我们实现倒计时功能,它们是 onFinish() 和 onTick(long millisUntilFinished),在 TimeCount 中我们需要重写这两个抽象方法。

TimeCount.java 文件代码如下。

```java
package com.autobupt.utils;

import android.os.CountDownTimer;
import android.widget.Button;

public class TimeCount extends CountDownTimer {
    private Button btn;
    /* 在构造方法中有三个参数
        @param millisInFuture 倒计时时间
        @param countDownInterval 计时间隔
```

```
    @param btn 绑定的按钮
 */
public TimeCount(long millisInFuture, long countDownInterval,Button btn) {
super(millisInFuture, countDownInterval);//将参数传给父类 CountDownTimer
this.btn = btn;
}

@Override
public void onFinish() {
// 计时完毕时，将按钮设为可以单击
btn.setText("获取验证码");
btn.setClickable(true);
}

@Override
public void onTick(long millisUntilFinished) {
// 在计时过程中，将按钮设为不可单击，并且显示剩余时间
btn.setClickable(false);// 防止重复单击
btn.setText(millisUntilFinished / 1000 + "秒后 \n 重新获取");
}
}
```

图 5.6　验证码倒计时

代码设计流程如图 5.7 所示。在先通过 ID 获取发送验证码按钮，然后创建 TimeCount 实例并设置倒计时时间 60 秒、计时间隔 1 秒，并绑定发送验证码按钮。为发送验证码按钮绑定单击监听器，当用户单击按钮时首先判断是否输入了手机号。如果没有输入手机号，则弹出提示；如果已经输入了手机号，判断当前网络是否可用。如果网络可用，则调用服务器 API 与服务器交换数据，返回并解析 JSON 字符串信息，获得 code 状态码。如果 code 为 0，则调用 start 方法使发送验证码按钮进入倒计时状态，如果 code 不为 0，则弹出相应的错误信息。如果网络不可用，则弹出提示当前网络不可用。

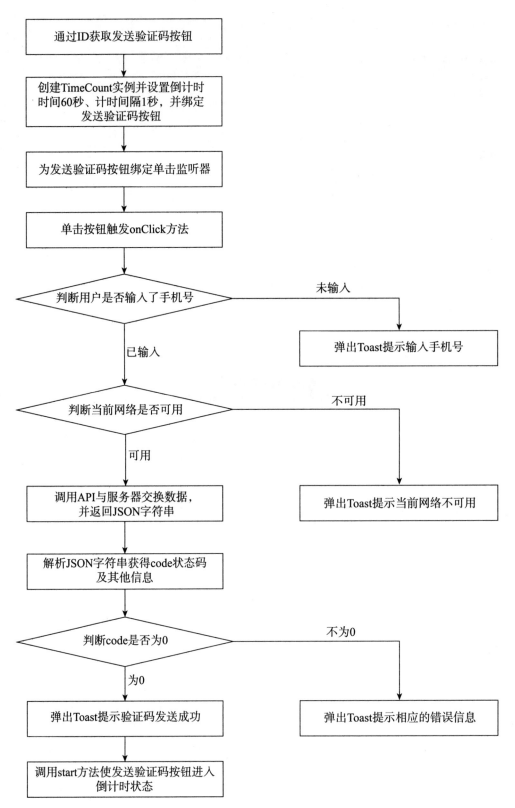

图5.7　验证码按钮倒计时代码设计流程

主要实现代码如下。

```java
TimeCount time;
Button btn_register_getvercode;
// 通过 ID 获取发送验证码按钮
btn_register_getvercode = (Button) findViewById(R.id.btn_register_getvercode);
// 创建 TimeCount 实例,并设置倒计时时间 60 秒、计时间隔 1 秒,绑定 btn_register
_getvercode
time = new TimeCount(60 * 1000, 1000, btn_register_getvercode);
// 为 btn_register_getvercode 绑定单击监听器
btn_register_getvercode.setOnClickListener(new OnClickListener() {

    @Override
    public void onClick(View v) {
        // 调用注册发送验证码方法
        str_phone = et_register_tel.getText().toString().trim();
        if (str_phone.equals("")) {
            Toast.makeText(RegisterActivity.this, "请输入手机号",
                Toast.LENGTH_LONG).show();
        } else {
            if (! NetworkUtil.isNetworkAvailable(RegisterActivity.this)) {
                Toast.makeText(RegisterActivity.this, "访问服务器失败,请检查网络",
                    Toast.LENGTH_LONG).show();
            } else {
                // 调用服务器 API,与服务器交换数据,返回 JSON 字符串
                str_json1 = invokeRegisterSendVercodeAPI();
                // 解析服务器返回的 JSON 字符串信息
                vercodeInfo = new MyJsonParser(str_json1).parserForRegisterSendVercode();
                switch (vercodeInfo.getCode()) {
                case 0:
                    Toast.makeText(RegisterActivity.this, "发送成功",Toast.LENGTH_LONG).show();
                    time.start();// 开始计时
                    break;
                case 20002:
                    Toast.makeText(RegisterActivity.this,"该手机号已经是注册用户", Toast.LENGTH_LONG).show();
                    break;
                case 20015:
                    Toast.makeText(RegisterActivity.this,"该手机号在快递员 APP 已经被注册", Toast.LENGTH_LONG).show();
                    break;
                }
            }
        }
    }
});
```

2. 确认注册的实现

代码设计流程如图 5.8 所示。先通过 ID 获取注册按钮，为注册按钮绑定单击监听器（OnClickListener），当用户输入完手机号、验证码、密码并单击"注册"按钮时，就会触发 onClick 方法。在 onClick 方法中，首先要检查是否输入了手机号、验证码和密码，如果有未输入的项目会弹出相应的提示，如果没有未输入的项目就会执行后面的功能。然后判

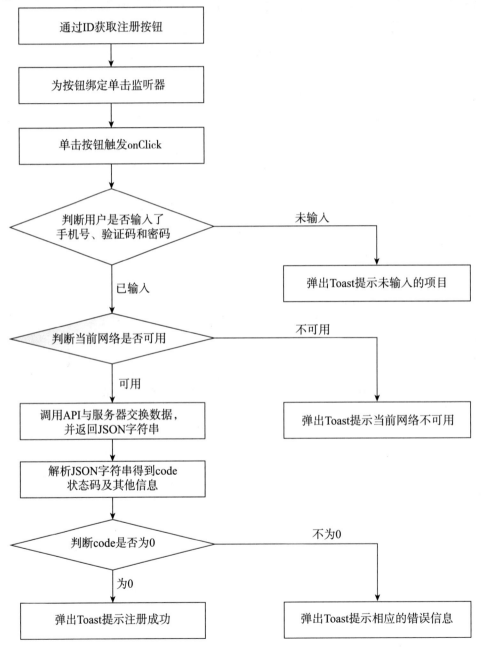

图 5.8　确认注册按钮代码设计流程

断当前网络是否可用，如果网络可用则调用服务器 API 与服务器交换数据，服务器返回并解析 JSON 字符串，获得 code 状态码。如果 code 为 0 则注册成功，如果 code 为其他值则提示相应的错误信息。如果网络不可用，则弹出 Toast 提示网络不可用。

主要实现代码如下。

```java
btn_register_yes = (Button) findViewById(R.id.btn_register_yes);
btn_register_yes.setOnClickListener(new OnClickListener() {

    @Override
    public void onClick(View v) {
        str_phone = et_register_tel.getText().toString().trim();
        str_vercode = et_register_vercode.getText().toString().trim();
        str_pwd = et_register_pwd.getText().toString().trim();
        //如果手机号、验证码、密码不为空时执行
        if (! str_phone.equals("") && ! str_vercode.equals("") && ! str_pwd.equals("")) {
            if (! NetworkUtil.isNetworkAvailable(RegisterActivity.this)) {
                Toast.makeText(RegisterActivity.this, "访问服务器失败,请检查网络",Toast.LENGTH_LONG).show();
            } else {
                str_json2 = invokeRegisterAPI();// 调用服务器 API，服务器返回 JSON 字符串
                registerInfo = new MyJsonParser(str_json2)
                .parserForRegisterPhone();
                //解析 JSON 字符串
                //判断解析后的 code 状态码
                switch (registerInfo.getCode()) {
                case 0:
                    Toast.makeText(RegisterActivity.this, "注册成功",Toast.LENGTH_LONG).show();
                    break;
                case 20000:
                    Toast.makeText(RegisterActivity.this, "用户已存在",Toast.LENGTH_LONG).show();
                    break;
                case 20005:
                    Toast.makeText(RegisterActivity.this, "密码无效",Toast.LENGTH_LONG).show();
                    break;
                case 20007:
                    Toast.makeText(RegisterActivity.this, "手机号无效",Toast.LENGTH_LONG).show();
                    break;
                case 20010:
                    Toast.makeText(RegisterActivity.this, "验证码错误",Toast.LENGTH_LONG).show();
                    break;
                }
            }
        } else {
```

```
                if (str_phone.equals("")) {
                    Toast.makeText(RegisterActivity.this,"请输入手机号",Toast.LENGTH_LONG).show();
                } else {
                    if (str_vercode.equals("")) {
                        Toast.makeText(RegisterActivity.this,"请输入验证码",Toast.LENGTH_LONG).show();
                    } else {
                        if (str_pwd.equals("")) {
                            Toast.makeText(RegisterActivity.this,"请输入密码",Toast.LENGTH_LONG).show();
                        }
                    }
                }
            }
        });
```

更多代码详情请见 RegisterActivity.java 文件。

5.8.3 功能选择模块设计

相关源码文件:

位于"快递柜快递员（开发版）"工程，

文件夹 src/com.autobupt.smartbox 中 ChooseFunctionActivity.java，

文件夹 res/layout 中 activity_choosefunction.xml。

功能选择界面如图 5.9 所示。该界面的总布局使用了 RelativeLayout，这样设置的主要

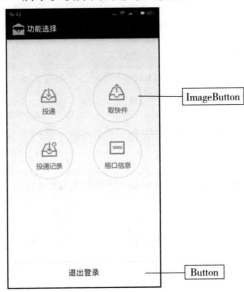

图 5.9 功能选择界面

目的是方便将"退出登录"按钮放置在界面的底部。在界面的上方使用四个 ImageButton 控件，每两个 ImageButton 作为一组放在一个 LinearLayout(横向)中，并将每个 ImageButton 中的 weight 属性设为1，则在每一行中两个 ImageButton 各占屏幕总宽度一半(此处还设置了边距)。在界面的底部是一个 Button 控件，将 layout_alignParentBottom 属性设为 true 即可。界面布局的其他细节请见 activity_choosefuntion.xml 文件代码。

activity_choosefuntion.xml 文件代码如下。

```xml
<?xmlversion="1.0"encoding="utf-8"?>
<!-- 该界面的最外部为 RelativeLayout,这样设置的主要目的是方便将"退出登录"按钮放置在界面的底部
    -->
<RelativeLayoutxmlns:android="http://schemas.android.com/apk/res/android"
android:layout_width="match_parent"
android:layout_height="match_parent">

<!-- 在最外部的 RelativeLayout 中嵌套着一个较大的 LinearLayout,这个 LinearLayout 中包含着除退出登录按钮以外的所有控件 -->
<LinearLayout
android:layout_width="fill_parent"
android:layout_height="fill_parent"
android:orientation="vertical">

<LinearLayout
android:layout_width="fill_parent"
android:layout_height="wrap_content"
android:layout_marginTop="80dp"
android:layout_gravity="center_vertical"
android:orientation="horizontal">

<!--
                下方代码解释
                    在一个水平方向的 LinearLayout 中创建了两个 ImageButton
android:layout_marginLeft="18dp" 第一个 ImageButton 与左边有18dp 的距离
android:layout_marginRight="18dp" 第二个 ImageButton 与右边有18dp 的距离
android:layout_weight="1" 布局权重为1,两个 ImageButton 都设置了该属性,在水平方向上两个 ImageButton 各占父控件的一半大小
android:background="@android:color/transparent" 设置背景透明
android:src="@drawable/delivery" 设置背景图片
    -->

<ImageButton
android:id="@+id/btn_choosefunc_delivery"
android:layout_width="wrap_content"
android:layout_height="wrap_content"
```

```xml
        android:layout_marginLeft = "18dp"
        android:layout_weight = "1"
        android:background = "@android:color/transparent"
        android:src = "@drawable/delivery"/ >

    < ImageButton
        android:id = "@+ id/btn_choosefunc_getexp"
        android:layout_width = "wrap_content"
        android:layout_height = "wrap_content"
        android:layout_marginRight = "18dp"
        android:layout_weight = "1"
        android:background = "@android:color/transparent"
        android:src = "@drawable/get_express"/ >
</LinearLayout >

< LinearLayout
    android:layout_width = "fill_parent"
    android:layout_height = "wrap_content"
    android:layout_marginTop = "10dp"
    android:orientation = "horizontal" >

    < ImageButton
        android:id = "@+ id/btn_choosefunc_delivery_rec"
        android:layout_width = "wrap_content"
        android:layout_height = "wrap_content"
        android:layout_marginLeft = "18dp"
        android:layout_weight = "1"
        android:background = "@android:color/transparent"
        android:src = "@drawable/delivery_record"/ >

    < ImageButton
        android:id = "@+ id/btn_choosefunc_cellinfo"
        android:layout_width = "wrap_content"
        android:layout_height = "wrap_content"
        android:layout_marginRight = "18dp"
        android:layout_weight = "1"
        android:background = "@android:color/transparent"
        android:src = "@drawable/cell_info"/ >
</LinearLayout >
</LinearLayout >

<!--
下方代码解释
该 Button 控件位于 RelativeLayout 中
android:layout_alignParentBottom = "true" 设置该 Button 控件位于父控件底部
android:background = "@drawable/btn_white" 设置该 Button 的背景属性为 btn_white,
btn_white 是作者定义的 Button 样式,为白色有边框的 Button,详情请见工程目录 res\drawable-hdpi\btn_white.xml 文件
```

```xml
         android:textColor = "#cc0000" 设置字体颜色为#cc0000（红色）
         -->

    <Button
     android:id = "@+ id/btn_choosefunc_quitlogin"
     android:layout_width = "fill_parent"
     android:layout_height = "wrap_content"
     android:layout_alignParentBottom = "true"
     android:layout_margin = "10dp"
     android:background = "@drawable/btn_white"
     android:text = "退出登录"
     android:textColor = "#cc0000"/ >

</RelativeLayout >
```

功能选择模块的主要设计目的是为提供用户选择执行的功能后的界面跳转，而界面跳转主要是靠 Intent 实现的。

主要实现代码如下（以其中一个 ImageButton 为例）。

```java
// 绑定 Id 为 btn_choosefunc_delivery 的 ImageButton 控件实例
btn_choosefunc_delivery = (ImageButton) findViewById(R.id.btn_choosefunc_delivery);
// 为 btn_choosefunc_delivery（ImageButton 控件）设置单击监听器
btn_choosefunc_delivery.setOnClickListener(new OnClickListener() {
    @Override
    public void onClick(View v) {
        // 单击该 ImageButton 时就会创建一个 Intent 实例，该 Intent 主要实现从该 Activity 到 InputCabNumActivity 的跳转
        Intent it_toInputCabNumActivity = new Intent(ChooseFunctionActivity.this, InputCabNumActivity.class);
        // startActivity 方法激活该 Intent 实现跳转
        startActivity(it_toInputCabNumActivity);
    }
});
```

更多代码详情请见 ChooseFunctionActivity. java 文件。

5.8.4 快递员投递模块设计

相关源码文件：
位于"快递柜快递员（开发版）"工程，
文件夹 src/com. autobupt. smartbox 中 InputCabNumActivity. java,
文件夹 src/com. autobupt. smartbox 中 DeliveryActivity. java,
文件夹 src/com. autobupt. smartbox 中 DeliveryConfirmActivity. java,

文件夹 res/layout 中 activity_inputcabnum.xml，
文件夹 res/layout 中 activity_delivery.xml，
文件夹 res/layout 中 activity_delivery_confirm.xml。

投递模块界面如图 5.10 至图 5.12 所示。投递界面(1)提供给用户一个柜体编号的输入框，表示要在该柜体中投递快件。此界面实现起来非常简单，这里不再赘述(更多详情请见 activity_inputcabnum.xml 文件代码)。

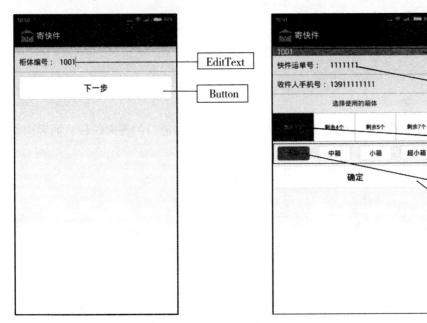

图 5.10　投递界面(1)　　　　　图 5.11　投递界面(2)

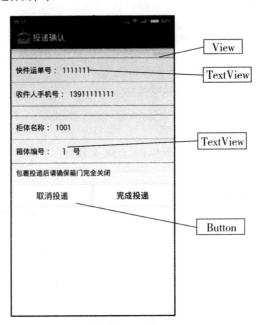

图 5.12　投递界面(3)

投递界面(2)的实现看起来会复杂一些,在投递界面(2)的最上方的灰色矩形条中显示有柜体编号,这实际上是在 LinearLayout 中放置了 TextView 控件,只是将 LinearLayout 的背景设置成了灰色。下方选择箱体的按钮,是使用 RadioGroup 和 RadioButton 来实现的,因为我们选择箱体类型时每次只能选择一种,非常符合 RadioGroup 和 RadioButton 的特点。但是在这里用的 RadioButton 看起来和在 Android 基础篇中讲到的 RadioButton 不太一样,因为原始的 RadioButton 前面有一个选中圆圈(如 ● 红色),而在这里的 RadioButton 没有选中圆圈,选中时 RadioButton 颜色会发生改变。使用了 XML 属性 button = "@ null" 去掉 RadioButton 默认的风格,并且使用了自定义背景,用来定义选中后的背景颜色(详情请见 radiobtn.xml 文件代码)。上方 TextView 文字颜色和背景颜色的改变是在 Java 代码中实现的,在后面的投递模块的逻辑设计重点详解中会有讲解。

投递界面(3)的实现也是相对比较容易的,比较特殊的是箱体编号这一栏数字的字体大小设置的较大,并且颜色设置成了红色。

投递模块布局文件如下。

activity_inputcabnum.xml 文件代码如下。

```xml
<?xmlversion = "1.0"encoding = "utf-8"?>
<LinearLayoutxmlns:android = "http://schemas.android.com/apk/res/android"
android:layout_width = "match_parent"
android:layout_height = "match_parent"
android:orientation = "vertical">

<!-- 创建一个横线,颜色为#bfbfbf(浅灰色)、高度为1dp -->

<View
android:layout_width = "fill_parent"
android:layout_height = "1dp"
android:layout_marginTop = "10dp"
android:background = "#bfbfbf"/>

<LinearLayout
android:layout_width = "fill_parent"
android:layout_height = "wrap_content"
android:layout_gravity = "center_vertical"
android:orientation = "horizontal">

<!--
下方代码解释
android:layout_gravity = "center_vertical" 控件位置为垂直居中(只对 LinearLayout 中的水平布局中的控件有效)
android:layout_margin = "10dp" 该控件与四周有10dp 的间隔
-->

<TextView
android:layout_width = "wrap_content"
android:layout_height = "wrap_content"
android:layout_gravity = "center_vertical"
```

```
        android:layout_margin="10dp"
        android:text="柜体编号："
        android:textSize="16sp"/>
    <!--
    下方代码解释
    android:background="@null" EditText 控件默认背景是有边框的，该代码设置 EditText 控件为无边框状态
    android:hint="请输入柜体编号" EditText 控件在无文本输入时显示"请输入柜体编号"的提示
        -->

    <EditText
        android:id="@+id/et_inputcabnum_cabnum"
        android:layout_width="fill_parent"
        android:layout_height="wrap_content"
        android:layout_gravity="center_vertical"
        android:background="@null"
        android:hint="请输入柜体编号"
        android:textSize="16sp"/>
</LinearLayout>

<View
    android:layout_width="fill_parent"
    android:layout_height="1dp"
    android:background="#bfbfbf"/>

<!--
下方代码解释
android:background="@drawable/btn_white" 设置该 Button 的背景属性为 btn_white，btn_white 是作者定义的 Button 样式，为白色有边框的 Button，详情请见工程目录 res\drawable-hdpi\btn_white.xml 文件
    -->

<Button
    android:id="@+id/btn_inputcabnum_ok"
    android:layout_width="fill_parent"
    android:layout_height="wrap_content"
    android:layout_margin="10dp"
    android:background="@drawable/btn_white"
    android:text="下一步"/>

</LinearLayout>
```

activity_delivery.xml 文件代码。

```
<?xml version="1.0" encoding="utf-8"?>
<LinearLayout xmlns:android="http://schemas.android.com/apk/res/android"
    android:layout_width="match_parent"
    android:layout_height="match_parent"
    android:orientation="vertical">
```

```xml
<!-- 创建一个条状灰色框,用来显示智能快递柜体号 -->
<LinearLayout
    android:layout_width = "fill_parent"
    android:layout_height = "wrap_content"
    android:background = "#808080" >

    <TextView
        android:id = "@+id/tv_delivery_cab"
        android:layout_width = "wrap_content"
        android:layout_height = "20dp"
        android:layout_marginLeft = "10dp"
        android:textColor = "#ffffff"
        android:textSize = "16sp"/>
</LinearLayout>

<LinearLayout
    android:layout_width = "fill_parent"
    android:layout_height = "40dp"
    android:orientation = "horizontal" >

    <TextView
        android:layout_width = "wrap_content"
        android:layout_height = "wrap_content"
        android:layout_gravity = "center_vertical"
        android:layout_marginLeft = "10dp"
        android:text = "快件运单号:      "
        android:textSize = "16sp"/>

    <EditText
        android:id = "@+id/et_sendexp_expnum"
        android:layout_width = "fill_parent"
        android:layout_height = "wrap_content"
        android:layout_gravity = "center_vertical"
        android:background = "@null"
        android:hint = "请输入运单号 "
        android:textSize = "16sp"/>
</LinearLayout>

<View
    android:layout_width = "fill_parent"
    android:layout_height = "1dp"
    android:background = "#bfbfbf"/>

<LinearLayout
    android:layout_width = "fill_parent"
    android:layout_height = "40dp"
    android:orientation = "horizontal" >
```

```xml
<TextView
    android:layout_width="wrap_content"
    android:layout_height="wrap_content"
    android:layout_gravity="center_vertical"
    android:layout_marginLeft="10dp"
    android:text="收件人手机号："
    android:textSize="16sp"/>

<EditText
    android:id="@+id/et_sendexp_rectel"
    android:layout_width="fill_parent"
    android:layout_height="wrap_content"
    android:layout_gravity="center_vertical"
    android:background="@null"
    android:maxLength="11"
    android:inputType="phone"
    android:digits="0123456789"
    android:hint="请输入收件人手机号并核对"
    android:textSize="16sp"/>
</LinearLayout>

<View
    android:layout_width="fill_parent"
    android:layout_height="1dp"
    android:background="#bfbfbf"/>

<TextView
    android:layout_width="fill_parent"
    android:layout_height="40dp"
    android:gravity="center"
    android:text="选择使用的箱体"
    android:textSize="14dp"/>

<View
    android:layout_width="fill_parent"
    android:layout_height="1dp"
    android:background="#bfbfbf"/>

<LinearLayout
    android:layout_width="fill_parent"
    android:layout_height="60dp"
    android:orientation="horizontal">

    <TextView
        android:id="@+id/tv_celltype1"
        android:layout_width="0dp"
        android:layout_height="fill_parent"
        android:layout_weight="1"
```

```xml
    android:gravity="center"
    android:textSize="12sp"/>

<View
    android:layout_width="1dp"
    android:layout_height="fill_parent"
    android:background="#bfbfbf"/>

<TextView
    android:id="@+id/tv_celltype2"
    android:layout_width="0dp"
    android:layout_height="fill_parent"
    android:layout_weight="1"
    android:gravity="center"
    android:textSize="12sp"/>

<View
    android:layout_width="1dp"
    android:layout_height="fill_parent"
    android:background="#bfbfbf"/>

<TextView
    android:id="@+id/tv_celltype3"
    android:layout_width="0dp"
    android:layout_height="fill_parent"
    android:layout_weight="1"
    android:gravity="center"
    android:textSize="12sp"/>

<View
    android:layout_width="1dp"
    android:layout_height="fill_parent"
    android:background="#bfbfbf"/>

<TextView
    android:id="@+id/tv_celltype4"
    android:layout_width="0dp"
    android:layout_height="fill_parent"
    android:layout_weight="1"
    android:gravity="center"
    android:textSize="12sp"/>
</LinearLayout>

<View
    android:layout_width="fill_parent"
    android:layout_height="1dp"
    android:background="#bfbfbf"/>

<LinearLayout
```

```xml
android:layout_width = "fill_parent"
android:layout_height = "wrap_content"
android:orientation = "vertical" >

<!--
创建 RadioGroup
android:orientation = "horizontal" 设置水平布局方式
    -->

<RadioGroup
android:id = "@+id/rg_choose_cell"
android:layout_width = "fill_parent"
android:layout_height = "wrap_content"
android:layout_marginBottom = "12dp"
android:layout_marginTop = "10dp"
android:orientation = "horizontal" >

<!--
android:layout_width = "0dp" 一般与 android:layout_weight = "1" 同时使用,设置控件按权重大小布局
android:background = "@drawable/radiobtn" 设置 RadioButton 的背景属性为 radiobtn,radiobtn 是作者定义的 RadioButton 样式,详情请见工程目录 res\drawable-hdpi\radiobtn.xml
android:button = "@null" 去掉 RadioButton 默认的风格
android:gravity = "center" 设置 RadioButton 中的文字居中
    -->

<RadioButton
android:id = "@+id/rb_celltype1"
android:layout_width = "0dp"
android:layout_height = "30dp"
android:layout_marginLeft = "10dp"
android:layout_marginRight = "10dp"
android:layout_weight = "1"
android:background = "@drawable/radiobtn"
android:button = "@null"
android:gravity = "center"
android:textSize = "14sp"/ >

<RadioButton
android:id = "@+id/rb_celltype2"
android:layout_width = "0dp"
android:layout_height = "30dp"
android:layout_marginLeft = "10dp"
android:layout_marginRight = "10dp"
android:layout_weight = "1"
android:background = "@drawable/radiobtn"
android:button = "@null"
android:gravity = "center"
```

```xml
android:textSize="14sp"/>

<RadioButton
android:id="@+id/rb_celltype3"
android:layout_width="0dp"
android:layout_height="30dp"
android:layout_marginLeft="10dp"
android:layout_marginRight="10dp"
android:layout_weight="1"
android:background="@drawable/radiobtn"
android:button="@null"
android:gravity="center"
android:textSize="14sp"/>

<RadioButton
android:id="@+id/rb_celltype4"
android:layout_width="0dp"
android:layout_height="30dp"
android:layout_marginLeft="10dp"
android:layout_marginRight="10dp"
android:layout_weight="1"
android:background="@drawable/radiobtn"
android:button="@null"
android:gravity="center"
android:textSize="14sp"/>
</RadioGroup>

<!--
android:background="@drawable/btn_white" 设置该 Button 的背景属性为 btn_white,
btn_white 是作者定义的 Button 样式,为白色有边框的 Button,详情请见工程目录 res\drawable
-hdpi\btn_white.xml 文件
-->

<Button
android:id="@+id/btn_sendexp_yes"
android:layout_width="fill_parent"
android:layout_height="wrap_content"
android:background="@drawable/btn_white"
android:text="确定"/>
</LinearLayout>

</LinearLayout>
```

activity_delivery_confirm.xml 文件代码如下。

```xml
<?xml version="1.0" encoding="utf-8"?>
<LinearLayout xmlns:android="http://schemas.android.com/apk/res/android"
android:layout_width="match_parent"
```

```xml
    android:layout_height = "match_parent"
    android:orientation = "vertical" >

    <!-- 创建一个横线,颜色为#808080（深灰色）、高度为1dp -->

    <View
        android:layout_width = "fill_parent"
        android:layout_height = "1dp"
        android:layout_marginTop = "20dp"
        android:background = "#808080"/ >

    <LinearLayout
        android:layout_width = "fill_parent"
        android:layout_height = "50dp"
        android:orientation = "horizontal" >

        <TextView
            android:layout_width = "wrap_content"
            android:layout_height = "wrap_content"
            android:layout_gravity = "center_vertical"
            android:layout_marginLeft = "10dp"
            android:text = "快件运单号："
            android:textSize = "16sp"/ >

        <TextView
            android:id = "@+id/tv_delivery_confirm_expnum"
            android:layout_width = "fill_parent"
            android:layout_height = "wrap_content"
            android:layout_gravity = "center_vertical"
            android:layout_marginLeft = "8dp"
            android:textSize = "16sp"/ >
    </LinearLayout >

    <View
        android:layout_width = "fill_parent"
        android:layout_height = "1dp"
        android:background = "#bfbfbf"/ >

    <LinearLayout
        android:layout_width = "fill_parent"
        android:layout_height = "50dp"
        android:orientation = "horizontal" >

        <TextView
            android:layout_width = "wrap_content"
            android:layout_height = "wrap_content"
            android:layout_gravity = "center_vertical"
            android:layout_marginLeft = "10dp"
            android:text = "收件人手机号："
```

```xml
            android:textSize = "16sp"/>

            <TextView
                android:id = "@+id/tv_delivery_confirm_tel"
                android:layout_width = "fill_parent"
                android:layout_height = "wrap_content"
                android:layout_gravity = "center_vertical"
                android:layout_marginLeft = "8dp"
                android:textSize = "16sp"/>
        </LinearLayout>

        <View
            android:layout_width = "fill_parent"
            android:layout_height = "1dp"
            android:background = "#808080"/>

        <LinearLayout
            android:layout_width = "match_parent"
            android:layout_height = "20dp" >
        </LinearLayout>

        <View
            android:layout_width = "fill_parent"
            android:layout_height = "1dp"
            android:background = "#808080"/>

        <LinearLayout
            android:layout_width = "fill_parent"
            android:layout_height = "50dp"
            android:orientation = "horizontal" >

            <TextView
                android:layout_width = "wrap_content"
                android:layout_height = "wrap_content"
                android:layout_gravity = "center_vertical"
                android:layout_marginLeft = "10dp"
                android:text = "柜体名称："
                android:textSize = "16sp"/>

            <TextView
                android:id = "@+id/tv_delivery_confirm_cabnum"
                android:layout_width = "fill_parent"
                android:layout_height = "wrap_content"
                android:layout_gravity = "center_vertical"
                android:layout_marginLeft = "8dp"
                android:background = "@null"
                android:textSize = "16sp"/>
        </LinearLayout>
```

```xml
<View
    android:layout_width = "fill_parent"
    android:layout_height = "1dp"
    android:background = "#bfbfbf"/>

<LinearLayout
    android:layout_width = "fill_parent"
    android:layout_height = "50dp"
    android:orientation = "horizontal" >

    <TextView
        android:layout_width = "wrap_content"
        android:layout_height = "wrap_content"
        android:layout_gravity = "center_vertical"
        android:layout_marginLeft = "10dp"
        android:text = "箱体编号："
        android:textSize = "16sp"/>

    <TextView
        android:id = "@+id/tv_delivery_confirm_cellnum"
        android:layout_width = "40dp"
        android:layout_height = "wrap_content"
        android:layout_gravity = "center_vertical"
        android:layout_marginLeft = "8dp"
        android:gravity = "center"
        android:text = "100"
        android:textColor = "#cc0000"
        android:textSize = "20sp"/>

    <TextView
        android:layout_width = "wrap_content"
        android:layout_height = "wrap_content"
        android:layout_gravity = "center_vertical"
        android:text = "号"
        android:textSize = "16sp"/>
</LinearLayout>

<View
    android:layout_width = "fill_parent"
    android:layout_height = "1dp"
    android:background = "#808080"/>

<TextView
    android:layout_width = "wrap_content"
    android:layout_height = "wrap_content"
    android:layout_gravity = "center_vertical"
    android:layout_marginLeft = "10dp"
    android:layout_marginTop = "10dp"
```

```xml
android:text = "包裹投递后请确保箱门完全关闭"
android:textSize = "15sp"/ >

 < LinearLayout
android:layout_width = "fill_parent"
android:layout_height = "50dp"
android:layout_marginTop = "15dp"
android:orientation = "horizontal" >

<!--
    下方代码解释
android:layout_width = "0dp" 一般与 android:layout_weight = "1" 同时使用,设置控件按权重大小布局
android:background = "@drawable/btn_white" 设置 Button 的背景属性为 btn_white,btn_white 是作者定义的 Button 样式,详情请见工程目录 res\drawable - hdpi\btn_white.xml 文件
android:gravity = "center" 设置 RadioButton 中的文字居中
android:textColor = "#cc0000" 设置字体颜色为#cc0000(红色)
    -->

<Button
android:id = "@+id/btn_delivery_confirm_quit"
android:layout_width = "0dp"
android:layout_height = "wrap_content"
android:layout_marginLeft = "4dp"
android:layout_weight = "1"
android:background = "@drawable/btn_white"
android:text = "取消投递"
android:textColor = "#cc0000"/ >

<Button
android:id = "@+id/btn_delivery_confirm_yes"
android:layout_width = "0dp"
android:layout_height = "wrap_content"
android:layout_marginLeft = "4dp"
android:layout_marginRight = "4dp"
android:layout_weight = "1"
android:background = "@drawable/btn_white"
android:text = "完成投递"/ >
</LinearLayout >

</LinearLayout >
```

投递模块的逻辑设计重点详解如下。

1. 选择箱体时文字和背景颜色变化的实现

在选择箱体时,文字和背景颜色变化的实现功能代码是放在 onCheckedChanged 方法中的,当 RadioGroup 中被选中的按钮改变时,就会执行 onCheckedChanged 方法中的代码。onCheckedChanged 方法中,首先应初始化格口信息文字的背景颜色(白色)和文字颜色(黑

色)以免上次选中位置的颜色显示。然后通过 getCheckedRadioButtonId 方法得到被选中 RadioButton 的 ID，最后根据该 ID 判断需要改变的 TextView 的文字和背景颜色。

主要实现代码如下。

```java
//将不同类型箱体剩余数量赋值给 int 类型变量
int left_count0 = cabinfo_list.get(0).get("idle_count");
int left_count1 = cabinfo_list.get(1).get("idle_count");
int left_count2 = cabinfo_list.get(2).get("idle_count");
int left_count3 = cabinfo_list.get(3).get("idle_count");

//通过 ID 获取 TextView 控件实例，并为 TextView 控件设置箱体剩余数量的文字
tv_celltype1 = (TextView) findViewById(R.id.tv_celltype1);
tv_celltype1.setText("剩余" + left_count0 + "个");
tv_celltype2 = (TextView) findViewById(R.id.tv_celltype2);
tv_celltype2.setText("剩余" + left_count1 + "个");
tv_celltype3 = (TextView) findViewById(R.id.tv_celltype3);
tv_celltype3.setText("剩余" + left_count2 + "个");
tv_celltype4 = (TextView) findViewById(R.id.tv_celltype4);
tv_celltype4.setText("剩余" + left_count3 + "个");

//通过 ID 获取 RadioButton 实例，并为 RadioButton 控件设置箱体类型的文字
rb_celltype1 = (RadioButton) findViewById(R.id.rb_celltype1);
rb_celltype2 = (RadioButton) findViewById(R.id.rb_celltype2);
rb_celltype3 = (RadioButton) findViewById(R.id.rb_celltype3);
rb_celltype4 = (RadioButton) findViewById(R.id.rb_celltype4);

rb_celltype1.setText(typeInt2String(cabinfo_list.get(0).get("type")));
rb_celltype2.setText(typeInt2String(cabinfo_list.get(1).get("type")));
rb_celltype3.setText(typeInt2String(cabinfo_list.get(2).get("type")));
rb_celltype4.setText(typeInt2String(cabinfo_list.get(3).get("type")));

//如果该类型格口剩余为 0，则按钮不可单击
if (left_count0 = =0) {
rb_celltype1.setClickable(false);
}
if (left_count1 = =0) {
rb_celltype2.setClickable(false);
}
if (left_count2 = =0) {
rb_celltype3.setClickable(false);
}
if (left_count3 = =0) {
rb_celltype4.setClickable(false);
}

//通过 ID 获取 RadioGroup 控件实例
radioGroup = (RadioGroup) findViewById(R.id.rg_choose_cell);
// 为 RadioGroup 控件实例 radioGroup 设置选择变更监听器
```

```java
radioGroup.setOnCheckedChangeListener(new OnCheckedChangeListener() {
    @Override
    public void onCheckedChanged(RadioGroup group, int checkedId) {
        //初始化格口信息文字的背景颜色（白色）和文字颜色（黑色）
        tv_celltype1.setBackgroundColor(Color.WHITE);
        tv_celltype1.setTextColor(Color.BLACK);
        tv_celltype2.setBackgroundColor(Color.WHITE);
        tv_celltype2.setTextColor(Color.BLACK);
        tv_celltype3.setBackgroundColor(Color.WHITE);
        tv_celltype3.setTextColor(Color.BLACK);
        tv_celltype4.setBackgroundColor(Color.WHITE);
        tv_celltype4.setTextColor(Color.BLACK);
        // 得到被选中 RadiobButton 的 ID
        int id = group.getCheckedRadioButtonId();
        // 根据 ID 获取 RadioButton 实例
        RadioButton rb = (RadioButton)DeliveryActivity.this.findViewById(id);
        switch (id) {
        case R.id.rb_celltype1:
            //为 int_celltype 赋值箱体种类编号，该变量作为调用服务器 API 的参数之一
            int_celltype = cabinfo_list.get(0).get("type");
            //设置 RadioButton 被选中后对应的格口信息文字的背景颜色（深灰色）和文字颜色（绿色）
            tv_celltype1.setBackgroundColor(Color.DKGRAY);
            tv_celltype1.setTextColor(Color.GREEN);
            break;
        case R.id.rb_celltype2:
            int_celltype = cabinfo_list.get(1).get("type");
            tv_celltype2.setBackgroundColor(Color.DKGRAY);
            tv_celltype2.setTextColor(Color.GREEN);
            break;
        case R.id.rb_celltype3:
            int_celltype = cabinfo_list.get(2).get("type");
            tv_celltype3.setBackgroundColor(Color.DKGRAY);
            tv_celltype3.setTextColor(Color.GREEN);
            break;
        case R.id.rb_celltype4:
            int_celltype = cabinfo_list.get(3).get("type");
            tv_celltype4.setBackgroundColor(Color.DKGRAY);
            tv_celltype4.setTextColor(Color.GREEN);
            break;
        }
    }
});
```

2. 箱体类型选择完成后申请打开格口的实现

代码设计流程如图 5.13 所示。通过 ID 获取确定按钮，为确定按钮绑定单击监听器，当用户单击该按钮时，首先检查运单号、手机号是否为空，并检查是否选中格口。如果未输

入,则弹出提示;若已输入运单号、手机号,并选择了格口,则判断当前网络是否可用。如果网络可用,则调用服务器 API,与服务器交换数据,服务器返回 JSON 字符串,将 JSON 字符串解析,得到 code 状态码。判断 code,若为 0 则创建 Intent 实例,压入需要跨 Activity 传输的数据,通过 startActivity 方法跳转到投递确认界面(DeliveryConfirmActivity.class)中;若不为 0,则提示相应的错误信息。如果网络不可用,则弹出 Toast 提示网络不可用。

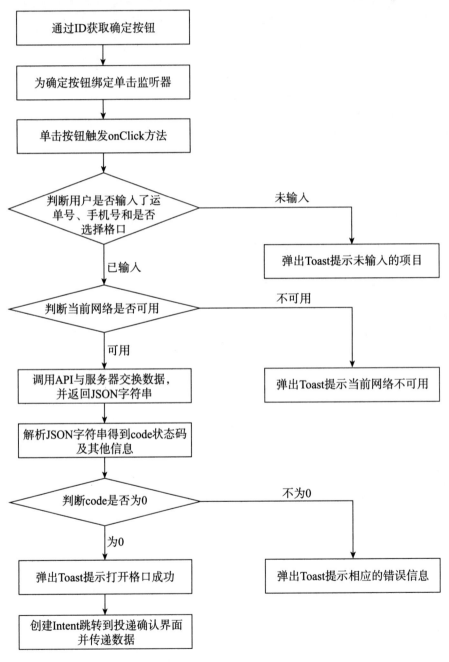

图 5.13　选择箱体打开格口的代码设计流程

主要实现代码如下。

```java
    // 通过 Id 获取 Button 控件实例
    btn_sendexp_yes = (Button) findViewById(R.id.btn_sendexp_yes);
    // 为 Button 控件实例绑定单击监听器
    btn_sendexp_yes.setOnClickListener(new OnClickListener() {

    @Override
    public void onClick(View v) {
    //获取 EditText 中输入的运单号和手机号
    str_consignee_phone = et_sendexp_rectel.getText().toString().trim();
    str_exp_code = et_sendexp_expnum.getText().toString().trim();
    if (! str_exp_code.equals("") &&! str_consignee_phone.equals("") &&int_cell-
type! =0) {
    //判断当前网络是否可用
    if (NetworkUtil.isNetworkAvailable(DeliveryActivity.this)) {
             Toast.makeText(DeliveryActivity.this, "连接服务器失败,请检查网络",
Toast.LENGTH_LONG).show();
    } else {
    //调用服务器 API,与服务器交换数据,服务器返回 JSON 字符串
        str_json = invokeDeliveryOpenCellAPI();
            DeliveryOpenCellInfo deliveryOpenCellInfo = new DeliveryOpenCellInfo();
    //将 JSON 字符串解析并返回数据信息
        deliveryOpenCellInfo = new MyJsonParser(str_json).parserForDeliveryOpen-
Cell();
    switch (deliveryOpenCellInfo.getCode()) {
    case 0:
    Toast.makeText(DeliveryActivity.this, "打开格口成功",Toast.LENGTH_LONG).show
();
    //创建一个 Intent 实例,该 Intent 主要实现从该 Activity 到 DeliveryConfirmActivity 的
跳转
    Intent it_toDeliveryConfirmActivity = new Intent(DeliveryActivity.this, Deliv-
eryConfirmActivity.class);
    //将键值对压入 Intent 中,为 DeliveryConfirmActivity 提供数据
    it_toDeliveryConfirmActivity.putExtra("Tel", et_sendexp_rectel.getText().to-
String());
    it_toDeliveryConfirmActivity.putExtra("Exp", et_sendexp_expnum.getText().to-
String());
    it_toDeliveryConfirmActivity.putExtra("Cabnum",str_cabinet_code);
    it_toDeliveryConfirmActivity.putExtra("Cellnum",deliveryOpenCellInfo.getBody
_code());
    it_toDeliveryConfirmActivity.putExtra("Order_id",deliveryOpenCellInfo.get-
Body_order_id());
    // startActivity 方法激活该 Intent 实现跳转
    startActivity(it_toDeliveryConfirmActivity);
```

```
                break;
            case 15100:
                Toast.makeText(DeliveryActivity.this,"单号已存在",Toast.LENGTH_LONG).show();
                break;
            case 30002:
                Toast.makeText(DeliveryActivity.this,"余额不足",Toast.LENGTH_LONG).show();
                break;
            }
        }
    } else {
        if (str_exp_code.equals("")) {
            Toast.makeText(DeliveryActivity.this,"请填写快递单号",Toast.LENGTH_LONG).show();
        } else {
            if (str_consignee_phone.equals("")) {
                Toast.makeText(DeliveryActivity.this,"请填写收件人手机号",Toast.LENGTH_LONG).show();
            } else {
                if (int_celltype == =0) {
                    Toast.makeText(DeliveryActivity.this,"请填写所需要的箱体",Toast.LENGTH_LONG).show();
                }
            }
        }
    }
    }
});
```

3. 确认投递的实现

代码设计流程如图 5.14 所示。首先通过 ID 获取确认投递按钮，为确认投递按钮绑定单击监听器，当用户单击该按钮时，触发 onClick 方法，首先判断当前网络是否可用，如果网络可用则调用服务器 API，与服务器交换数据，服务器返回 JSON 字符串，将 JSON 字符串解析，通过 switch-case 条件判断服务器返回的状态码 code。如果 code 为 0，弹出对话框提示用户投递完成；如果不为 0，则提示相应的错误信息。如果网络不可用则弹出 Toast 提示网络不可用。

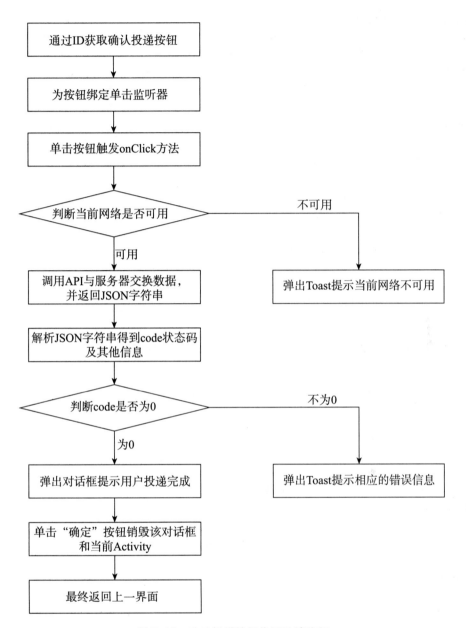

图 5.14 确认投递按钮代码设计流程

主要实现代码如下。

```
// 在布局文件中获取 Id 为 btn_delivery_confirm_yes 的 Button 控件实例
btn_delivery_confirm_ok = (Button) findViewById(R.id.btn_delivery_confirm_yes);
// 为 Button 控件实例 btn_delivery_confirm_ok 绑定单击监听器
btn_delivery_confirm_ok.setOnClickListener(new OnClickListener() {

    @Override
```

```java
public void onClick(View v) {
    str_json = invokeDeliveryConfirmAPI();//调用服务器 API，与服务器交换数据，服务器返回 JSON 字符串
    if (NetworkUtil.isNetworkAvailable(DeliveryConfirmActivity.this)) {
            Toast.makeText(DeliveryConfirmActivity.this, "连接服务器失败，请检查网络",Toast.LENGTH_LONG).show();
    } else {
    //调用服务器 API，与服务器交换数据，服务器返回 JSON 字符串
    str_json = invokeDeliveryConfirmAPI();
    deliveryConfirmResult = new MyJsonParser(str_json).parserForDeliveryConfirm();
    switch (deliveryConfirmResult.getCode()) {
    case 0:
    AlertDialog.Builder dialog = new AlertDialog.Builder(DeliveryConfirmActivity.this);
    dialog.setTitle("提示").setMessage("投递完成");
    dialog.setPositiveButton("确定",new DialogInterface.OnClickListener() {

    @Override
    public void onClick(DialogInterface dialog, int which) {
    // TODO Auto-generated method stub
    dialog.dismiss();
    //销毁对话框
    finish();
    //销毁当前 Activity
    }
    });
    dialog.create().show();//显示当前对话框
    break;
    case 15100:
    Toast.makeText(DeliveryConfirmActivity.this, "订单已存在", Toast.LENGTH_LONG).show();
    break;
    case 10001:
    Toast.makeText(DeliveryConfirmActivity.this, "柜体无效", Toast.LENGTH_LONG).show();
    break;
    case 10002:
    Toast.makeText(DeliveryConfirmActivity.this, "格口无效", Toast.LENGTH_LONG).show();
    break;
    }
    }
    }
});
```

5.8.5 投递记录模块设计

相关源码文件：

位于"快递柜快递员（开发版）"工程，

文件夹 src/com.autobupt.smartbox 中 DeliveryRecordActivity.java，

文件夹 src/com.autobupt.smartbox 中 DeliveryExpDetailActivity.java，

文件夹 res/layout 中 activity_delivery_record.xml，

文件夹 res/layout 中 adapter_delivery_record.xml，

文件夹 res/layout 中 activity_delivery_detail.xml。

投递记录模块界面如图 5.15 所示。在投递记录界面中也使用了自定义控件 PullToRefreshListView，用于下拉刷新列表中的元素。在列表中的每一个单元格中的布局使用的都是 TextView 控件。单击列表中的元素会进入到投递详情界面，如图 5.16 所示，为用户显示该运单的详情。

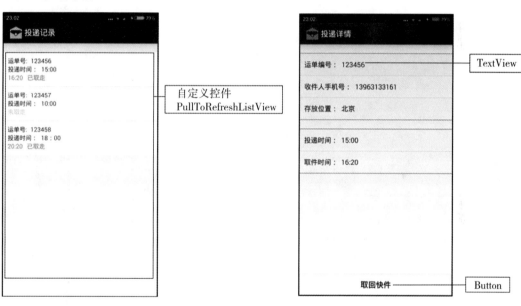

图 5.15　投递记录界面　　　　　　图 5.16　投递详情界面

投递记录界面布局 activity_sentrecord.xml 文件代码如下。

```
<?xml version = "1.0" encoding = "utf-8"?>
<LinearLayout xmlns:android = "http://schemas.android.com/apk/res/android"
android:layout_width = "match_parent"
android:layout_height = "match_parent"
android:orientation = "vertical" >

<com.handmark.pulltorefresh.library.PullToRefreshListView
android:id = "@+id/lv_sendrecord"
android:layout_width = "fill_parent"
```

```xml
android:layout_height = "fill_parent"
android:cacheColorHint = "#00000000"
android:divider = "#19000000"
android:dividerHeight = "4dp"
android:fadingEdge = "none"
android:fastScrollEnabled = "false"
android:footerDividersEnabled = "false"
android:headerDividersEnabled = "false"
android:smoothScrollbar = "true"/>
</LinearLayout>
```

列表中每个单元格布局 adapter_sentrecord.xml 文件代码如下。

```xml
<?xmlversion = "1.0"encoding = "utf-8"?>
<!-- 该文件是定义 ListView 控件中每个单元格中的控件布局 -->
<!-- 单元格的背景是#ffffff（白色） -->
<LinearLayoutxmlns:android = "http://schemas.android.com/apk/res/android"
android:layout_width = "match_parent"
android:layout_height = "match_parent"
android:orientation = "vertical"
android:background = "#ffffff">

<LinearLayout
android:layout_width = "fill_parent"
android:layout_height = "wrap_content"
android:orientation = "horizontal"
android:layout_marginTop = "10dp">

<TextView
android:layout_width = "wrap_content"
android:layout_height = "wrap_content"
android:layout_marginLeft = "10dp"
android:text = "运单号:"/>

<TextView
android:id = "@+id/tv_adp_sentrecord_expid"
android:layout_width = "wrap_content"
android:layout_height = "wrap_content"
android:layout_marginLeft = "8dp"/>
</LinearLayout>

<LinearLayout
android:layout_width = "fill_parent"
android:layout_height = "wrap_content"
android:orientation = "horizontal">

<TextView
```

```
android:layout_width = "wrap_content"
android:layout_height = "wrap_content"
android:layout_marginLeft = "10dp"
android:text = "投递时间: " / >

<TextView
android:id = "@+id/tv_adp_sentrecord_senttime"
android:layout_width = "wrap_content"
android:layout_height = "wrap_content"
android:layout_marginLeft = "8dp"/ >
</LinearLayout >

<LinearLayout
android:layout_width = "fill_parent"
android:layout_height = "wrap_content"
android:orientation = "horizontal"
android:layout_marginBottom = "10dp" >

<TextView
android:id = "@+id/tv_adp_sentrecord_gettime"
android:layout_width = "wrap_content"
android:layout_height = "wrap_content"
android:layout_marginLeft = "10dp"/ >

<TextView
android:id = "@+id/tv_adp_sentrecord_expstate"
android:layout_width = "wrap_content"
android:layout_height = "wrap_content"
android:layout_marginLeft = "10dp"/ >
</LinearLayout >
</LinearLayout >
```

投递详情布局 activity_delivery_detail.xml 文件代码如下。

```
<? xmlversion = "1.0"encoding = "utf-8"? >
<RelativeLayoutxmlns:android = "http://schemas.android.com/apk/res/android"
android:layout_width = "match_parent"
android:layout_height = "match_parent" >

<LinearLayout
android:layout_width = "match_parent"
android:layout_height = "wrap_content"
android:orientation = "vertical" >
<LinearLayout
android:layout_width = "match_parent"
android:layout_height = "20dp" >
</LinearLayout >
```

```xml
<View
android:layout_width="fill_parent"
android:layout_height="1dp"
android:background="#808080"/>

<LinearLayout
android:layout_width="fill_parent"
android:layout_height="50dp"
android:orientation="horizontal">

<TextView
android:layout_width="wrap_content"
android:layout_height="wrap_content"
android:layout_gravity="center_vertical"
android:layout_marginLeft="10dp"
android:text="运单编号："
android:textSize="16sp"/>

<TextView
android:id="@+id/tv_delivery_detail_expnum"
android:layout_width="fill_parent"
android:layout_height="wrap_content"
android:layout_gravity="center_vertical"
android:layout_marginLeft="8dp"
android:background="@null"
android:textSize="16sp"/>
</LinearLayout>

<View
android:layout_width="fill_parent"
android:layout_height="1px"
android:background="#bfbfbf"/>

<LinearLayout
android:layout_width="fill_parent"
android:layout_height="50dp"
android:orientation="horizontal">

<TextView
android:layout_width="wrap_content"
android:layout_height="wrap_content"
android:layout_gravity="center_vertical"
android:layout_marginLeft="10dp"
android:text="收件人手机号："
android:textSize="16sp"/>

<TextView
```

```xml
android:id = "@+id/tv_delivery_detail_tel"
android:layout_width = "fill_parent"
android:layout_height = "wrap_content"
android:layout_gravity = "center_vertical"
android:layout_marginLeft = "8dp"
android:textSize = "16sp"/ >
</LinearLayout >

<View
android:layout_width = "fill_parent"
android:layout_height = "1px"
android:background = "#bfbfbf"/ >

<LinearLayout
android:layout_width = "fill_parent"
android:layout_height = "50dp"
android:orientation = "horizontal" >

<TextView
android:layout_width = "wrap_content"
android:layout_height = "wrap_content"
android:layout_gravity = "center_vertical"
android:layout_marginLeft = "10dp"
android:text = "存放位置："
android:textSize = "16sp"/ >

<TextView
android:id = "@+id/tv_delivery_detail_address"
android:layout_width = "fill_parent"
android:layout_height = "wrap_content"
android:layout_gravity = "center_vertical"
android:layout_marginLeft = "8dp"
android:textSize = "16sp"/ >
</LinearLayout >

<View
android:layout_width = "fill_parent"
android:layout_height = "1dp"
android:background = "#808080"/ >

<LinearLayout
android:layout_width = "match_parent"
android:layout_height = "20dp" >
</LinearLayout >

<View
android:layout_width = "fill_parent"
```

```xml
        android:layout_height = "1dp"
        android:background = "#808080"/>

    <LinearLayout
        android:layout_width = "fill_parent"
        android:layout_height = "50dp"
        android:orientation = "horizontal">

        <TextView
            android:layout_width = "wrap_content"
            android:layout_height = "wrap_content"
            android:layout_gravity = "center_vertical"
            android:layout_marginLeft = "10dp"
            android:text = "投递时间："
            android:textSize = "16sp"/>

        <TextView
            android:id = "@+id/tv_delivery_detail_sendtime"
            android:layout_width = "fill_parent"
            android:layout_height = "wrap_content"
            android:layout_gravity = "center_vertical"
            android:layout_marginLeft = "8dp"
            android:background = "@null"
            android:textSize = "16sp"/>
    </LinearLayout>

    <View
        android:layout_width = "fill_parent"
        android:layout_height = "1px"
        android:background = "#bfbfbf"/>

    <LinearLayout
        android:layout_width = "fill_parent"
        android:layout_height = "50dp"
        android:orientation = "horizontal">

        <TextView
            android:layout_width = "wrap_content"
            android:layout_height = "wrap_content"
            android:layout_gravity = "center_vertical"
            android:layout_marginLeft = "10dp"
            android:text = "取件时间："
            android:textSize = "16sp"/>

        <TextView
            android:id = "@+id/tv_delivery_detail_gettime"
            android:layout_width = "wrap_content"
```

```xml
        android:layout_height = "wrap_content"
        android:layout_gravity = "center_vertical"
        android:layout_marginLeft = "8dp"
        android:textSize = "16sp"/ >
   </LinearLayout >

   <View
        android:layout_width = "fill_parent"
        android:layout_height = "1dp"
        android:background = "#808080"/ >
</LinearLayout >
<!--
    下方代码解释
        该 Button 控件位于 RelativeLayout 中
    android:layout_alignParentBottom = "true" 设置该 Button 控件位于父控件底部
    android:background = "@drawable/btn_white" 设置该 Button 的背景属性为 btn_
white, btn_white 是作者定义的 Button 样式, 为白色有边框的 Button, 详情请见工程目录 res\drawa-
ble - hdpi\btn_white.xml 文件
    -->
<Button
    android:id = "@+id/btn_delivery_detail_getback"
    android:layout_alignParentBottom = "true"
    android:layout_width = "fill_parent"
    android:layout_height = "wrap_content"
    android:gravity = "center"
    android:background = "@drawable/btn_white"
    android:text = "取回快件"/ >

</RelativeLayout >
```

投递记录模块逻辑设计重点详解如下。

1. 下拉刷新列表的实现

首先需要声明和获取 PullToRefreshListView 自定义控件的实例,然后为控件实例设置 Adapter,最后为控件实例设置刷新监听器(OnRefreshListener),在 OnRefreshListener 中需要重写 onRefresh 方法和 onPostExecute 方法。onRefresh 方法中执行的是刷新时需要实现某些功能代码(如请求服务器、更改 Adapter 中 List 参数等),onPostExecute 方法中一般执行的是通知 PullToRefresh 刷新结束的代码。

```
//声明控件和变量
PullToRefreshListView lv_sendrecord;
ArrayList < HashMap < String, Object > > arrli = new ArrayList < HashMap < String, Object > > ();
MyAdapter adapter;
// 绑定 Id 为 lv_sendrecord 的 PullToRefreshListView 控件实例
```

```java
lv_sendrecord = (PullToRefreshListView) findViewById(R.id.lv_sendrecord);
//创建 MyAdapter 类实例
adapter = new MyAdapter();
adapter.setList(arrli);
// 为 ListView 控件实例 lv_sendrecord 绑定 Adapter
lv_sendrecord.setAdapter(adapter);
lv_sendrecord.setOnRefreshListener(new OnRefreshListener<ListView>() {
    @Override
    public void onRefresh(PullToRefreshBase<ListView> refreshView) {
        // 需要从网络中获取数据的耗时操作写到 AsyncTask 中
        // AsyncTask 构造方法中的最后一个参数（此处为 ArrayList<HashMap<String, Object>>）即为异步操作中需
        // 要得到的数据类型
        // 并且其中的重写方法 doInBackground 的返回值也应该是同样的数据类型（此处为 ArrayList<HashMap<String,
        // Object>>）
        new AsyncTask<Void, Void, ArrayList<HashMap<String, Object>>>() {
            @Override
            protected ArrayList<HashMap<String, Object>> doInBackground(Void... params) {

                try {
                    if (NetworkUtil.isNetworkAvailable(DeliveryRecordActivity.this)) {
                        // 调用 API
                        str_json = invokeDeliveryRecordAPI();
                        System.out.println("invokeDeliveryRecordAPI:" + str_json);
                        // 创建 MyJsonParser 类实例
                        MyJsonParser myJsonParser = new MyJsonParser(str_json);
                        // 调用 MyJsonParser 类中的 parserForDeliveryRecord 方法，返回 DeliveryRecordInfo 对象
                        deliveryRecordInfo = myJsonParser.parserForDeliveryRecord();
                        // 将 DeliveryRecordInfo 对象中的 List 属性赋值给 arrli 变量
                        arrli = deliveryRecordInfo.getList();
                        Thread.sleep(1000);
                    }

                } catch (Exception e) {
                    e.printStackTrace();
                    System.out.println(e + "");
                }
                return arrli;
            }
            @Override
            protected void onPostExecute(ArrayList<HashMap<String, Object>> list)
            {
```

```
        // 将 arrli 绑定到 adapter 中
        adapter.setList(list);
        // 更新内容,通知 PullToRefresh 刷新结束
        lv_sendrecord.onRefreshComplete();
                }
            }.execute();
            }

    }); lv_sendrecord.getLoadingLayoutProxy(true, false).setPullLabel("下拉
刷新...");
    lv_sendrecord.getLoadingLayoutProxy(true, false).setRefreshingLabel("正在
刷新...");
    lv_sendrecord.getLoadingLayoutProxy(true, false).setReleaseLabel("放开以
刷新...");
    }
```

2. MyAdapter 类的实现

在投递记录模块的 PullToRefreshListView(本质为 ListView)中,使用到了继承自 BaseAdapter 的自定义类 MyAdapter,虽然 ArrayAdapter 可以实现纯文本的显示,但是在这里我们需要为取件时间设置显示和隐藏,并且需要判断快件状态来设置颜色,所以选择 BaseAdapter 更灵活,此时我们需要自定义类 MyAdapter。继承自 BaseAdapter 的自定义类的定义和使用方法在本书基础篇的列表控件-ListView-BaseAdapter 章节中有详细介绍,在这里不再赘述,MyAdapter 类的代码如下。

```
    class MyAdapter extends BaseAdapter {
    private ArrayList<HashMap<String, Object>> list = new ArrayList<HashMap<
String,Object>>();
    public void setList(ArrayList<HashMap<String, Object>> list) {
    this.list = list;
    this.notifyDataSetChanged();//将 List 列表值的改变通知 Adapter 并刷新
        }
        @Override
    public int getCount() {
    // 返回 ListView 中列表数据的个数,决定着 ListView 能绘制多少个单元格,此处返回
    // ArrayList<HashMap<String, String>>中 HashMap 的个数
    return list.size();
        }

        @Override
    public Object getItem(int position) {
    return null;
        }

        @Override
    public long getItemId(int position) {
```

```java
        return 0;
    }

    @Override
    public View getView(final int position, View convertView, ViewGroup parent) {
        // 为 ListView 中的单元格绑定布局文件 adapter_sentrecord.xml,并创建 View 实例代表单元格
        View view = View.inflate(DeliveryRecordActivity.this, R.layout.adapter_sentrecord, null);
        // 为单元格绑定单击监听器
        view.setOnClickListener(new OnClickListener() {
            @Override
            public void onClick(View v) {
                // 单击单元格时就会创建一个 Intent 实例,该 Intent 主要实现从该 Activity 到
                // DeliveryExpDetailActivity 的跳转
                Intent it_toDeliveryExpDetailActivity = new Intent(
                        DeliveryRecordActivity.this, DeliveryExpDetailActivity.class);
                //将选中的订单 ID 压入 Intent 中
                it_toDeliveryExpDetailActivity.putExtra("order_id",
                        list.get(position).get("exp_code").toString());
                // startActivity 方法激活该 Intent 实现跳转
                startActivity(it_toDeliveryExpDetailActivity);
            }
        });
        // 在单元格的布局文件中捕获 Id 为 tv_expid 的 TextView 控件,并创建 TextView 控件实例,添加文字
        TextView tv_expid = (TextView) view.findViewById(R.id.tv_adp_sentrecord_expid);
        tv_expid.setText(list.get(position).get("exp_code").toString());
        // 在单元格的布局文件中捕获 Id 为 tv_expsenttime 的 TextView 控件,并创建 TextView 控件实例,添加文字
        TextView tv_expsenttime = (TextView) view.findViewById(R.id.tv_adp_sentrecord_senttime);
        tv_expsenttime.setText(list.get(position).get("in_time").toString());
        // 在单元格的布局文件中捕获 Id 为 tv_expstate 的 TextView 控件,并创建 TextView 控件实例,添加文字
        TextView tv_expstate = (TextView) view.findViewById(R.id.tv_adp_sentrecord_expstate);
        switch ((Integer) list.get(position).get("status")) {
            case 1:
                str_status = "已取走";
                break;
            case 2:
                str_status = "未取件";
                break;
```

```java
        }
        tv_expstate.setText(str_status);
        //在单元格的布局文件中捕获 Id 为 tv_gettime 的 TextView 控件,并创建 TextView 控件实
例,添加文字
        TextView tv_gettime = (TextView) view.findViewById(R.id.tv_adp_sentrecord_gettime);
        tv_gettime.setText(list.get(position).get("out_time").toString( ));
        if (list.get(position).get("out_time").toString( ).equals("null")) {
        str_status = "未取走";
        tv_expstate.setTextColor(Color.YELLOW);
        tv_gettime.setVisibility(View.GONE);//将取件时间隐藏
        } else {
        str_status = "已取走";
        tv_expstate.setTextColor(Color.BLUE);
        tv_gettime.setTextColor(Color.BLUE);
        tv_gettime.setVisibility(View.VISIBLE);
        }
        tv_expstate.setText(str_status);
        return view;
        }
        }
```

5.8.6 用户取件模块设计

相关源码文件:

位于"快递柜快递员(开发版)"工程,

文件夹 src/com. autobupt. smartbox 中 GetExpActivity. java,

文件夹 res/layout 中 activity_getexp. xml,

文件夹 res/layout 中 adapter_getexp. xml。

用户取件界面如图 5.17 所示。

用户取件界面使用了一个自定义的控件 PullToRefreshListView,这个自定义控件是引入的 Android-PullToRefresh Library。PullToRefreshListView 是在 ListView 控件的基础上增加了下拉刷新的功能,用法与 ListView 控件非常相似,但它也需要使用 Adapter。用户取件界面布局及详细解释见 activity_register. xml 文件代码,列表中单元格布局见 adapter_getexp. xml 文件代码。

图 5.17 用户取件界面

activity_getexp.xml 文件代码如下。

```
<?xmlversion="1.0"encoding="utf-8"?>
<LinearLayoutxmlns:android="http://schemas.android.com/apk/res/android"
android:layout_width="match_parent"
android:layout_height="match_parent"
android:orientation="vertical">

<!--使用了自定义控件 PullToRefreshListView
    cacheColorHint="#00000000" 去除选中空间底色
    divider="#19000000" 设置 ListView 每一项之间间隔颜色
    dividerHeight="0dp" 设置 ListView 每一项之间间隔高度为 0（没有间隔）
    fadingEdge="none"   设置拉滚动条时，边框渐变的方向，none 为颜色不变
    fastScrollEnabled="false"  设置 ListView 不会出现快速滚动的按钮
    footerDividersEnabled="false" 设置 ListView 底部分界线为不存在
    headerDividersEnabled="false" 设置 ListView 顶部分界线为不存在
    smoothScrollbar="true" 为 true 时，列表会使用更精确的基于条目在屏幕上的可见像素高度的计算方法
    -->
<com.handmark.pulltorefresh.library.PullToRefreshListView
android:id="@+id/lv_getexp"
android:layout_width="fill_parent"
android:layout_height="fill_parent"
android:cacheColorHint="#00000000"
android:divider="#19000000"
android:dividerHeight="4dp"
```

```xml
android:fadingEdge = "none"
android:fastScrollEnabled = "false"
android:footerDividersEnabled = "false"
android:headerDividersEnabled = "false"
android:smoothScrollbar = "true"/>
</LinearLayout>
```

adapter_getexp.xml 文件代码如下。

```xml
<?xml version = "1.0" encoding = "utf-8"?>
<!-- 该文件是定义 ListView 控件中每个单元格中的控件布局 -->
<!-- 单元格的背景是#ffffff（白色） -->
<LinearLayout xmlns:android = "http://schemas.android.com/apk/res/android"
android:layout_width = "fill_parent"
android:layout_height = "wrap_content"
android:background = "#ffffff"
android:orientation = "vertical" >

<TextView
android:id = "@+id/tv_getExp_expnum"
android:layout_width = "fill_parent"
android:layout_height = "wrap_content"
android:layout_marginLeft = "10dp"/>

<TextView
android:id = "@+id/tv_getExp_address"
android:layout_width = "fill_parent"
android:layout_height = "wrap_content"
android:layout_marginLeft = "10dp"/>

<LinearLayout
android:layout_width = "fill_parent"
android:layout_height = "wrap_content"
android:orientation = "horizontal" >

<TextView
android:layout_width = "wrap_content"
android:layout_height = "wrap_content"
android:layout_marginLeft = "10dp"
android:text = "投递时间："/>

<TextView
android:id = "@+id/tv_getExp_date"
android:layout_width = "fill_parent"
android:layout_height = "wrap_content"/>
</LinearLayout>
```

```xml
<LinearLayout
    android:layout_width="fill_parent"
    android:layout_height="wrap_content"
    android:orientation="horizontal" >

    <TextView
        android:layout_width="wrap_content"
        android:layout_height="wrap_content"
        android:layout_marginLeft="10dp"
        android:text="取件密码: " />

    <TextView
        android:id="@+id/tv_getExp_pwd"
        android:layout_width="fill_parent"
        android:layout_height="wrap_content"/>
</LinearLayout>
<!-- 创建一个横线,颜色为#bfbfbf(浅灰色)、高度为1dp,且与左侧、右侧距离都为10dp -->

<View
    android:layout_width="fill_parent"
    android:layout_height="1dp"
    android:layout_marginLeft="10dp"
    android:layout_marginRight="10dp"
    android:background="#bfbfbf"/>
<!--
        下方代码解释
        创建一个Button控件
    android:background="@drawable/btn_white" 设置该Button的背景属性为btn_white,
btn_white是作者定义的Button样式,为白色有边框的Button,详情请见工程目录 res\drawable
-hdpi\btn_white.xml 文件
    -->

<Button
    android:id="@+id/btn_getexp_opencell"
    android:layout_width="fill_parent"
    android:layout_height="24dp"
    android:layout_marginBottom="5dp"
    android:layout_marginLeft="10dp"
    android:layout_marginRight="10dp"
    android:layout_marginTop="5dp"
    android:background="@drawable/btn_white"
    android:text="一键取件"
    android:textSize="18sp"/>

</LinearLayout>
```

用户取件模块逻辑设计重点详解如下。

1. 下拉刷新列表的实现

首先需要声明和获取 PullToRefreshListView 自定义控件的实例,然后为控件实例设置 Adapter,再为控件实例设置刷新监听器(OnRefreshListener),在 OnRefreshListener 中需要重写 onRefresh 方法和 onPostExecute 方法。onRefresh 方法中执行的是刷新时需要实现某些功能代码(如请求服务器、更改 Adapter 中 List 参数等),onPostExecute 方法中一般执行的是通知 PullToRefresh 刷新结束的代码。

主要实现代码如下。

```
// 对控件和变量的声明
private PullToRefreshListView lv_getexp;
myAdapter adapter;

// 创建 myAdapter 类实例
adapter = new myAdapter();
// 为 ListView 控件实例 lv_getexp 绑定 Adapter
lv_getexp.setAdapter(adapter);
lv_getexp.setOnRefreshListener(new OnRefreshListener<ListView>() {

@Override
public void onRefresh(PullToRefreshBase<ListView> refreshView) {
    // 需要从网络中获取数据的耗时操作写到 AsyncTask 中
    // AsyncTask 构造方法中的最后一个参数(此处为 ArrayList<HashMap<String, Object>>)即为异步操作中需
    //要得到的数据类型
    // 并且其中的重写方法 doInBackground 的返回值也应该是同样的数据类型(此处为
    // ArrayList<HashMap<String, Object>>)
    new AsyncTask<Void, Void, ArrayList<HashMap<String, Object>>>() {
    @Override
    protected ArrayList<HashMap<String, Object>> doInBackground(Void... params) {
        // 处理刷新任务
        try {
        // NetworkUtil.isNetworkAvailable(GetExpActivity.this)来判断当前网络环境是否可用,可用返回 true
        if (NetworkUtil.isNetworkAvailable(GetExpActivity.this)) {
            // 调用服务器 API,与服务器交换数据,服务器返回 JSON 字符串
            str_json1 = invokeRecAllListAPI();
            // 创建 MyJsonParser 实例,用于解析 JSON 字符串
            MyJsonParser myJsonParser = new MyJsonParser(str_json1);
            // 调用 MyJsonParser 类中的 parserForRecAllList 方法,返回 RecAllListInfo 对象
            recAllListInfo = myJsonParser.parserForRecAllList();
            // 将解析到订单列表值设置给 Adapter
```

```
arrayList_getexp = recAllListInfo.getOrder_list();
Thread.sleep(1000);

}
} catch (Exception e) {
e.printStackTrace();
System.out.println(e + "");
}
return arrayList_getexp;
}

@Override
protected void onPostExecute(ArrayList<HashMap<String, Object>> list) {
adapter.setList(list);
// 更新内容，通知 PullToRefresh 刷新结束
lv_getexp.onRefreshComplete();
super.onPostExecute(list);
}
}.execute();
}

});//设置刷新时的文字提示
lv_getexp.getLoadingLayoutProxy(true, false).setPullLabel("下拉刷新...");
lv_getexp.getLoadingLayoutProxy(true, false).setRefreshingLabel("正在刷新...");
lv_getexp.getLoadingLayoutProxy(true, false).setReleaseLabel("放开以刷新...");
}
```

2. MyAdapter 类的实现

在用户取件模块中的 PullToRefreshListView（本质为 ListView）中，使用到了继承自 BaseAdapter 的自定义类 MyAdapter，主要原因是在列表的每个单元格中需要包含 Button 控件，使用 ArrayAdapter 和 SimpleAdapter 并不能实现这样的功能，此时我们需要自定义类 MyAdapter。继承自 BaseAdapter 的自定义类的定义和使用方法在本书基础篇的列表控件-ListView-BaseAdapter 章节中有详细介绍，在这里不再赘述，MyAdapter 类的代码如下。

```
class myAdapter extends BaseAdapter {

private ArrayList<HashMap<String, Object>> list = new ArrayList<HashMap<String, Object>>();

public ArrayList<HashMap<String, Object>> getList() {
return list;
}

public void setList(ArrayList<HashMap<String, Object>> list) {
this.list = list;
```

```java
            this.notifyDataSetChanged();
        }

        @Override
        public int getCount() {
            // 返回 ListView 中列表数据的个数,决定着 ListView 能绘制多少个单元格
            return list.size();
        }

        @Override
        public Object getItem(int position) {
            // TODO Auto-generated method stub
            return null;
        }

        @Override
        public long getItemId(int position) {
            // TODO Auto-generated method stub
            return 0;
        }

        @Override
        public View getView(final int position, View convertView, ViewGroup parent) {
            // 为 ListView 中的单元格绑定布局文件 adapter_getexp.xml,并创建 View 实例代表单元格
            View view = View.inflate(GetExpActivity.this, R.layout.adapter_getexp, null);
            // 在单元格的布局文件中通过 Id 获取 TextView 控件实例
            TextView tv_getExp_expnum = (TextView) view.findViewById(R.id.tv_getExp_expnum);
            TextView tv_getExp_address = (TextView) view.findViewById(R.id.tv_getExp_address);
            TextView tv_getExp_date = (TextView) view.findViewById(R.id.tv_getExp_date);
            TextView tv_getExp_pwd = (TextView) view.findViewById(R.id.tv_getExp_pwd);
            // 为单元格中的控件实例添加文字
            tv_getExp_expnum.setText(list.get(position).get("id").toString());
            tv_getExp_address.setText(list.get(position).get("addr").toString());
            tv_getExp_date.setText(list.get(position).get("in_time").toString());
            tv_getExp_pwd.setText(list.get(position).get("open_code").toString());
            // 在单元格的布局文件中通过 ID 获取控件实例
            Button btn_getExp_opencell = (Button) view.findViewById(R.id.btn_getexp_opencell);

            // 为 Button 控件实例 btn_getExp_opencell 绑定单击监听器
            btn_getExp_opencell.setOnClickListener(new OnClickListener() {

                @Override
                public void onClick(View v) {
                    // 在这里添加一键开箱代码
```

```
    }
});
return view;
    }

}
```

3. 一键开箱的实现

在列表中的每个单元格里都设置有"一键开箱"按钮,用户单击该按钮可以不通过取件密码直接开箱取件。代码设计流程如图 5.18 所示。实现"一键开箱"的流程大致为判断当前网络是否可用——如果可用,调用取回申请 API——解析服务器返回的 JSON 字符串——判断是否申请成功——如果申请成功,调用取回检查 API 连续三次(间隔 3 秒)——解析服务器返回的 JSON 字符串——判断是否已经开启格口。

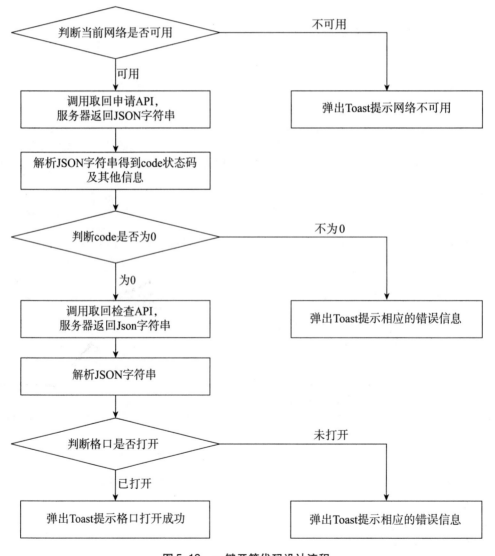

图 5.18　一键开箱代码设计流程

主要实现代码如下。

```java
void openCell() {
    if (! NetworkUtil.isNetworkAvailable(GetExpActivity.this)) {
        Toast.makeText(GetExpActivity.this, "连接服务器失败,请检查网络", Toast.LENGTH_LONG).show();
    } else {
        str_json2 = invokeRetrieveApplyAPI();
        // 解析取回申请返回的 JSON 字符串
        retrieveApplyInfo = new MyJsonParser(str_json2).parserForRetrieveApply();
        // 判断取回申请返回的 code 状态码
        switch (retrieveApplyInfo.getCode()) {
        case 0:
            int i = 0;
            retrieveCheckInfo.setIs_retrieve(false);
            // 连续调用取回检查 API 三次,判断格口是否已经打开
            while (i < 3 && ! retrieveCheckInfo.getIs_retrieve()) {
                str_json3 = invokeRetrieveCheckAPI();
                if (str_json3! = null) {
                    retrieveCheckInfo = new MyJsonParser(str_json3).parserForRetrieveCheck();
                }
                // 等待 1s
                try {
                    Thread.sleep(1000);
                    System.out.println("等待了1s");
                } catch (Exception e) {
                    e.printStackTrace();
                    System.out.println("没有等待");
                }
                i++;
                System.out.println("执行了" + i);
            }
            if (retrieveCheckInfo.getIs_retrieve()) {
                Toast.makeText(GetExpActivity.this, "格口打开成功", Toast.LENGTH_LONG).show();
            } else {
                switch (retrieveCheckInfo.getCode()) {
                    case 0:
                        Toast.makeText(GetExpActivity.this, "格口打开成功", Toast.LENGTH_LONG).show();
                        break;
                    case 15101:
                        Toast.makeText(GetExpActivity.this, "订单不存在", Toast.LENGTH_LONG).show();
                        break;
                }
            }
            break;
        case 20001:
            Toast.makeText(GetExpActivity.this, "用户不存在", Toast.LENGTH_LONG).show();
```

```
        break;
    case 10001:
        Toast.makeText(GetExpActivity.this,"格口无效",Toast.LENGTH_LONG).show();
        break;
    case 15101:
        Toast.makeText(GetExpActivity.this,"订单不存在",Toast.LENGTH_LONG).show();
        break;
    }
  }
}
```

更多代码详情请见 GetExpActivity.java 文件代码。

5.8.7 格口信息查看模块设计

相关源码文件：

位于"快递柜快递员（开发版）"工程

文件夹 src/com.autobupt.smartbox 中 InputCabNumToCellInfoActivity.java

文件夹 src/com.autobupt.smartbox 中 CellInfoActivity.java

文件夹 res/layout 中 activity_inputcabnum.xml

文件夹 res/layout 中 activity_cellinfo.xml

文件夹 res/layout 中 adapter_cellinfo.xml

格口信息查看界面如图 5.19 和图 5.20 所示。

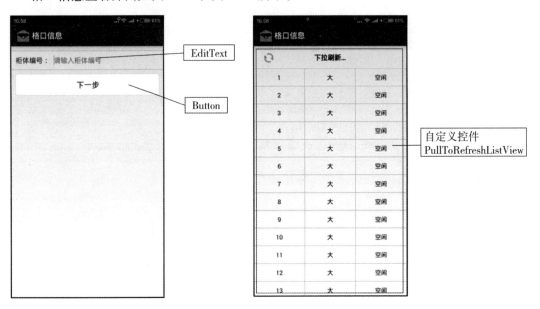

图 5.19　格口信息界面(1)　　　　图 5.20　格口信息界面(2)

图 5.19 所示的格口信息界面(1)给用户提供一个柜体编号的输入框，查询该柜体的格口信息。此界面实现起来比较简单，在这里不再赘述。图 5.20 所示的格口信息界面(2)是

格口信息模块的主要界面,该界面使用了一个自定义的控件 PullToRefreshListView,这个自定义控件是引入的 Android-PullToRefresh Library。格口信息界面(2)布局及详细解释见 activity_register.xml 文件代码。

activity_cellinfo.xml 文件代码如下。

```xml
<?xmlversion="1.0"encoding="utf-8"?>
<LinearLayoutxmlns:android="http://schemas.android.com/apk/res/android"
android:layout_width="match_parent"
android:layout_height="match_parent"
android:orientation="vertical">

<!--下方代码解释
使用自定义控件 PullToRefreshListView
cacheColorHint="#00000000" 去除选中空间底色
divider="#19000000" 设置 ListView 每一项之间的间隔颜色
dividerHeight="0dp" 设置 ListView 每一项之间的间隔高度为 0(没有间隔)
fadingEdge="none"  设置拉滚动条时,边框渐变的方向,none 为颜色不变
fastScrollEnabled="false"  设置 ListView 不会出现快速滚动的按钮
footerDividersEnabled="false" 设置 ListView 底部分界线为不存在
headerDividersEnabled="false" 设置 ListView 顶部分界线为不存在
smoothScrollbar="true" 为 true 时,列表会使用更精确的基于条目在屏幕上的可见像素高度的计算方法
-->
<com.handmark.pulltorefresh.library.PullToRefreshListView
android:id="@+id/lv_store"
android:layout_width="fill_parent"
android:layout_height="fill_parent"
android:layout_marginTop="15dp"
android:cacheColorHint="#00000000"
android:divider="#19000000"
android:dividerHeight="0dp"
android:fadingEdge="none"
android:fastScrollEnabled="false"
android:footerDividersEnabled="false"
android:headerDividersEnabled="false"
android:smoothScrollbar="true"/>

</LinearLayout>
```

adapter_cellinfo.xml 文件代码如下。

```xml
<?xmlversion="1.0"encoding="utf-8"?>
<LinearLayoutxmlns:android="http://schemas.android.com/apk/res/android"
android:layout_width="fill_parent"
android:layout_height="wrap_content"
android:orientation="vertical">
```

```xml
<LinearLayout
    android:layout_width="fill_parent"
    android:layout_height="30dp"
    android:orientation="horizontal" >

<!--
        下方代码解释
android:layout_gravity="center_vertical" 控件位于垂直方向的中间位置（在水平布局中有效）
android:gravity="center" 控件中文字位于控件的中间位置
        -->

<TextView
    android:id="@+id/tv_stolist_num"
    android:layout_width="0dp"
    android:layout_height="30dp"
    android:layout_gravity="center_vertical"
    android:layout_weight="1"
    android:gravity="center"
    android:textColor="@android:color/black"/>
<!-- 创建一个竖线，宽度为1dp、高度为30dp、颜色为浅灰色 -->

<View
    android:layout_width="1dp"
    android:layout_height="30dp"
    android:background="#bfbfbf"/>

<TextView
    android:id="@+id/tv_stolist_size"
    android:layout_width="0dp"
    android:layout_height="30dp"
    android:layout_gravity="center_vertical"
    android:layout_weight="1"
    android:gravity="center"
    android:textColor="@android:color/black"/>

<View
    android:layout_width="1dp"
    android:layout_height="30dp"
    android:background="#bfbfbf"/>

<TextView
    android:id="@+id/tv_stolist_state"
    android:layout_width="0dp"
    android:layout_height="30dp"
    android:layout_gravity="center_vertical"
```

```xml
android:layout_weight = "1"
android:gravity = "center"
android:textColor = "@android:color/black"/ >

<View
android:layout_width = "1dp"
android:layout_height = "30dp"
android:background = "#bfbfbf"/ >
</LinearLayout >

<View
android:layout_width = "fill_parent"
android:layout_height = "1dp"
android:background = "#bfbfbf"/ >

</LinearLayout >
```

下拉刷新列表使用的是自定义的控件 PullToRefreshListView，这个自定义控件是引入的 Android-PullToRefresh Library。它的使用方法与 ListView 非常类似，只是比 ListView 多出设置下拉刷新监听器的功能。

主要实现代码如下。

```java
SimpleAdapter adapter;
ArrayList < HashMap < String, String > > arrli = new ArrayList < HashMap < String, String > > ( );
AllCellInfo allCellInfo = new AllCellInfo( );
// 在布局文件中捕获 Id 为 lv_store 的 PullToRefreshListView 控件，并创建 PullToRe-freshListView 控件实例
lv_cellinfo = (PullToRefreshListView) findViewById(R.id.lv_store);
adapter = new SimpleAdapter(this, arrli,R.layout.adapter_cellinfo,
new String [ ] { "itemID", "itemSize","itemState" },
newint [ ]  { R.id.tv_stolist_num, R.id.tv_stolist_size, R.id.tv_stolist_state });
// 为 PullToRefreshListView 控件实例 lv_cellinfo 绑定 Adapter
lv_cellinfo.setAdapter(adapter);
// 为 PullToRefreshListView 控件实例 lv_cellinfo 设置下拉刷新监听器
lv_cellinfo.setOnRefreshListener(new OnRefreshListener < ListView > ( ) {
@Override
public void onRefresh(PullToRefreshBase < ListView > refreshView) {
// 需要从网络中获取数据的耗时操作写到 AsyncTask 中
// AsyncTask 构造方法中的最后一个参数（此处为 ArrayList < HashMap < String, Object >>）即为异步操作中需
//要得到的数据类型
// 并且其中的重写方法 doInBackground 的返回值也应该是同样的数据类型（此处为 ArrayList < HashMap < String,
//Object > >）
new AsyncTask < Void, Void, ArrayList < HashMap < String, Object > > > ( ) {
```

```
@Override
protected ArrayList<HashMap<String,Object>> doInBackground(Void...params) {
// 处理刷新任务
try {
// 刷新时调用服务器 API，服务器返回 Json 字符串
Thread.sleep(1000);
if (NetworkUtil.isNetworkAvailable(CellInfoActivity.this)) {
// 如果当前网络可用，调用 invokeCellInfoAPI 方法访问服务器，返回 JSON 字符串
str_json = invokeCellInfoAPI();
// 解析 JSON 字符串并将解析到的数据 List 赋值给 Adapter 绑定的列表数据
allCellInfo = new MyJsonParser(str_json).parserForAllCellList();
arrli2 = allCellInfo.getCell_list();
}

} catch (Exception e) {
e.printStackTrace();
}
return arrli2;
}

@Override
protected void onPostExecute(ArrayList<HashMap<String,Object>> list) {
// 通知 adapter 数据已改变
adapter.notifyDataSetChanged();
// 更新内容，通知 PullToRefresh 刷新结束
lv_cellinfo.onRefreshComplete();
}
}.execute();
}

});// 设置下拉刷新的文字
lv_cellinfo.getLoadingLayoutProxy(true, false).setPullLabel("下拉刷新...");
lv_cellinfo.getLoadingLayoutProxy(true, false).setRefreshingLabel("正在刷新...");
lv_cellinfo.getLoadingLayoutProxy(true, false).setReleaseLabel("放开以刷新...");
```

5.9 通过调用系统服务判断当前网络环境

相关源码文件：

位于"快递柜快递员（开发版）"工程，

文件夹 src/com.autobupt.utils 中 NetworkUtil.java。

在客户端 APP 每次向服务器发送请求之前，需要检查客户端当前网络环境是否可用，在这里需要调用系统服务来判断当前网络环境。

```java
public class NetworkUtil {
    public static boolean isNetworkAvailable(Context context) {
    ConnectivityManager cm = (ConnectivityManager) context.getSystemService(Context.CONNECTIVITY_SERVICE);
        try {
        if (cm = = null) {
        } else {
        if (cm.getActiveNetworkInfo().isAvailable()) {
        return true;
        }
        }
        } catch (Exception e) {
        System.out.println(e + "");
        }
        return false;
        }
}
```

当需要判断当前网络环境时,只需按照以下方法调用 NetworkUtil 类中的 isNetworkAvailable 方法即可。

```
NetworkUtil.isNetworkAvailable(CellInfoActivity.this)
```

5.10 通过访问接口与服务器进行交互

相关源码文件:

位于"快递柜快递员(开发版)"工程,

文件夹 src/com. autobupt. utils 中 MyJsonParser. java。

客户端程序在向服务器通信时,客户端程序通过访问服务端提供的有关应用程序访问接口 API,提交有关的信息查询参数给服务器;服务端根据所提交的参数,返回对应的符合某种格式的查询结果信息。可见,客户程序与服务器通信的接口是系统的关键技术之一。

在前面的需求分析中我们已经明确了需要与服务器交互的接口后,需要通过 HTTP 协议访问服务器接口。有三种方式:HTTP GET 请求、HTTP POST 请求和通过 HttpURLConnection 类来访问。在实训中使用了 POST 请求方式与服务器通信。以用户登录时调用服务器 API 为例讲解 POST 请求用法。

```java
String str_name = "12345678912";
String str_pwd = "123456";
private static final String URL = "http://101.200.89.170:9000/capp/login/normal";
List<NameValuePair> params = new ArrayList<NameValuePair>();
params.add(new BasicNameValuePair("name", str_name));
params.add(new BasicNameValuePair("password", str_pwd));
HttpPost httpPost = new HttpPost(URL);
//设置 HTTP POST 请求参数
httpPost.setEntity(new UrlEncodedFormEntity(params,HTTP.UTF_8));
//使用 execute 方法发送 HTTP POST 请求,并返回 HttpResponse 对象
HttpResponse httpResponse = new DefaultHttpClient().execute(httpPost);
if (httpResponse.getStatusLine().getStatusCode() = =200) {
//使用 getEntity 方法返回结果
jsonstr = EntityUtils.toString(httpResponse.getEntity());
}
```

在 Android 应用开发的实训 APP 源代码中,为了便于 API 的调用,并且让代码变得简洁不冗长,我们将 POST 请求部分代码封装在类 MyHttpPost 中,详情请见 MyHttpPost.java 文件代码。

MyHttpPost.java 文件代码如下。

```java
package com.autobupt.utils;

import java.util.List;
import org.apache.http.HttpResponse;
import org.apache.http.NameValuePair;
import org.apache.http.client.entity.UrlEncodedFormEntity;
import org.apache.http.client.methods.HttpPost;
import org.apache.http.impl.client.DefaultHttpClient;
import org.apache.http.protocol.HTTP;
import org.apache.http.util.EntityUtils;

public class MyHttpPost {
private String url;
private List<NameValuePair> params;
/*
 @param url POST 请求的 url 参数
 @param params POST 请求参数 NameValuePair 对象
 */
public MyHttpPost(String url, List<NameValuePair> params) {
super();
this.url = url;
this.params = params;
}
```

```java
/*
@return jsonstr 服务器返回的 JSON 字符串
*/
public String doPost(){
String jsonstr = null;
try {
HttpPost httpPost = new HttpPost(this.url);
//设置 HTTP POST 请求参数
httpPost.setEntity(new UrlEncodedFormEntity(this.params,HTTP.UTF_8));
//使用 execute 方法发送 HTTP POST 请求,并返回 HttpResponse 对象
HttpResponse httpResponse = new DefaultHttpClient().execute(httpPost);
if (httpResponse.getStatusLine().getStatusCode() == 200) {
//使用 getEntity 方法返回结果
jsonstr = EntityUtils.toString(httpResponse.getEntity());
}
} catch (Exception e) {
}
return jsonstr;
}
```

在 LoginActivity 中我们需要定义一个方法调用登录 API。

```java
String invokeLoginAPI() {
    String URL = "http://101.200.89.170:9000/capp/login/normal";
    List<NameValuePair> params = new ArrayList<NameValuePair>();
    params.add(new BasicNameValuePair("name", str_name));
    params.add(new BasicNameValuePair("password", str_pwd));
    MyHttpPost httpPost = new MyHttpPost(URL, params);
    return httpPost.doPost();//MyHttpPost 类中的 doPost 方法 return 服务器返回的 JSON 字符串
}
```

在代码中我们只需要调用以下方法即可。

```java
String str_json = invokeLoginAPI();// 调用 LoginAPI,服务器返回 JSON 字符串
```

5.11 返回数据的解析处理

相关源码文件:
位于"快递柜快递员(开发版)"工程,
文件夹 src/com.autobupt.utils 中 MyJsonParser.java,
文件夹 com.autobupt.javabean 中 AllCellInfo.java,

文件夹 com.autobupt.javabean 中 CabInfo.java,
文件夹 com.autobupt.javabean 中 DeliveryConfirmResult.java,
文件夹 com.autobupt.javabean 中 DeliveryOpenCellInfo.java,
文件夹 com.autobupt.javabean 中 DeliveryRecordInfo.java,
文件夹 com.autobupt.javabean 中 LoginInfo.java,
文件夹 com.autobupt.javabean 中 OrderDetailInfo.java,
文件夹 com.autobupt.javabean 中 RecAllListInfo.java,
文件夹 com.autobupt.javabean 中 RegisterInfo.java,
文件夹 com.autobupt.javabean 中 RetrieveApplyInfo.java,
文件夹 com.autobupt.javabean 中 RetrieveCheckInfo.java,
文件夹 com.autobupt.javabean 中 VercodeInfo.java。

在采用了 POST 方法请求服务器之后，如果请求成功，服务器会返回一个 JSON 字符串，我们需要对 JSON 字符串进行解析后才能获得需要的数据。在这里我们以查看格口信息调用获取全部格口列表 API 后返回的 JSON 字符串为例，解析 JSON 字符串。

获取全部的格口列表 API 说明如下。

```
URI: /capp/cabinet/allcell_list
参数：
    cabinet_code〔必选〕：快件箱编号
返回：
{
    "code":状态
           0:"成功",
    "msg":"错误信息"
    "body": [
       {
          "code":"格口编号",
          "status":"格口状态",
                   11101: 空闲
                   11104: 预定
          "type":"格口类型",
                   10901: 大
                   10902: 中
                   10903: 小
                   10904: 超小
       },...
    ]
}
```

为了方便 JSON 字符串解析后数据的存储与使用，首先定义一个实体类 AllCellInfo，该实体类中有三个成员变量：int 类型的 code、String 类型的 msg、ArrayList < HashMap < String, Integer >> 类型的 cell_list；该实体类中还有这三个变量的 get 方法和 set 方法。AllCellInfo.java 文件代码如下。

```java
package com.autobupt.javabean;
import java.util.ArrayList;
import java.util.HashMap;

public class AllCellInfo {
    private int code;
    private String msg;
    private ArrayList<HashMap<String, Integer>> cell_list;
    public int getCode() {
        return code;
    }
    public void setCode(int code) {
        this.code = code;
    }
    public String getMsg() {
        return msg;
    }
    public void setMsg(String msg) {
        this.msg = msg;
    }
    public ArrayList<HashMap<String, Integer>> getCell_list() {
        return cell_list;
    }
    public void setCell_list(ArrayList<HashMap<String, Integer>> cell_list) {
        this.cell_list = cell_list;
    }
}
```

为了方便调用JSON字符串解析方法,使代码简洁,首先定义一个工具类MyJsonParser,将所有的自定义JSON解析方法封装到这个类之中,该类中有一个成员变量String类型的jsonstr、一个构造方法MyJsonParser和一些自定义的JSON解析方法。

构造方法MyJsonParser代码如下。

```java
public MyJsonParser(String jsonstr) {
    this.jsonstr = jsonstr;
}
```

自定义的JSON解析方法(以解析获取全部的格口列表API返回的字符串为例)如下。

```java
public AllCellInfo parserForAllCellList() {
    //创建实体类实例,解析后的数据放进实体类的成员变量中
    AllCellInfo allCellInfo = new AllCellInfo();
    ArrayList<HashMap<String, Integer>> list = new ArrayList<HashMap<String, Integer>>();
    try {
```

```java
//以 JSON 字符串为参数创建 JSONObject 实例
JSONObject jsonObject = new JSONObject(this.jsonstr);
allCellInfo.setCode(jsonObject.optInt("code"));
allCellInfo.setMsg(jsonObject.optString("msg"));
//键 body 中是一个数组,要创建 JSONArray 实例
JSONArray body = jsonObject.optJSONArray("body");
//数组需要循环解析
for (int i = 0; i < body.length(); i++) {
    HashMap<String, Integer> map = new HashMap<String, Integer>();
    //通过 JSONArray 中的 get 方法得到 JSONArray 中的其中一项
    JSONObject temp = (JSONObject) body.get(i);
    map.put("code", temp.optInt("code"));
    map.put("status", temp.optInt("status"));
    map.put("type", temp.optInt("type"));
    list.add(map);
}
allCellInfo.setCell_list(list);
} catch (Exception e) {
e.printStackTrace();
}
return allCellInfo;
}
```

在业务代码中我们只需要先创建这个类的实例然后调用类中的解析方法即可。

```java
AllCellInfo allCellInfo = new AllCellInfo();
//str_json 为调用服务器 API,服务器返回的 JSON 字符串
allCellInfo = new MyJsonParser(str_json).parserForAllCellList();
```

本章小结

  智能快递柜 Android 客户端 APP 主要包含用户登录模块、用户注册模块、功能选择模块、快递员投递模块、投递记录模块、用户取件模块、格口信息查看模块。每个模块的设计开发都分为用户界面开发和后台程序开发,对于初学者来说,对用户界面开发的要求不需要太高,能够做到界面简洁大方即可,后台程序开发应是初学者的学习重点,其中涉及的网络加载、JSON 解析、异步处理等技术都是 Android 学习的难点和重点,也是 Android 工程师的必备技能。

  读者可以参考各功能模块代码结合提供的智能快递柜服务器 API 尝试开发 Android 客户端 APP,在这个过程中加深对 Android 编程开发的理解,提高 Android 开发水平。

关键术语

单击事件监听器(OnClickListener)　　　　　　验证码倒计时(Verification Code CountDown)
基于JavaScript语言的轻量级数据交换格式(JSON)　　下拉刷新(PullToRefresh)

习 题

1. 参考5.8.1节中的图5.3登录模块界面设计一个登录界面,其中的功能元素不可缺少(如手机号输入、密码输入、登录按钮、快速注册按钮、忘记密码按钮等),界面可以根据自己喜欢的风格设计。

2. 参考5.8.2节中所介绍的内容,实现验证码按钮倒计时的功能。

3. 参考5.8.2节中的图5.5用户注册界面设计一个注册界面,其中的功能元素不可缺少(如手机号输入、验证码和密码输入、注册按钮、验证码倒计时按钮等)。

4. 参考5.8.3节中的图5.9功能选择界面设计一个功能选择界面,其中的功能元素不可缺少(如ImageButton按钮和退出登录按钮等),界面可以根据自己喜欢的风格设计。

5. 参考5.8.4节中的图5.11投递界面(2)设计一个投递格口类型的选择界面,其中的功能元素不可缺少(如选择格口类型后按钮和文字出现颜色变化等),界面可以根据自己喜欢的风格设计。

6. 参考4.8.5节列表控件ListView中BaseAdapter的使用方法,以及5.8.5节中图5.15投递记录界面,实现一个完整的投递记录模块,并且选择其中的一条记录,将其跳转到一个新的界面展示快件详情。

7. 参考4.8.5节列表控件ListView中BaseAdapter的使用方法,以及5.8.6节中图5.17用户取件界面,实现一个带有"一键取件"按钮的用户取件界面。

8. 参考4.8.5节列表控件ListView中SimpleAdapter的使用方法,以及5.8.7节中图5.20格口信息界面(2),实现格口信息查看的功能界面。

9. 参考5.7节和5.8节中的内容以及相关的API接口文档,实现与云端服务器的交互,并且将服务器返回的JSON字符串解析并显示出来。

10. 将5.9中解析的数据显示到任意一个完整的模块上(如在你自己编写的格口信息查看模块上显示格口的各项信息)。

附录 本书主要专业术语

(1) SQLite：SQLite 是遵守 ACID 的关系型数据库管理系统，它包含在一个相对较小的 C 库中。SQLite 支持跨平台，操作简单，能够使用很多语言直接创建数据库，多用于移动开发的数据库(Android、iOS 等)。

(2) USART：Universal Synchronous/Asynchronous Receiver/Transmitter，是一个全双工通用同步、异步串行收发模块，该接口是一个高度灵活的串行通信设备，也就是俗称的串口。

(3) SPI：串行外设接口(Serial Peripheral Interface)的缩写。SPI 是一种高速的、全双工、同步的通信总线。

(4) JDK：Java Development Kit，是 Sun Microsystems 针对 Java 开发员的产品。JDK 是整个 Java 的核心，包括了 Java 运行环境、Java 工具和 Java 基础类库。

(5) Eclipse：著名跨平台的自由集成开发环境(IDE)。最初主要用来 Java 语言开发，但它的用途并不限于 Java 语言，如支持 C/C++、COBOL、PHP、Android 等编程语言的插件已经可用。

(6) SDK：Software Development Kit，软件开发工具包。被软件开发工程师用于为特定的软件包、软件框架、硬件平台、操作系统等建立应用软件的开发工具的集合。Android SDK 指的是 Android 专属的软件开发工具包。

(7) ADT：Android Development Tools，安卓开发工具，在 Eclipse 编译 IDE 环境中，需要安装 ADT Plug-in，这是 Android 在 Eclipse 上的开发工具。

(8) XML：Extensible Markup Language，可扩展标记语言，是一种标记语言。标记指计算机所能理解的信息符号，通过此种标记，计算机之间可以处理包含各种信息的文章等。如何定义这些标记，既可以选择国际通用的标记语言，如 HTML，也可以使用像 XML 这样由相关人士自由决定的标记语言，这就是语言的可扩展性。

(9) Socket 的英文原意是"孔"或"插座"，通常也称作"套接字"，用于描述 IP 地址和端口，是一个通信链的句柄。

(10) B/S 结构，即 Browser/Server(浏览器/服务器)结构，是随着 Internet 技术的兴起，对 C/S 结构的一种变化或改进的结构。在这种结构下，用户界面完全通过 WWW 浏览器实现，一部分事务逻辑在前端实现，但是主要事务逻辑在服务器端实现。

(11) C/S 结构，即 Client/Server(客户端/服务器)结构，通过将任务合理分配到 Client 端和 Server 端，降低了系统的通信开销，可以充分利用两端硬件环境的优势。

(12) API：Application Programming Interface，应用程序编程接口。它是一些预先定义的函数，目的是提供应用程序与开发人员基于某软件或硬件得以访问一组例程的能力，而又无需访问源码，或理解内部工作机制的细节。

（13）MVC：Model View Controller，是软件工程中的一种软件架构模式，把软件系统分为三个基本部分：模型（Model）、视图（View）和控制器（Controller）。它是一种软件设计典范，用一种业务逻辑和数据显式分离的方法组织代码，将业务逻辑聚集到一个部件里面，在界面和用户围绕数据的交互能被改进和个性化定制的同时而不需要重新编写业务逻辑。MVC 用于映射传统的输入、处理和输出功能在一个逻辑的图形化用户界面的结构中。

（14）ANR：在 Android 上，如果应用程序有一段时间响应不够灵敏，系统会向用户显示一个对话框，这个对话框称作应用程序无响应（Application Not Responding，ANR）对话框。用户可以选择"等待"而让程序继续运行，也可以选择"强制关闭"。所以一个流畅合理的应用程序中不能出现 ANR，而让用户每次都要处理这个对话框。因此，在程序里对响应性能的设计很重要，这样系统不会显示 ANR 给用户。默认情况下，在 AndroidActivity 的最长执行时间是 5s，BroadcastReceiver 的最长执行时间则是 10s。

参 考 文 献

[1] 李宁. Android 开发完全讲义[M]. 2 版. 北京：中国水利水电出版社，2012.
[2] Lauren Darcey，Shane Conder. Android 移动开发一本就够[M]. 李卉，张魏，祝延彬，译. 北京：人民邮电出版社，2011.
[3] 李鸥. 实战 Android 应用开发[M]. 北京：清华大学出版社，2012.
[4] 李刚. 疯狂 Android 讲义[M]. 北京：电子工业出版社，2011.
[5] 郭霖. 第一行代码 Android[M]. 北京：人民邮电出版社，2014.
[6] 明日科技. Android 从入门到精通[M]. 北京：清华大学出版社，2012.
[7] Bill Phillips，Brian Hardy. Android 编程权威指南[M]. 王明发，译. 北京：人民邮电出版社，2014.
[8] 冯斌. 智能快递箱布局规划与运营模式研究[D]. 北京：北京交通大学，2015.
[9] 霍佳震. 物流信息系统[M]. 北京：清华大学出版社，2011.
[10] 李俊韬，林钢，刘丙午. 物联网技术应用开发[M]. 北京：机械工业出版社，2015.
[11] 王鹏，李俊杰. 云计算和大数据技术：概念、应用与实践[M]. 北京：人民邮电出版社，2016.
[12] 余来文. 互联网思维 2.0：物联网、云计算、大数据[M]. 北京：经济管理出版社，2017.

高等院校物流专业创新规划教材

序号	书名	书号	编著者	定价	序号	书名	书号	编著者	定价
1	物流工程	7-301-15045-0	林丽华	30.00	40	物流系统优化建模与求解	7-301-22115-0	李向文	32.00
2	物流管理信息系统	7-301-16564-5	杜彦华	33.00	41	集装箱运输实务	7-301-16644-4	孙家庆	34.00
3	现代物流学	7-301-16662-8	吴 健	42.00	42	库存管理	7-301-22389-5	张旭凤	25.00
4	物流英语	7-301-16807-3	阚功俭	28.00	43	运输组织学	7-301-22744-2	王小霞	30.00
5	采购管理与库存控制	7-301-16921-6	张 浩	30.00	44	物流金融	7-301-22699-5	李蔚田	39.00
6	物料学	7-301-17476-0	肖生苓	44.00	45	物流系统集成技术	7-301-22800-5	杜彦华	40.00
7	物流项目招投标管理	7-301-17615-3	孟祥茹	30.00	46	商品学	7-301-23067-1	王海刚	30.00
8	物流运筹学实用教程	7-301-17610-8	赵丽君	33.00	47	项目采购管理	7-301-23100-5	杨 丽	38.00
9	现代物流基础	7-301-17611-5	王 侃	37.00	48	电子商务与现代物流	7-301-23356-6	吴 健	48.00
10	现代物流管理学	7-301-17672-6	丁小龙	42.00	49	国际海上运输	7-301-23486-0	张良卫	45.00
11	供应链库存管理与控制	7-301-17929-1	王道平	28.00	50	物流配送中心规划与设计	7-301-23847-9	孔继利	49.00
12	物流信息系统	7-301-18500-1	修桂华	32.00	51	运输组织学	7-301-23885-1	孟祥茹	48.00
13	城市物流	7-301-18523-0	张 潜	24.00	52	物流管理	7-301-22161-7	张佺举	49.00
14	营销物流管理	7-301-18658-9	李学工	45.00	53	物流案例分析	7-301-24757-0	吴 群	29.00
15	物流信息技术概论	7-301-18670-1	张 磊	28.00	54	现代物流管理	7-301-24627-6	王道平	36.00
16	物流配送中心运作管理	7-301-18671-8	陈 虎	40.00	55	配送管理	7-301-24848-5	傅莉萍	48.00
17	物流工程与管理	7-301-18960-3	高举红	39.00	56	物流管理信息系统	7-301-24940-6	傅莉萍	40.00
18	国际物流管理	7-301-19431-7	柴庆春	40.00	57	采购管理	7-301-25207-9	傅莉萍	46.00
19	商品检验与质量认证	7-301-10563-4	陈红丽	32.00	58	现代物流管理概论	7-301-25364-9	赵跃华	43.00
20	供应链管理	7-301-19734-9	刘永胜	49.00	59	物联网基础与应用	7-301-25395-3	杨 扬	36.00
21	逆向物流	7-301-19809-4	甘卫华	33.00	60	仓储管理	7-301-25760-9	赵小柠	40.00
22	供应链设计理论与方法	7-301-20018-6	王道平	32.00	61	采购供应管理	7-301-26924-4	沈小静	35.00
23	物流管理概论	7-301-20095-7	李传荣	44.00	62	供应链管理	7-301-27144-5	陈建岭	45.00
24	供应链管理	7-301-20094-0	高举红	38.00	63	物流质量管理	7-301-27068-4	钮建伟	42.00
25	企业物流管理	7-301-20818-2	孔继利	45.00	64	物流成本管理	7-301-28606-7	张 远	36.00
26	物流项目管理	7-301-20851-9	王道平	30.00	65	供应链管理(第2版)	7-301-27313-5	曹翠珍	49.00
27	供应链管理	7-301-20901-1	王道平	35.00	66	现代物流信息技术(第2版)	7-301-23848-6	王道平	35.00
28	物流学概论	7-301-21098-7	李 创	44.00	67	物流信息管理(第2版)	7-301-25632-9	王汉新	49.00
29	航空物流管理	7-301-21118-2	刘元洪	32.00	68	物流项目管理(第2版)	7-301-26219-1	周晓晔	40.00
30	物流管理实验教程	7-301-21094-9	李晓龙	25.00	69	物流运作管理(第2版)	7-301-26271-9	董千里	38.00
31	物流系统仿真案例	7-301-21072-7	赵 宁	25.00	70	物流技术装备(第2版)	7-301-27423-1	于 英	49.00
32	物流与供应链金融	7-301-21135-9	李向文	30.00	71	物流运筹学(第2版)	7-301-28110-9	郝 海	45.00
33	物流信息系统	7-301-20989-9	王道平	28.00	72	交通运输工程学(第2版)	7-301-28602-9	于 英	48.00
34	物流项目管理	7-301-21676-7	张旭辉	38.00	73	第三方物流(第2版)	7-301-28811-5	张旭辉	38.00
35	现代企业物流管理实用教程	7-301-17612-2	乔志强	40.00	74	现代仓储管理与实务(第2版)	7-301-28709-5	周兴建	48.00
36	出入境商品质量检验与管理	7-301-28653-1	陈 静	32.00	75	物流配送路径优化与物流跟踪实训	7-301-28763-7	周晓光	42.00
37	智能物流	7-301-22036-8	李蔚田	45.00	76	智能快递柜管理系统实训	7-301-28815-3	杨萌柯	39.00
38	新物流概论	7-301-22114-3	李向文	34.00	77	物流信息技术实训	7-301-28807-8	周晓光	38.00
39	物流决策技术	7-301-21965-2	王道平	38.00	78	电子商务网站实训	7-301-28831-3	邢 颖	45.00

如您需要浏览更多专业教材,请扫下面的二维码,关注北京大学出版社第六事业部官方微信(微信号:pup6book),随时查询专业教材、浏览教材目录、内容简介等信息,并可在线申请纸质样书用于教学。

感谢您使用我们的教材,欢迎您随时与我们联系,我们将及时做好全方位的服务。联系方式:010-62750667,63940984@qq.com,pup_6@163.com,lihu80@163.com,欢迎来电来信。客户服务QQ号:1292552107,欢迎随时咨询。